中国道路丛书

厉以宁 主编　　程志强 副主编

中国道路与跨越中等收入陷阱

商务印书馆
创于1897 The Commercial Press

2019年·北京

序论『中等收入陷阱』

厉以宁

一、什么是“中等收入陷阱”？

在一些发展中国家由低收入国家行列进入中等收入国家(人均 GDP 4 000—5 000 美元)行列之后,经济长期停滞不前,总是在人均 GDP 4 000—5 000 美元间徘徊。世界银行在《东亚经济发展报告(2007 年)》中提出了“中等收入陷阱”(Middle-Income Trap)这一概念。

“中等收入陷阱”是指:不少中等收入国家经济长期停留在中等收入阶段,原有的增长机制和发展模式中的矛盾爆发出来了,原有的发展优势渐渐消失了,它们迟迟不能越过人均GDP 10 000美元这道门槛，进入高收入国家的行列。东亚的菲律宾、马来西亚、印度尼西亚就是这样的例子，拉丁美洲的墨西哥、阿根廷、智利也一样，它们都长期陷入“中等收入陷阱”之中。

据世界银行的专家分析，落入“中等收入陷阱”的国家遇到两方面的困难：

一方面，由于国内工资收入水平的上升，这些国家无法同低收入国家的廉价劳动力竞争，某些低收入国家在劳动密集型工业的出口竞争中比中等收入国家的同类商品更具有优势，在吸引外资方面也更有吸引力。

另一方面，由于缺乏能与发达国家竞争的优势产业、先进技术和自主创新的产品，中等收入国家的困难加大了，它们迈入高收入国家行列的机会没有了。

除了以上两方面的原因而外，还不能忽视另一个关系陷入“中等收入陷阱”的国家的致命问题，即这些国家已经丧失当初由低收入国家向中等收入国家挺进时的那种艰苦拼搏的精神和斗志了。一般民众更多地追求福利社会的成果，总希望政府把更多的资源用来实现福利社会的各种目标，否则就对政府不满，于是胃口越来越高，难以自拔。一般民众不了解福利社会主要是在高收入阶段才逐步实现的。

更为严重的是社会上对政府官员的腐败行为的不满加深了。眼看到政府官员的贪污、受贿、敲诈勒索、滥用职权牟取私利等等情况，结果使一般民众信心大大下降，或者社会动乱不已，或者移民外国，或者消沉、失望甚至绝望，他们不再像当初创业阶段那样致力于经济振兴了。一般民众的消极、颓废、失望、绝望情绪成为落入“中等收入陷阱”的国家的又一致命伤。

二、经济在发展到一定阶段后可能转为停滞，历来是学术界重视的课题

工业化以来，一批有眼光、有远见的经济学家在自己的著作中都提到类似于"中等收入陷阱"的问题，他们注意到为什么在一些国家，当经济发展到一定阶段可能转为停滞，只是用词不一样，观察的角度不一样而已。

这里举三个例子：一是马克斯·韦伯提出的信念与动力学说；二是帕累托提出的优秀分子循环学说；三是罗斯托提出的早熟消费学说。

马克斯·韦伯是19世纪末20世纪初德国著名的经济学家、社会学家、历史学家。他的信念与动力学说是从宗教伦理的角度来解释资本主义兴起的原因的。他指出：新教是欧洲"宗教革命"中的产物，它的伦理观不同于旧教。旧教的伦理观是：人是上帝的仆人，人是有罪的，人怎样赎自己的罪？一是把终身奉献给上帝，进修道院，当修士修女，不娶不嫁；二是把财产捐献给教会，用于修建教堂，也用于救济穷人。教会有时还出售赎罪券，以帮助人们赎罪。根据这样的伦理观，经济怎能发展起来？新教的伦理观则是：人是上帝的仆人，人有罪，怎样赎自己的罪？必须勤奋工作，节俭生活，积累财富，创造事业，这就是新教徒的天职。积累的财富越多，创造的事业越大，新教徒的天职就完成得越好。韦伯认为，在这种信念的指引下，动力充足，人们都发奋工作，结果，荷兰、英国兴起了，北美殖民地开发了。韦伯由此指出，经济的持续发展，有赖于人们有信念，有精神动力，有责任感。如果人们缺乏信心，缺乏动力，缺乏责任感，就不可能有新的创业。

帕累托是19世纪末20世纪初著名的经济学家和社会学家。他在经济学方面的最大贡献在于他是福利经济学的创建者之一。

他在社会学方面的最大贡献则是提出了优秀分子循环学说。优秀分子通常也被译为“精英”或“精英分子”。帕累托认为，优秀分子第一代是强人，是创业的一代。但优秀分子第一代虽然自己一定是强人，但在创业成功之后，一般不用强人，而要用服从的人，即不管可供选择的继承人中有没有在才能上、智慧上超过自己，甚至和自己不相上下的人，都不会被选中，而只有服从自己意志的人才能接班，这样，第二代肯定不如第一代。如果第二代又按照相同的模式选择接班人，同样选中的是服从、听话的人，第三代又肯定不如第二代。再往后，事业非垮无疑。因此，优秀分子总是循环的。所谓“富贵不超过三代”、“三十年河东，三十年河西”，就是这个道理。

罗斯托是20世纪中期享有盛名的美国经济学家、经济学史学家。他所著的《经济增长的阶段》一书，有很大影响。“起飞”这个术语，至今一直被广泛使用，这是罗斯托首先提出的。他在研究各国经济发展过程中，采用了“早熟消费”这个术语，受到其他研究人员的关注。“早熟消费”是指：工业化国家在经济增长到一定程度后，很快就会转入大众高额消费时代，家用电器、私人住宅、小汽车等耐用消费品进入居民生活中是比较自然的。但消费者有很广泛的示范效应。发展中国家接受发达国家的生产技术难，接受高消费模式容易，于是也很快转入高额消费时代。这就被罗斯托认为是“早熟消费”。罗斯托认为，“早熟消费”的出现并不是正常现象。这是因为，一国经济“起飞”以后，将进入成熟阶段，成熟阶段的标志是重工业化建立了，人均收入达到较高的水平，从而再进入大众高额消费阶段，这时的大众高额消费是同经济发展程度相适应的。而“早熟消费”则是指一国经济“起飞”后尚未“成熟”之前，就接受了高消费模式，把经济中的资源大量用于消费，增长便停滞不前了，这是应当避免的。

尽管上述这些学说并未直接提及“中等收入陷阱”，实际上已从不同的角度说明了一些发展中国家为什么在经济发展到一定程度会陷入停滞的困境。这或者是由于信念缺失，动力不足；或者是由于国家或企业领导人不再像当初那样有才干，有魄力，有致力于经济振兴和创业的冲劲，他们要么平庸无能，要么贪图享受；还有一种可能，即过早地陷入对高消费模式的追求，资源被大量用于消费领域，用于享受了。

“中等收入陷阱”终于出现。世界银行2007年报告中之所以提出“中等收入陷阱”概念，正是20世纪后半期以来一些已落入“中等收入陷阱”的发展中国家的教训的总结。

不妨再做进一步分析。“中等收入陷阱”，实际上包括了三个“陷阱”，它们分别是：

第一，“发展的制度陷阱”；

第二，“社会危机陷阱”；

第三，“技术陷阱”。

现分别对这三个“陷阱”做些说明。

三、“中等收入陷阱”中的第一个“陷阱”是“发展的制度陷阱”，要靠深化改革来避免

已经或正在落入“中等收入陷阱”的发展中国家主要是从传统社会走向工业化社会的国家。在它们从低收入国家行列进入中等收入国家行列时，不一定经历了传统制度的激烈变革阶段，而可能还保留着较多的传统社会的特征，传统势力和传统的社会组织形式还起着很大的作用。这些特征和势力往往在农村，尤其是经济落后的山区、边缘地区表现得相当顽强，它们成为这些国家发展的制度障碍，也就是“发展的制度陷阱”。

一个明显的例子就是土地制度依旧保留着工业化以前的状况。基本上有三种不同的表现：一是传统的社会组织仍保持着土地的氏族共有性质，但农村的土地仍掌握在最有势力的氏族和家族长者手

中,土地并未受到市场化和工业化的影响;二是土地已经受到市场化的影响,农村中所发生的土地关系变化表现于一些有势力的权贵们对土地的占有,从而形成了大地产制度或新建的种植园制度:大地产通常采取租佃制生产,佃户没有地产,他们是失地阶级,而新建种植园的劳动者或者是雇工,雇工没有土地,他们靠微薄的工资为生,或靠在种植园内领得一小块份地,自行耕种,作为工资的替代品;三是在一些国家或地区经历过初步土地制度改革,农民曾分得一小块土地,但在市场经济中,农民中间发生了两极分化,土地兼并加紧进行,有些农民因种种原因,渐渐丧失了土地,又成为无地的农民。

无论哪一种情况,土地分配的不均和贫富差距的增大都成为一些发展中国家面临的发展的制度障碍或"发展的制度陷阱"。

除了土地问题迟迟未能解决以外,发展的制度障碍或"发展的制度陷阱"还表现在以下这些方面:

第一,传统组织和氏族、家族势力根深蒂固,阻碍了市场化的继续推行,地方政权大多数受到这些势力的操纵,成为大地产主或种植园主的工具,地方政府官员成为大地产主或种植园主的代理人。公平竞争的市场秩序在广大地区尤其是偏远地区难以建立。

第二,这些国家中,传统社会的限制和土地制度的不合理,使农业劳动生产率低下,农村的收入增长率大大低于城市的收入增长率。农村购买力普遍低下,造成内需不足,限制了工业化的继续推行,市场化步伐受到严重限制。

第三,发展中国家要进一步发展经济,必须有财政的支持。然而在这些国家,由于市场经济发展受阻,财政通常十分困难,只能靠增税来维持,而财政收支仍经常有巨大缺口,财政赤字无法弥补,结果形成了财政赤字与经济增长率低下交替的恶性循环。

第四,发展中国家要进一步发展经济,必须有金融的支持。然而在这些国家,金融业的发展通常是畸形的:一方面是资本找不到合适的投资机会,没有出路;另一方面是资本严重不足,高利贷盛行。造成这种畸形金融状况的制度障碍主要是金融机构或者被外资控制,或者被官僚和权贵们控制,民间金融不得不转入地下活动。

第五,在这些国家,发展的制度障碍还在于社会垂直流动渠道被严重阻塞了。社会垂直流动渠道通常比社会水平流动渠道更重要。这是因为,只要没有迁移受限制的户籍制度,农村或集镇的居民可以自由迁往城市居住并在那里就业,其后果主要反映为城市生活环境恶化,出现贫民窟或棚户区,社会治安状况不佳等。而社会垂直流动渠道通畅,则可以调动低收入家庭成员努力学习和工作,以及自行创业、发家致富的积极性。反之,社会垂直流动渠道的严重阻塞,将会对经济的发展和社会的安定都会产生消极的影响。社会垂直流动渠道的严重阻塞,主要是制度性的问题,可能和垄断的存在、利益集团势力强大,以及社会上种族歧视、身份歧视、宗教与文化歧视、性别歧视等有密切关系。

如何克服发展的制度障碍?如何避免落入“发展的制度陷阱”?对发展中国家而言,唯有通过对传统体制的改革,才是出路。这里包括对不合理的土地制度的改革、完善市场经济体制的改革和从制度上消除各种歧视。

然而,深化改革对这些发展中国家而言,绝不是一件容易的事情。阻力越来越大,主要原因是:改革拖得越久,利益集团的力量越来越扩张,改革付出的代价也越来越多。

以这些发展中国家的土地制度改革为例。如果在工业化开始前,或者在工业化刚开始时,对传统的土地关系就进行调整,使“耕者有其田”的主张得以基本实现,同时采取立法措施保护农民财产,限制以强凌弱式的土地兼并,也许后来不会造成那么严重的“发展的制度陷阱”。如果在发展之初,采取土地赎买政策,让拥有大地产或大种植园的地主取得土地赎金而转投于工商业,也不至于后来的土地重新分配方案会遇到那么大的阻力。然而,改革的最佳时机一旦错过,以后再改革就会难得多。

何况,以后要深化改革,谁来主持这场改革?利益集团及其代理人、支持者是不愿这么做的,因为他们的切身利益必然会受到损失。谁来主持和推进改革的深化呢?单靠少数有正义感、责任感的知识分子,他们力不从心,不可能实现这项任务,在激烈的政局动荡中,他们会很快被排挤掉,或者被逮捕,被流放国外,或者被杀害。如果单靠下层社会的穷人,特别是贫困农民来从事改革的深化,很可能酿成暴乱,喊出极“左”的口号,实行极端的“均贫富”政策,甚至演变为一场内战,不仅无济于事,而且只能使局势越演越乱。

这就是这些落入“中等收入陷阱”的发展中国家的深刻教训。

四、“中等收入陷阱”中的第二个“陷阱”是“社会危机陷阱”,要靠缩小贫富差距、缩小城乡收入差距、地区收入差距和社会管理创新来避免

“社会危机陷阱”是发展中国家在经济发展过程中遇到的另一个“陷阱”。它是怎样形成的?原因很多,归结起来,无非是贫富差距扩大、城乡收入差距扩大、地区收入差距扩大和缺乏社会管理创新所造成的。

在这里,首先要分析这些发展中国家经常遇到的失业和通货膨胀难题。

对发展中国家而言,就业压力始终是存在的。经济发展到一定程度后,农村中的青壮年,包括农村妇女在内,走出农村寻找工作的人越来越多,因为早离开农村在城镇中找到工作的人有示范效应,会吸引更多的农村中的男女青年向往城镇,不断走出来,求职人数超过城镇的就业岗位数,所以就业成为城镇不得不面临的巨大压力。

同样的道理,在经济发展到一定程度后的发展中国家,由于投

资需求增大，财政支出增大，便有了需求拉动型的通货膨胀压力；由于土地、原材料、燃料供给紧张，房地产价格上涨，生产成本上升，又有了成本推进型的通货膨胀；加之，在发展中国家经济发展过程中同国际市场的关系日益密切，它们越来越卷入全球化的浪潮，所以无论从商品流通渠道看，还是从资本流通渠道看，它们都有可能发生国际输入型的通货膨胀。通货膨胀使发展中国家国内民怨增长，使公众增加了对贫富差距扩大的不满，对政府的不满，对执政党的不满。

如果发生的是成本推进型的通货膨胀或国际输入型的通货膨胀，那就会同失业交织在一起，形成失业与通货膨胀并发，也就是通常所说的“滞胀”。“滞胀”必将使这些国家的中产阶级受到打击，更重要的是使失业者和低收入家庭愤怒、绝望，“社会危机陷阱”不可避免地形成了。

“社会危机陷阱”的出现造成社会动荡，农村更加贫困，城市贫困人数增多，经济增长因城乡居民购买力下降而无法实现，因此政局发生急剧变化，街头政治活跃起来，激进分子煽动大众起来推翻政府，并提出极端的政治主张。有钱人家相继移居国外。这时，任何想改革和发展的政治家都感到束手无策，不知从何处下手。这些发展中国家只得长期落入“中等收入陷阱”之中，无法自拔。

就这些发展中国家的实际状况而言，要迈出“社会危机陷阱”，必须进行重大改革，然而，在发展的制度障碍刚出现时，尽管改革的困难已比经济发展初期大很多，但只要政府的决心大，魄力大，仍有可能推进，而到了“社会危机陷阱”出现后，改革的难度就更大了。在“社会危机陷阱”影响下，政局已不安定，再谈“改革中发展”或“发展中改革”，都使得政治家不知所措，通常以“自保”为第一目标。

比如说，由于贫富差距日益扩大和利益集团的势力比过去强大得多，这使得想进行改革的人员左右为难，如果不想得罪穷人一方，就会得罪利益集团一方，任何改革措施都难以使双方满意，有时甚至会使双方都不满意,改革因此半途而废。

要缩小城乡收入差距,在那些土地关系严重有缺陷的发展中国家,必须对现存的土地制度进行改革,但无论是住在农村的还是住在城里的大地主家族或大种植园主利益集团,都会反对土地改革,甚至连妥协的、折中的土地改革方案也被他们反对。这是落入“社会危机陷阱”的发展中国家最难解决的问题。

要缩小地区收入差距,一定要从下述三个问题着手:一是增加贫困地区的就业机会,二是改善贫困地区的投资条件和发展条件,三是向贫困地区输入资本。但这三个问题都是不容易解决的。如何增加贫困地区的就业机会?必须增加投资。如何改善贫困地区的投资条件和发展条件,同样必须增加投资。发展中国家没有足够的资本,巧妇难为无米之炊。那么,贫困地区能不能依赖本地区以外、本国以外的资本输入呢?这也是不容易做到的,因为必须有赢利前景,而且即使有赢利前景,又取决于投资的安全问题。资本不可能自动流入动荡中的贫困地区。

为了保证贫困地区能有一种适合于各项改革措施能有效地推进,在改革和发展过程中保持正常的社会秩序,社会管理工作应有所改变,通常是指在贫困地区、经济落后地区和居民失业人数较多的城镇,推行农村和城镇社区的居民自治,采取各种化解民间矛盾,尤其是地方贫富隔阂、官民隔阂的社会管理创新的措施。对民间的突发事件,要采取应对预案,早做准备,早做疏导,早进行化解。在一些发展中国家,对民间突发事件如果处置不当,很容易发生大的骚动,最后加深了矛盾,甚至激发更大的社会冲突。这在一些发展中国家往往同当地的民族矛盾、宗教矛盾、氏族或家族矛盾、地方派系矛盾纠缠在一起,民间酿成的社会冲突必须在刚开始时采取适当的对策,及早化解,因此,社会管理创新就显得格外重要。

五、“中等收入陷阱”中的第三个“陷阱”是“技术陷阱”，要靠技术创新和资本市场创新来解决

一些落入“中等收入陷阱”的发展中国家之所以长期经济停滞，摆脱不了困境，同技术上难以有重大突破有关。它们认识到，如果技术上没有重大突破，缺少自主创新，缺少产业升级，缺乏技术先进的优势产业，是难以使人均 GDP 越过中等收入阶段与高收入阶段之间的门槛的。但在这方面，它们往往无能为力。为什么？这主要是因为：技术创新必须同资本市场创新结合。如果缺少这种结合，这些发展中国家，即使已有一定的制造业基础，要想在尖端技术方面有重大突破，也是可望而不可即的。这种情况就是“技术陷阱”。

要知道，在不少发展中国家，尖端人才仍然是不足的。为什么会发生这种情况？一是由于社会垂直流动渠道的严重阻塞，利益集团势力强大，通常缺乏鼓励人才脱颖而出的机制，所以科技领域的高端人才被埋没了，受压制了。二是由于工资待遇、福利待遇、社会保障和工作环境的影响，不少在国外学有所成的人才不愿回国工作，而愿意受聘于国外，留在国外长期不回。三是本国培养的人才受到同样的吸引力，流向国外。这样，尖端人才的不足是很自然的。

一些发展中国家之所以在尖端技术领域和产业升级方面有巨大困难，是由于本国的资本市场发育不全。简单地说，那里的资本市场是先天不足，后天失调，再加上金融专业人才不足，金融监督松弛，腐败丛生，投资者望而生畏，把创业投资视为畏途。

这些国家的富人尽管拥有较多的财富，但从来都把不动产的持有看作是首要目标。即使从事实业投资，也一直把采矿业、建筑业和劳动密集型制造业作为重点，很少涉及风险较大和自身又不存在优势的先进技术设备制造和新兴产业，因为他们在这方面并无把握。

在发达的西方市场经济国家，从来都要依靠较完善、较完整的资本市场体系来为技术创新的开展与推广发挥融资作用。然而在这些发展中国家，如上所述，既由于资本市场不完善，又由于富人作为投资主体不愿涉及风险较大的行业，所以不仅资本市场发展不起来，而且高端技术、自主创新、新兴产业也难以取得重大进展。富人作为投资主体，太急功近利了，只想迅速获得暴利。如果股市看涨，他们常常带着投机的想法，大量涌入，徒然增加资产泡沫；一旦股市看跌，他们又匆匆撤离资本市场，造成资本市场无声无息，不起作用。这在一定程度上归因于发展中国家一直缺乏有战略眼光的、有志于振兴民族经济的企业家。另一方面，这也在一定程度上归因于一些发展中国家的政府几乎从不关心改善资本市场的现状，使得先天不足，后天又缺少政府对资本市场的关心和扶植，使资本市场未能在技术创新和新兴产业崛起中发挥应有的作用。

六、中国完全可以绕开或越过“中等收入陷阱”

中国至今仍然是一个发展中国家，而且由低收入国家行列进入中等收入国家行列的时间并不久。在中等收入阶段继续前进时，中国会不会遇到“中等收入陷阱”而深深地落入其中，这已经成为人们关注的热点问题之一。中国将会落入这一“陷阱”，这是唱衰中国经济的人们的意见，甚至是他们的愿望。中国不会落入这一“陷阱”，这虽然也是一种愿望，但也只是一种假定，因为这里还有若干假设条件，需要探讨。

假设之一：在中国经济发展的现阶段，如果遇到发展的制度障碍，该怎么对待？是继续推进改革，清除这些制度障碍（如城乡二元制度、市场的不公平竞争、环境等等），还是犹豫不决，不敢或不打算采取有效措施，或者认为这些方面的障碍在现阶段的格局下不可能阻碍中国经济的继续前进？如果采取第一种对策，即下定决心，大力推进相关的改革,那就可以绕开或越过发展的制度障碍而不至于因此落入“中等收入陷阱”?

假设之二:要对中国现阶段和在经济继续发展的过程中的社会冲突的状况和趋势做出实事求是的估计,正确对待已经露头的社会不和谐的迹象,既不能视而不见或听之任之,也不要惊慌失措。正确认识,正确评价,正确对待,是最重要的。如果认为贫富差距、城乡收入差距、地区收入差距等等问题确已到了必须正视而不能忽略的程度,那就应当采取有效的措施来一一缓解,以增加社会的和谐程度。这样就可以防患于未然。否则,不是没有可能导致社会不安定和社会矛盾激化,落入“中等收入陷阱”的。

假设之三:在中国今后经济发展过程中,如果绕不过“技术陷阱”,不能在自主创新、产业升级、新兴产业壮大和尖端技术方面有重大突破,如果资本市场依旧是不完善、不完整的体系,技术创新得不到资本市场有力支撑,也就是说,中国的产品不能以“中国创造”代替“中国制造”,那么即使人均 GDP 到了 10 000 美元,那也会停留在中等收入阶段,而不能迈入高收入阶段,中国资本市场并没有发挥出在促进技术创新中的应有的作用。

假设之四:在中国,必须摆脱过去长时期内支撑经济增长率的模式,即主要依靠政府投资的旧模式,转而实现投资与消费并重的拉动 GDP 增长的模式,再进而实现消费需求带动为主、投资需求带动为辅的拉动增长模式。这才会形成经济的良性循环增长模式,才能避免经济的大起大落,避免失业与通货膨胀的交替出现,也才能避免失业与通货膨胀并发状况的发生。否则,即使 10 年后中国人均 GDP 超过了 10 000 美元,仍不能认为中国经济走上了稳定、健康增长的道路。

假设之五:中国民间蕴藏着极大的积极性,中国之所以在改革开放之后能够在发展中取得这样显著的成绩,全依靠改革开放以及由此调动了民间的积极性,一个重要的原因是民营经济作为国民经济的重要组成部分迅速成长壮大了。如果今后循着这样一条道路走下去,致力于发展民营经济,培养一批又一批有战略眼光的、有志于振兴民营经济的企业家,中国一定能继续越过"中等收入陷阱",进入高收入国家行列。反之,如果认为民营企业的发展到此为止了,那么民营经济将受到抑制,民间积极性将受到挫伤,这不仅阻碍了中国经济的继续成长,而且还会引发一系列社会问题,最突出的是失业问题、贫困地区脱贫致富问题,以及城镇化推进问题等等,中国落入"中等收入陷阱"也将成为事实。

七、"中等收入陷阱"问题的提出为今后发展经济学的研究提供了明确的方向

从世界上某些发展中国家的发展经历可以了解到,世界银行报告中提到的"中等收入陷阱"是明确存在的。而通过上述分析,中国完全可以绕开或越过"中等收入陷阱"这一判断,也是有根据的。这是两个不同的问题,不可混为一谈。

但是,难道只有"中等收入陷阱"而没有其他"收入陷阱"么?绕开"中等收入陷阱"以后,能够由此认定不会再出现"陷阱"么?这些问题都需要讨论和研究。

其实,在低收入阶段,有些贫困国家不也落入了"低收入陷阱"么?古代的情况就不必细说了。每一个国家在历史上都曾长期在低收入阶段徘徊不前。就以近代和现代来说,有些最不发达国家,不是长时期停留在人均 GDP 1 000 美元以内无法摆脱困境么?这难道不是"低收入陷阱"?这种情况可能比"中等收入陷阱"更为普遍,更值得关注。

在一个国家的人均 GDP 越过了 3 000—5 000 美元这一道坎,再往后看,人均 GDP 10 000—12 000 美元不又是另一道坎?如果到此经济就止步了,难道不仍然是"中等收入陷阱"在作怪么?不妨称

这时的陷阱为“中等偏上收入陷阱”。

再说,人均 GDP 达到 12 000 美元被认为是划分低收入阶段和高收入阶段的一条分界线,越过了人均 GDP 12 000 美元就算是高收入国家了。在高收入阶段,难道不会发生所谓的“高收入陷阱”么?未必如此。当初,当希腊人均 GDP 迈上了 12 000 美元这个台阶时,世界银行为此大肆宣传,并向希腊表示祝贺,认为这是一个重大的进展。曾几何时,2011 年,希腊人均 GDP 已经超过 20 000 美元了,却遇到种种困难,经济增长停滞,失业猛涨,民怨沸腾,社会动荡,不得不乞求欧盟国家伸出救援之手,这不是“高收入陷阱”的一个典型例子么?西班牙、意大利、爱尔兰的情况不是同希腊相差无几么?甚至像日本这样的高收入国家,人均 GDP 超过 40 000 美元以后,不也遇到经济长期停滞的困难么?当然,一个高收入国家的经济停滞也许是因为受到国际金融风暴的冲击,或者是受到国际经济衰退的影响所致,但时间稍长而一直难以摆脱停滞、衰退,必有其深刻的内在原因,因此称它们落入了“高收入陷阱”,是有道理的。

那种认为一国的经济增长只要越过某个门槛就会顺利地增长的说法,并没有足够的说服力。世界银行报告中提出的“中等收入陷阱”概念,就属于这一类说法之列。这使人们回想起 20 世纪 60 年初期西方经济学界环绕着美国经济学家罗斯托的“起飞”和“由起飞进入持续增长”的假设而进行的一场争论。罗斯托的观点是:在人类经济增长过程中,最主要的一个阶段是“起飞”阶段,“起飞”意味着一个国家从传统社会进入现代社会即工业化社会的关键时刻,越过了这一关键时刻,经济就可以持续增长了。用参加这场争论的西方经济学家们的比喻来说,这就像飞机起飞一样,在起飞时必须加大油门,使飞机升空,升入天空时,就可以顺利飞行了,经济的“起飞”也如此,为了“起飞”,必须费很大的劲,一旦“起飞”成功,就能顺利飞行。当时,在讨论会上,大多数经济学家不同意罗斯托的“起飞”学说。

现在看来，罗斯托关于“由起飞进入持续增长”的假设缺乏根据。一些发展中国家落入“中等收入陷阱”或一些高收入国家陷于“高收入陷阱”的事实表明了这样一点：经济发展的任何阶段，都会发生因社会矛盾深化和制度障碍的存在而引起的经济停滞状态。那种认为一国经济增长只要越过某个门槛就会顺利增长下去的说法都是没有根据。换句话说，在经济发展的任何收入阶段，都会有门槛，都会有“收入陷阱”。能不能闯过去，要看有没有适当的制度调整，有没有社会的安定，有没有技术创新和资本市场的密切结合。

今天，中国完全可以绕开或越过“中等收入陷阱”，难道以后不会遇到“高收入陷阱”吗？冰冻三尺非一日之寒。当我们绕开或越过“中等收入陷阱”之际，应当站得更高些，看得更远些，为以后绕开或越过“高收入陷阱”早做准备。

总之，“收入陷阱”已成为发展经济学中的值得注意的新课题了。无论是“低收入陷阱”、“中等收入陷阱”还是“高收入陷阱”问题，其中都包含了丰富的内容，值得人们认真研究。

目录

理　论　篇

实 践 篇

理论篇

新生代农民工职业培训参与决策的影响因素分析——微观视角

程志强　徐　卫

一、引言

改革开放以来中国经济高速增长的重要来源之一是人口红利。适龄劳动力人口的增长所形成的人口红利在二元分割体制改革的改革红利、对外开放的全球化红利的作用下，构成了从传统部门转向现代部门、低效率部门转向高效率部门的劳动力结构转变，中国经济进入到刘易斯所描述的劳动力无限供给的二元经济发展阶段，大量廉价劳动力形成了劳动密集型产业的比较优势，推动了中国经济在出口驱动下的快速增长。但是，生育率下降导致适龄劳动力人口增长放缓，“民工荒”从局部地区、周期性的问题逐步发展成为全国范围内的普遍性问题，劳动力工资和劳动力成本上涨，廉价劳动力时代终结，人口红利面临消失。而且，一些比我国较晚发展起来的国家和地区，比如越南、印度，以及一些非洲国家等，在廉价劳动力方面更具比较优势，如果我国仍依赖于廉价劳动力优势的产业发展路径，劳动力工资的上涨趋势也将不可持续，这极有可能导致陷入经济停滞的“中等收入陷阱”。

为此，厉以宁教授提出了新人口红利的说法。他认为，一国在发展的过程中存在新旧人口红利的替代过程，经历廉价劳动力红利、技工红利、高级技工红利和专业人才红利的转换过程。既然旧人口红利和廉价劳动力优势的消失不可避免，用技工红利这一新人口红利取而代之是大势所趋。一方面，相对于后起发展中国家而言，尽管我国工资水平高一些，但是将因进入技工时代而实现成倍的劳动效率提升、保持劳动力成本优势；另一方面，相对于发达国家而言，中国技工的工资依然比较低廉，成本优势依然存在。这样，技工时代将让中国的发展具有自己的优势，“新人口红利”也将由此产生（厉以宁，2013）。考虑到我国巨大的劳动力数量存量，一旦能够实现人口红利的新旧替代，新人口红利将为我国经济的可持续发展、跨越“中等收入陷阱”提供增长源泉。

在我国廉价劳动力市场上，新生代农民工成为主要供给者，而且其工作年限将持续 30 年左右，因此，人口红利替换的主要对象将是新生代农民工。但是，新生代农民工受教育水平并不高，以初中为主，具备了成为一般技工的基础教育条件，但是由于高中及以上的比重偏低，高级技工所应具备的基础教育条件仍不完善。技术工人的培养除了需具备必要的基础教育水平之外，还需要在工作中的“干中学”，特别是职业培训。但是，我国农民工参与职业技能培训的比例不高，在新生代农民工中，16—20 岁阶段的农民工参与率为

22.3%,21—30岁阶段的农民工参与率最高,但也仅为31.6%。特别是对于16—20岁阶段的农民工而言,他们刚刚步入劳动力市场,却只有1/5的人参加过技能培训,因而绝大多数人仍以低技术的普通劳动力的身份进入劳动力市场。[1]所以,在我国面临新旧人口红利替换之际,加大对新生代农民工的职业培训、加快进入技工时代、创造新的人口红利,对跨越"中等收入陷阱"至关重要,意义重大。

我国新生代农民工职业培训参与率偏低,那么,为什么有些新生代农民工能够获得职业培训,甚至不止一次,而其他人则没有参与?本文将利用调研数据,从微观角度,即从不同农民工的个体差异角度出发探讨新生代农民工职业培训参与决策的影响因素。这对分析我国新生代农民工职业培训参与现状的成因、提高政府支持政策的针对性和有效性等具有积极的意义。

二、已有研究的简要回顾

已有的研究很少将中国新生代农民工作为单一主体来定量分析这一问题,而是将新、老农民工视为同质的研究对象。比如在针对中国的研究中,许昆鹏等(2007)根据简单的劳动力培训投资决策模型,利用河南省商丘市两个村的调查样本发现,年龄小、能力强、教育年限长的劳动力在技术学习上的能力强、难度低,且职业选择范围更广,培训投入的预期收益高,因而参与培训的可能性高。黄祖辉和俞宁(2007)关注失地农民的培训意愿,利用杭州市某镇失地农民的调查数据,发现有过技能培训经历、做过临时工、看好培训效果的农民在培训时间非周末时培训意愿强。卫宝龙和阮建青(2007)则以城郊农民为研究对象,根据对浙江杭州城郊农民的调研数据,发现影响他们素质培训意愿的主要因素有期望收入、家庭劳

[1] 数据来源:《2012年农民工问题监测报告》。

动力人数、土地征用情况、之前的培训状况等。黄乾(2008)利用上海等5个城市对农民工的调研数据,发现农民工培训需求与年龄呈倒U型关系,收入更高、雇佣关系稳定、就业年限更长、受教育水平更好的农民工,以及在外资企业、中外合资企业、私有企业、制造业行业工作的农民工培训意愿更强。需要指出的是,黄乾的研究表明性别对培训意愿没有影响,这与杨晓军和陈浩(2009)根据武汉市的农民工样本所得出的女性培训意愿更强的结论不一致,但孟宪生等(2011)和大部分国际上的相关研究则发现女性的就业培训参与意愿更低。在农民工参与培训意愿的二元选择模型中,孟宪生等(2011)还发现培训意愿与家中有小于6岁的小孩这一变量显著负相关,而且与工作年限呈负相关,这也和黄乾(2008)的结论不一致。张秋林和张晔林(2008)在已有研究的基础上,根据江苏省9个地级市的数据,利用赫克曼两阶段计量方法对农民工的培训意愿和投入规模的影响因素做了定量分析,发现培训费用、质量等培训项目特征变量和农民工收入、社会资本、年龄、文化水平等个人变量以及所处行业、政府行为等对农民工培训的投入规模有显著的影响。丁煜等(2011)认为已有研究大多以"培训意愿"作为被解释变量,即农民工对培训的主观态度,而没有探讨影响是否参加过培训的相关因素,后者是决策的事实行为,意愿和决策之间虽然有很高的相关性,但仍存在一定的差异。他们利用川、豫、冀、皖、闽等省的调研数据所得出的结果与已有研究结论不同的是,男性参与率更高,婚姻对参与行为有显著影响,未婚者参与比例更高,外出务工年限、方式、地点等变量的影响不显著。

已有文献主要将整个农民工群体作为一个同质体来进行研究,而没有考虑到新、老农民工之间的差异,我们在上文中也发现,两代农民工在职业培训参与率、培训内容、资金来源、组织方式等方面也存在明显差异,因此,很有必要将新生代农民工作为单一主体进行研究。同时,不同文献在经验研究方面的结论也存在很多不一致之处,且大部分研究的样本集中在某一地区,代表性差,所以本文将利用样本范围更广、更具代表性的调研数据来分析。

三、理论分析框架

尽管培训组织方式多样化,但是,总的来说,新生代农民工参与职业培训的行为是其个人自我选择的结果(农民工自主型)或者是其个人和职业培训提供方(比如企业、政府、非营利公益组织)共同优化选择的结果。所以我们需要探讨哪些因素影响新生代农民工选择职业培训,哪些因素决定提供方是否愿意提供培训,以及哪些因素影响提供方决定给哪些工人提供培训。在对供给方的分析中,我们将主要关注企业主导型的职业培训。对于企业主导性的职业培训而言,决策涉及企业决定给哪些工人提供培训以及这些工人是否接受培训。

根据经典的人力资本投资理论,将企业或者劳动力的培训支出作为投资,假定投资者追求终身效用最大化,其决策可由如下的公式决定:

$$\sum_{t=1}^{n} C_t/(1+r)^t = \sum_{t=1}^{n} R_t/(1+r)^t \qquad (1)$$

其中,C_t 是 t 期培训投资的成本,对于企业而言,包括企业培训师资、资金等方面的投入、员工工作期间参与培训导致的生产损失等;对于劳动力而言,则包括资金支出、时间投入、为培训可能放弃的工资成本、闲暇的放弃、心理损失(如学习压力、苦闷)等。R_t 是 t 期的预期收益,对于企业而言,表现为劳动力生产效率的提高,企业竞争力的提升等;对于劳动力而言,表现为较高的未来收入、工作满意程度的提高、对娱乐活动欣赏水平的提高、职位晋升、身份地位的提升等等。r 表示贴现率。根据艾伦伯格和史密斯(Ehrenberg and

Smith,1997),在其他条件不变的前提下,较高的成本、较高的贴现率或者较低的培训投资收益率将导致培训的下降。

首先,企业倾向于培训那些具备快速学习能力、且能够从培训中提高效率的工人,因为高能力、具备良好教育背景的工人在知识、技能方面的接受能力强,其参与培训所需各类成本小,企业所需投入的培训时间、成本低或者培训投入的收益更大,即企业和劳动力两者在培训成本投入方面相对而言更低,从而提供者更愿意提供,接受者更愿意接受。费尔斯特德和格林(Felstead and Green,1996)、伯德特和史密斯(Burdett and Smith,2002)的理论模型表明,在一个低教育水平工人比例高的企业中,企业在提供高技术、有培训需求的好工作方面的激励不足,同时,由于缺乏好的工作,工人也缺乏激励去获取技术。这就导致低教育水平的劳动力陷入到低生产率、培训不足(deficient training)、低技术工作和低收入的恶性循环中,从而导致劳动力市场的分割。高教育水平的劳动力更容易获得高技术的工作,从而有更多的机会获取企业提供的培训,进而可以获得更高技术要求的工作,即进入一个良性循环。

其次,企业的规模也会影响企业提供培训机会的选择。由于培训存在固定成本,这导致小企业员工培训的平均成本要高于大企业,即培训存在规模经济(Greenhalgh and Mavrotas,1994)。同时,由于小企业各职位工人数量少,员工之间替代性弱,工作时间培训导致的生产损失相对于大企业而言,可能会更大。此外,大型企业内部科层体系严密,能够提供较为宽泛的内部职业晋升阶梯,为工人提供了参与培训的激励(Arulampalam and Booth,1997)。最后,大型企业可能会面临更多的规制和更为完善的工会组织,必须通过提供更多的培训来满足规制和工会的要求(Felstead and Green,1996)。

第三,根据式(1),只有培训收益的贴现值超过成本时,企业才会投资于培训,而在其他条件不变的情况下,培训后的收益期越长,总收益的贴现值越高，投资培训的投入越大。因此，企业投资预期收益的回报期直接影响企业的投资决策。根据这一理论推定，劳动力的跳槽、离职行为对于企业提供培训的激励影响很大。如果劳动力频繁跳槽或者离职可能性较高，会减少企业培训投资的回报期，因而企业不愿意对其认为跳槽或离职可能性较大的员工提供培训机会。同样根据式(1)，我们可以推断个人培训投资决策也与其预期收益回收期密切相关。这种可能性与劳动力的一些个人特征密切相关，比如性别、孩子的个数、年龄等(Arulampalam and Booth, 1997)。年龄偏大的劳动力，为企业服务年限有限，劳动力自己的培训投入回报期也偏短，无论是企业提供还是自身投入的意愿都可能不足；孩子个数较多的女性劳动力，为了照顾孩子放弃工作的可能性较大；女性劳动力可能因为结婚、生育等放弃工作或者换工作；对于跳槽频繁的劳动力，雇主可能也会认定其以后跳槽的可能性较大，提供培训的意愿不足。此外，劳动合同也可能会影响投资决策，在没有签订相对规范的劳动合同的前提下，劳动力失业风险和流动性均较大，劳动力在与企业相关的特定知识、技能上的投资回收期难以保障，同样，雇主也认为其投资回报期的不确定性很大，从而双方的投入意愿均不足。

第四，考虑到员工跳槽或者离职的可能性，雇主通常不愿意提供一般性技能的培训并承担相关费用，而是倾向于企业特质性强的技能培训。因此，一般性技能的培训费用通常需要员工自己承担。家庭收入水平是员工承担培训费用的保障，因此，来自收入水平相对较高家庭的员工，其参与技能培训的可能性要更大。

第五，行业性质也会影响员工的培训需求和雇主的培训供给。在技术进步较快或者要求较高的行业或者从事相关的工种，培训的收益率会更高，根据式(1)，员工的培训需求和雇主的培训供给也更大。

最后，农民工务工地点也会影响员工和雇主的培训决策。一方面，大城市行业多元化程度高，高技术行业比重高，这一类行业员工的培训效益更容易被其他农民工所发现，示范效应会推动农民工的培训需求，推动培训需求曲线外移；另一方面，大城市地区培训资源相对丰富，企业获得培训资源比如高水平师资等的成本相对较小，这也推动培训供给曲线外移。供给、需求曲线外移使得在较低的培训价格上产生了更高的培训投资。但是，不同于小城镇熟人社会，大城市地区的劳动力流动性更高，这将抑制其培训的积极性。

四、计量模型、数据来源与变量说明

鉴于被解释变量是否参与过培训(train)是一个虚拟变量，通常选择 Probit 模型、利用最大似然估计法进行估计(Cameron and Trivedi,2005)，这也是已有此类文献常用的模型。

对于 Probit 模型，具体设定如下：

$$P = Pr[Train = 1 | X] = \phi(\beta_0 + \beta_1 X) \tag{2}$$

其中，X 是解释变量，$\phi(\cdot)$是标准正态的累积分布函数，即式(2)为：

$$P = Pr[Train = 1 | X] = \int_{-\infty}^{\beta_0+\beta_1 X} (2\pi)^{-1/2} e^{-z^2/2} dz \tag{3}$$

本文数据来源于问卷调研，样本来自于山东、浙江、湖北、河南、四川和陕西 5 省，涵盖了我国东、中、西地区，具有一定的代表性。本文对新生代农民工的定义以年龄为界，把 1980 年以后出生的农民工定义为新生代农民工。共发放 1 200 份问卷，回收有效问卷 944 份，其中新生代农民工 478 份，老一代农民工 466 份。

根据上文理论框架的分析，考虑调研数据的可得性，本文选择的变量名以及变量的定义见表 1。

表1 变量定义表

变 量 名	变 量 定 义
被解释变量	
是否参与培训	参与=1,未参与=0
解释变量	
性别	男=0,女=1
年龄	
婚姻	已婚=1,未婚=0
民族	汉族=1,其他=0
受教育程度	文盲=0,未上完小学可读写=1,小学=2,初中=3,高中=4,中专=5,职高=6,大专及以上=7
孩子个数	
家庭成员平均收入	家庭平均收入取自然对数
工作更换频率	=工作个数/参加工作年数
就业方式	长期雇工=1,其他=0
就业合同	有=1,无=0
就业地点	城市=1,县及以下=0
工种虚拟变量	苦力、普工、技工、普通行政、管理
企业规模	雇工人数
行业虚拟变量	采矿业,制造业,电力、燃气、水生产及供应业,交通、仓储、邮政业,建筑业,居民服务业,住宿、餐饮业,批发零售业,其他服务业

五、估计结果

我们利用式(3)对影响新生代和老一代农民工参与职业培训的因素做了回归分析,新生代估计结果见表2的回归(1),老一代估计结果见表2的回归(2)。

首先,就新生代农民工而言,性别和民族这两个变量的系数均不显著。这意味着对于新生代农民工而言,这些与生俱来的个人特征对培训参与率的影响很小,这与老一代农民工有着明显的差别。就老一代农民工而言,性别和民族均通过了显著性水平10%以上的检验,女性和非汉族的参与率显著低于男性、汉族的参与率。在新生代农民工职业培训市场中,性别、族群的歧视现象得以明显缓解。

表 2 农民工参与职业培训的影响因素的 Probit 模型估计结果

	回归(1):新生代		回归(2):老一代	
解释变量	系数	标准差	系数	标准差
性别	-0.166	0.323	-0.930*	0.514
民族	0.515	0.461	0.793*	0.416
婚姻	-0.174	0.354	0.060	0.837
孩子个数	0.232	0.307	0.124	0.287
性别×孩子个数	-0.407**	0.176	-0.796***	0.265
年龄	-0.102	0.082	-0.117**	0.060
受教育程度	0.289**	0.114	0.354**	0.167
家庭成员平均收入	0.526***	0.158	0.425**	0.197
工作更换频率	-0.359**	0.176	-0.476*	0.263
就业方式	0.356a	0.245	0.859*	0.508
就业合同	0.158**	0.063	0.198*	0.116
就业地点	0.482*	0.282	0.402	0.395
技工	1.500***	0.243	1.782***	0.587
管理	0.481**	0.235	1.282a	0.858
行政事务	0.242*	0.133	0.129	0.142
企业规模	0.039*	0.022	0.129**	0.063
建筑业	-0.720a	0.463		
住宿、餐饮业	-0.745*	0.406		
采矿业			2.093a	1.381
电力、燃气、水生产供应业			2.258a	1.513
交通、仓储、邮政业			2.768**	1.313
LR chi2(25)	108.66***		85.72***	
Pseudo R^2	0.329		0.548	
样本量	478		466	

注:1. ***、**、*、a 分别表示通过 1%、5%、10% 和 15% 的显著性水平检验;2. 为了节约篇幅,只报告通过 15% 以上显著性水平检验的职业和行业虚拟变量。

其次,婚姻、孩子对培训参与率的影响主要集中在有较多孩子的女性农民工上。从两个回归结果来看,婚姻与孩子个数的回归系数均不显著,而性别与孩子个数的交互项则在这两个回归中均通过了5%以上的显著性水平检验。这和上文的理论预期是一致的,对于多孩子的女性而言,工作投入精力有限,培训投资的回报低,职业培训参与率低。

第三,年龄变量并不影响新生代农民工的职业培训选择,但显著影响老一代农民工培训参与率,且通过了5%以上的显著性水平检验。这种差别主要是因为我们样本选择的差异造成的。根据上文的理论预期,年龄的影响机制主要与投资的回报期相关。本文样本中的新生代农民工群体年龄在18—31岁之间,年龄问题对投资回报期的影响几乎可以不用考虑,而对于老一代农民工而言,特别是45岁以上的农民工,他们需要衡量培训投入与回报期的问题,因此会出现与预期相符的结果。

第四,教育变量显著影响两代农民工的培训参与率,影响方向也与理论预期相符,即受教育水平越高的农民工,企业和其本人培训的投入产出比更高,从而更愿意进行职业培训投入。

第五,衡量家庭财力的家庭人均收入对两代农民工职业培训的参与率也有显著影响。相比较而言,它对新生代农民工的培训参与影响力度更大,显著性水平更高,通过了1%以上的显著性水平检验。这和我们的理论预期一致,家庭人均收入高的新生代农民工,其承担培训费用的能力强,特别是通用性技术的培训,从而其参与职业培训的概率也更高。

第六,工作更换频率的系数显著为负,即跳槽频繁的农民工,其职业培训的参与率低。显然,企业不愿意对频繁跳槽的员工给予培训,特别是通用型的技能培训和素质提升,这种投资无法给企业带来稳定的回报预期。

第七,从就业情况来看,相对于打零工式的、缺乏就业合同、在县以下地区(含县)工作的新生代农民工,具有长期稳定工作关系、相对规范的就业合同和就业地在大城市的新生代农民工参与职业培训的概率更大。与新生代农民工比较来看,城市地区和县以下地区(含县)的老一代农民工参与职业培训的概率没有明显差别。根据上文的理论描述,城市地区对农民工参与职业培训的影响结果并不确定。我们的结果表明,新生代农民工在参与职业培训的决策上更容易享受到城市地区的正向溢出效应。

第八,农民工所从事职业与其接受到培训的可能性也密切相关。就我们的职业分类而言,在新生代农民工群体中,相对于普工、苦力而言,从事技工、管理和行政事务的农民工获得培训的概率更高,分别通过了1%、5%和10%的显著性水平检验。这与上文的理论预期一致。而老一代农民工与之不同的是,行政事务的系数并不显著。

第九,企业规模对农民工参与职业培训的影响也存在,影响方向也与预期一致,即企业规模越大,参加职业培训的概率越高。从两代农民工的比较来看,企业规模对新生代农民工的影响相对要小一些。

最后,在考虑上述影响因素之后,行业性的因素对农民工获得职业培训的影响并不大。在新生代农民工的群体中,相对于其他行业,建筑业和住宿、餐饮业等低技术行业的从业人员获得职业培训的概率较小,分别通过了15%和10%的显著性水平检验。而在老一代农民工中,交通仓储行业的从业人员参与职业培训的概率较高,通过了5%以上的显著性水平检验,这和我们在调研中发现的培训内容以司机为主的结果是一致的,此外,采矿业和电力、燃气、水生产供应业从业人员参与培训的概率也相对较高。因此,新、老农民工职业培训参与状况的行业影响因素存在一定程度的差异。

六、结论性评述

根据上述估计结果,从微观角度来看,在新生代农民工群体中,受教育程度和家庭平均收入相对较高、就业长期稳定、有较为规范的就业合同、就业地在城市地区、从事管理、技工等职业、企业规模相对较大的农民工更容易获得职业培训,而有孩子的女性农民工、工作更换频率较高的农民工以及在建筑、餐饮、住宿等行业工作的农民工获得职业培训的概率较低。这对我们如何有针对性地解决新生代农民工职业培训参与率低的问题提供了微观方面的经验研究的支持。我们还需要从以下两个方面做进一步分析。

第一,新老两代农民工职业培训参与决策的影响因素仍存在一定程度的差异。性别、族群的歧视效应淡化,在新生代农民工中基本上不存在这种分割,而这两个与生俱来的影响因素在之前的研究中也被广泛讨论,且缺乏一致的结论。新生代农民工相当一部分来自于独生子女家庭,绝大部分生活在孩子不超过 2 个的家庭中,重男轻女的封建思想有所弱化,所以,家庭在人力资本投资方面对男、女的歧视性程度明显较弱。同时,根据我们的样本,在新生代农民工中,女性占比达到 38.9%,而在老一代农民工中,女性占比仅为 27.8%,因此,女性成为新生代农民工中的主要劳动力供应群体,而且从事长期、稳定就业的占女农民工的 58.2%,而老一代女农民工的这一比例不到 40%。所以,企业在考虑职业培训投资时也很难将新生代女农民工排除在外。族群差异问题也出现类似的演变,中央政府重视对民族地区基础教育的投入,新生代少数民族的个人素质提升较快,与汉族在各方面的差异缩小。因此,通过对新、老两代农民工的样本划分,对之前的争论做了较好的调和与解释。另外,两代农民工参与职业培训的影响因素中,年龄和行业的影响情况也存在明显的差别。这表明很有必要将两代农民工分开考虑,特别是要关注新生代农民工与老一代农民工的不同之处,为政策制定的有的放矢提供必要的基础。

第二,经验研究结论表明,新生代农民工能否参与职业培训确实受到一些因素的系统性影响,而这些因素之间以及因素与结果之间可能存在相互强化的关系。比如受教育程度高的农民工从事管理、技术工种的可能性更大,就业合同则更为规范,就业更为稳定,也通常集中在城市地区和更大的企业,因而更容易获得培训的机会,技能的提高和收入的增长使得其更有能力提高教育程度,比如获得在职本科、硕士等学历教育,更能胜任中、高技术职位,接受进一步培训的可能性进一步增强,从而进入一个良性循环。而一个家庭缺乏培训支付能力或者受教育程度低的农民工,其往往在小企业从事低技术工种,没有稳定的就业合同保障,业务本身也缺乏培训需求,企业也不愿意提供培训机会,偏低的劳动生产率只能获得较低的劳动收入,容易产生不满、失望情绪而频繁跳槽,进而被锁定在低技术—无培训的恶性循环中。显然,单纯依靠市场手段是不可能打破这种恶性循环的,因为这种循环的产生原因是垄断与收益递增,需要政府通过合理、科学的措施来纠正这种市场缺陷。

参考文献

1. 丁煜等:“农民工参加职业技能培训的影响因素分析”,《人口学刊》2011 年第 3 期。
2. 国家统计局:《2012 年农民工问题监测报告》,2013 年。
3. 黄乾:“农民工培训需求影响因素的实证研究”,《财贸研究》2008 年第 4 期。
4. 黄祖辉、俞宁:“失地农民培训意愿的影响因素分析及其对策研究”,《浙江大学学报》2007 年第 3 期。
5. 李湘萍:“富平模式:农民工培训的制度创新”,《教育发展研究》2005 年第 6 期。
6. 厉以宁:“发展优势和‘红利’的创造”,载成思危等著:《改革是中国最大的红利》,人民出版社2013年版。

7. 孟宪生等:"农民工参与就业培训的决定因素及对收入影响的实证分析",《东北师大学报(哲社版)》2011年第4期。

8. 卫龙宝、阮建青:"城郊农民参与素质培训意愿影响因素分析",《中国农村经济》2007年第3期。

9. 许昆鹏、黄祖辉、贾驰:"农村劳动力转移培训的市场机制分析及政策启示",《中国人口科学》2007年第2期。

10. 杨晓军、陈浩:"农民工就业培训调查分析",《人口学刊》2009年第2期。

11. 张秋林、张晔林:"需求视角下的农民工两阶段主动培训投入影响因素研究",《南京农业大学学报》2008年第8期。

12. Arulampalam, W. and Booth, A. L., "Who Gets over the Training Hurdle: A Study of the Training Experiences of Young Men and Women in Britain," *Journal of Population Economics*, 1997, 10.

13. Buchtemann, C. F., Schupp, J. and Soloff, D., "Roads to Work: School-to-Work Transition Patterns in Germany and the United States," *Industrial Relations Journal*, 1993, 24(2).

14. Buchtemann, C. F., Schupp, J. and Soloff, D., "From School to Work: Patterns in Germany and the United States," in Schwarze, J., Buttler, F. and Wagner, G. G. (eds), *Labour Market Dynamics in Present Day Germany*, Campus/Westview, 1994.

15. Burdett, K. and Smith, E., "The Low Skill Trap," *European Economic Review*, 2002, vol. 46(8).

16. Cameron, C. A. and Trivedi, K. P., *Microeconometrics: Methods and Application* Cambridge University Press, 2005.

17. Ehrenberg, R. G. and Smith, R. S., *Modern Labor Economics*, Addision-Wesley Educational Press, 1997.

18. Felstead, A. and Green, F., "Training and the Business Cycle," in Booth, A. L. and Snower, D. J. (eds), *Acquiring Skills: Market Failure, Their Symptoms and Policy Responses*, Cambridge University Press, 1996.

19. Greenhalgh, C. and Mavrotas, G., "The Role of Career Aspirations and Financial Constraints in Individual Access to Vocational Training," *Oxford Economic Papers*, 1994, 46(4).

20. Lynch, L. M., "Private Sector Training and the Earnings of Young Workers," *American Economic Review*, 1992, 82(1).

21. Veum, J. R., "Sources of Training and Their Impact on Wages," *Industrial and Labor Relations Review*, 1995, 48(4).
22. Winkelmann, R., "How young workers get their training: A survey of Germany versus the United States," *Journal of Population Economics*, 1997, 10.

（程志强，北京大学光华管理学院；徐卫，武汉大学经济与管理学院）

跨越『中等收入陷阱』的理论与经验研究

王建新

一、"中等收入陷阱"的基本含义

新兴发展中国家经过一段时间的较快发展,由低收入水平进入中等收入水平(人均 GDP 4 000—5 000 美元)之后,由于不能顺利实现经济发展方式转变或受外部冲击,导致持续增长动力不足和快速发展中积累的社会矛盾集中爆发,进而出现经济增长回落或长期停滞的状态,迟迟无法跨越人均 GDP 10 000 美元的门槛,即陷入所谓的"中等收入陷阱"。目前,世界范围内只有韩国、日本、中国香港等少数国家或地区成功跨越了"中等收入陷阱",进入高收入国家行列。

其他步入中等收入水平的国家则由于各种深层次的矛盾和问题，无法顺利实现经济发展方式的转型，经济增长逐步放缓甚至停滞，进而长期滞留于中等收入国家水平，如东南亚的泰国、拉美的墨西哥、巴西等国家。

纵观陷入“中等收入陷阱”的国家，其经济发展过程中普遍存在以下四个方面的问题：

第一，过度依赖低效率的经济发展模式。在经济发展的初期，低等收入国家往往大力发展劳动密集型、资源密集型产业，通过发挥劳动、资源等的比较优势，促进本国经济的快速发展。但是，进入中等收入阶段后，有些国家依然过度依赖这种低效率的经济发展模式，未能及时调整产业结构、培育国内市场需求，随着比较优势的丧失，这部分国家在国际市场的竞争力不断减弱，最终导致外贸逆差和经济的大幅度减速。

第二，忽视社会发展的公平性。进入中等收入阶段以后，一些国家并未及时进行收入分配制度改革，以遏制收入的两极分化，导致经济发展的利益集中在少数人手中，贫富差距不断扩大。当前世界上收入差距最大的地区是拉丁美洲，该地区国家的基尼系数都在0.45 以上，巴西和玻利维亚更是高达 0.61。收入差距扩大不仅会抑制社会的总消费需求，减弱消费需求对经济增长的拉动作用，同时还会导致社会分化，激发社会各阶层之间的矛盾，引发社会动荡。

第三，政治体制改革滞后，经济可持续发展缺乏制度保障。中等收入国家在初期发展过程中形成的利益集团，出于维护既得利益的目的，往往会阻碍进一步的政治体制变革。同时，中下等民众的诉求得不到重视，且缺乏进入上层社会的途径，不同阶层间矛盾加剧，引起经济系统的紊乱和社会动荡，国家经济陷入停滞。

第四，科技创新不足，产业结构转型升级缓慢。产业结构转型促进经济发展方式由粗放型转向集约型，可以有效提高经济发展的效率，减轻环境污染。产业转型升级的关键便是科技创新，即在引进先进技术的基础上消化吸收,并加以研究、改进和创新,建立属于自己的技术体系。但是中等收入国家普遍缺乏自主创新的激励机制,对人力资本的投入也极为有限,导致科技创新不足,技术水平落后,严重限制了本国经济的进一步发展。

二、跨越“中等收入陷阱”的理论分析

“中等收入陷阱”,在经济学上其实就是一种经济发展过程中的均衡状态,由于曾经导致经济增长的动力要素不可持续,或者前期积累的社会问题、矛盾将经济增长要素的作用抵消,导致经济增长减速甚至陷于停滞的状态。

跨越“中等收入陷阱”,实质上是讨论如何在中等收入水平上继续保持经济持续增长、增加国民收入的问题。正如世界银行分析的,发展中国家从贫困阶段发展到中等收入阶段的难度要小于从中等收入阶段发展到高收入阶段。我们应该首先找到新中国成立以来中国经济发展的动力,如果这种动力仍然能够持续获得,那么我们就应当继续坚持增加对该动力的投入;如果这种动力不能再继续获得,那么我们就要寻找新的经济增长点,从其他经历过“中等收入陷阱”的国家吸取教训,借鉴经验。

对影响经济增长的因素的研究是经济学界研究的重点内容之一,从索罗模型到内生增长模型、优化增长模型,经济学家发现资本、劳动、经济制度、对外开放程度、技术进步等因素都会影响经济增长速度。

亚当·斯密认为经济增长表现为国民财富的增长,促进经济增长有两种途径,一种是增加劳动的数量,一种是提高劳动的效率。分工协作和资本积累可以促进劳动效率的提高,增加人口数量可以引起劳动数量的增长,从而引起经济增长。马尔萨斯认为增长的人口也是经济发展的重大约束条件,李嘉图认为经济增长受收入分配

的影响,长期的经济增长会在收益递减的作用下停止。

穆勒提出了影响经济增长的四个因素为人口增长、资本积累、技术进步和自然资源。马克思分析了经济增长的本质。他认为,一般来看,经济增长是物质财富本身或其内容的增长;从商品生产来看,经济增长是使用价值量和价值总量的增长;从资本主义生产过程来看,经济增长是生产过程和价值增值过程的统一。他认为影响经济增长的因素有三个:人口(劳动力)、资本积累和劳动生产力。在分析技术进步的原因时,马克思认为竞争促进了技术进步。马歇尔影响最大的是对经济发展过程的基本看法:经济发展是渐进的、和谐的和经济利益逐步分配到社会全体的过程。

哈罗德和多马于1948年分别提出的模型以凯恩斯理论中关于投资—储蓄关系的理论为基础,主要研究在保持充分就业的条件下,储蓄和投资增长之间的关系。模型认为,一个国家的国民生产总值增长率取决于资本—产出比率和储蓄率。从长期看,通过投资增加有效需求,从而为当期提供充分就业机会,企业生产能力扩大,结果引起下期供给大于需求,出现下期的就业缺口,这样就需要更多的资本形成。因此,不断地增加投资,是保证经济增长的唯一源泉。

索罗从柯布—道格拉斯生产函数出发,来建立经济增长与各综合因素之间的数量关系。在模型中,资金投入量、劳动投入量和科技进步被看作是影响经济增长的三大因素,而且其中的科技进步因素被认为是通过两大生产要素——劳动和资金的有机结合体现出来的。模型认为,充分就业均衡可以通过市场机制调整生产中劳动与资本的配合比例来实现。只有技术进步才能解释生活水平的长期上升。但是模型中假定资本与劳动力可以任意替代,以便生产要素可以充分利用,实现均衡增长,这是不符合实际的,并缺乏政策指导意义;同时模型认为技术进步是经济增长的决定因素,却没有假定技术进步时的外生变量,结果使得新古典模型对一些重要的增长事实无法解释。

新剑桥学派认为，首先，在经济增长中收入分配有利于资本家而不利于工人，趋势是利润在国民收入中的比重上升，而工资则下降；其次，经济增长加剧了收入分配的比例失调，而比例失调反过来又影响了经济增长，引发经济和社会问题；最后，解决问题的根本途径，是实现收入分配的均等化，根本的方法则是调节储蓄率。当资本—产出比已定时，可以通过调节储蓄率来实现经济的稳定增长，而储蓄率的调整可以通过改变利润或工资在国民收入中的比例来实现。经济增长同时也改变着收入分配，如果利润收入者的储蓄率不变，那么利润在国民收入中的比重主要取决于投资率。而经济增长又与投资率密切相关，因此增长率越高，越有利于利润收入者。

由于储蓄率、人口增长率、技术进步是由人们的行为决定的，也是可以通过政策等加以影响的，在不同的经济中其水平很不相同。因此，当新古典模型不能很好地解释增长时，我们自然会想到将储蓄率、人口增长率和技术进步等重要参数作为内生变量来考虑，从而可以由模型的内部来决定经济的长期增长率，这些模型被称为内生经济增长模型。代表人物包括：保罗·罗默、阿罗、宇泽弘文、卢卡斯和巴罗。

内生增长理论在理论上的主要突破在于把技术进步引入到模型中来，其消除新古典增长模型中报酬递减的途径有四种：要素报酬不变，“干中学”与知识外溢，人力资本积累以及研究和开发。在引进技术创新、专业化分工和人力资本之后，内生增长理论得出以下结论：技术创新是经济增长的源泉，而劳动分工程度和专业化人力资本的积累水平是决定技术创新水平高低的最主要因素；政府实施的某些经济政策对一国的经济增长具有重要的影响。

从确立劳动在经济增长中的工具地位到崇尚物质资本积累的资本决定论，再从重视技术进步的作用到强调以人的素质为中心的知识、技术和人力资本的积累，可以清晰地勾勒出一条在工业化进程中,对经济增长源泉的认识逐渐深化的发展轨迹。而在西方经济增长理论发展的历程中,技术进步的地位也发生了很大的改变。这些都对研究我国经济增长提供了有益帮助。

三、我国跨越"中等收入陷阱"的优势

2008 年我国人均 GDP 达到 3 315 美元,正式步入中等收入国家行列,随之而来的是"中等收入陷阱"危机的逐步逼近。由于长期以来片面追求经济快速增长,忽视发展质量,导致一系列经济社会问题逐渐显现:经济结构失衡、收入差距扩大、资源浪费严重、环境遭到破坏等等,这使得下阶段保持经济平稳快速发展面临严峻挑战。但与其他深陷"中等收入陷阱"的国家相比,中国经济增长的潜力还很大,作为一个幅员辽阔、区域差异大、生产力发展水平呈现多层次特征的大规模经济体,中国具有更多延续高速增长期的空间和条件。具体来讲,我国跨越"中等收入陷阱"的优势主要表现在以下四个方面:

第一,我国经济增速长期稳定,宏观经济整体向好。改革开放以来,中国经济持续高度增长,1979 年至 2008 年国内生产总值年均增长 9.7%。2008 年,虽然爆发了国际金融危机,但我国成功实施了一揽子经济刺激计划,率先实现经济回升向好,2008 年和 2009 年经济增速依然达到 9.6% 和 9.2%。2012 年我国人均 GDP 达到了 6 100 美元,表明我国步入中等收入国家之后,经济仍保持了平稳快速的发展势头。虽然潜在增长水平在逐步下调,但与其他国家相比,宏观经济形势依然整体向好。

第二,城镇化存在巨大发展空间,成为支持我国经济持续增长的重要因素。2012 年我国城镇化率为 52.57%,不仅低于世界平均水平,而且落后于我国经济发展水平,同时这部分城镇人口中还有 2.6 亿的农民工。这表明我国城镇的规模还有较大提升空间,且城

镇的质量也需要改善。从消费需求方面看,城镇居民可支配收入远高于农村居民纯收入,因此其消费能力也强于农村居民。随着我国城镇化速度的加快和城乡差距的缩小,可以将更多的农村居民转化为城镇居民,从而有效提升社会的总需求,为经济持续高速增长提供重要动力。另外,城镇化进程的加快,使得城镇基础设施和住宅等的投资需求增加,也将对经济形成强劲的拉动作用。

第三,持续的金融体系改革,增强了我国抵抗国际金融危机的能力。纵观陷入“中等收入陷阱”的国家,其金融体系一般都比较脆弱,这些国家长期依赖外资流入推动经济发展,同时金融监管改革滞后,导致金融体系存在巨大漏洞,抵御国际金融危机的能力较弱。有些国家甚至在国际投机资本的恶意打压下爆发大规模的金融震荡,如 1997 年的东南亚金融危机。而我国的金融市场经过多年的改革,已建立起相对完善的金融体系,在商业化转型、增强财务稳健性、改进金融监管等方面成果显著,国内金融机构抗御风险的能力不断增强。我国稳健的金融体系,在最近十多年内连续抵御了两次国际金融危机的冲击,在复杂的国内外环境下,支撑了国内经济的发展。

第四,我国研发投入逐年加大,科技创新能力大幅提升。近年来,我国研发(R & D)经费持续快速增加,2012 年达到 10 240 亿元,占国内生产总值的 1.97%。其增长速度远远高于美、日、德、法、英五个研发大国。科技进步已经成为推进我国经济和社会发展的关键因素。特别是科技体制改革以来,我国科技事业的发展突飞猛进。总体说来呈现出科技创新能力提高,科技人力资源雄厚,科技资金来源多元化,民生科技产业兴起的现状和发展趋势。科技创新能力的提升促进了我国高科技产业的发展,有力推动了我国产业结构的转型升级,为经济的集约、高效发展做出了突出贡献。

四、跨越“中等收入陷阱”的经验分析和启示

（一）推进产业转型升级，加快发展第三产业

日本是成功地从中等收入国家迈进高收入国家的经济体。日本的产业结构调整是重要的原因之一。二次大战后的三十多年里，日本产业结构转换的明显特点是：农业在国民产值结构中的比重持续下降，在人均国民收入大约1 000美元时，农业的比重下降到10%以下；工业的比重是先上升后下降，在人均国民收入大约2 000美元时比重达到最高（此时第二产业占比接近47%），此后连续下降；服务业比重不断上升，其中在人均国民收入2 000美元以后又出现了加快上升趋势。下表为自二次大战以来日本产业结构的变化。

表1　二次大战以来的日本产业结构

年份	农业（%）	工业（%）	其他（%）
1947	35.5	23.7	40.8
1955	20	25.5	54.5
1960	13	37	50
1965	10	36	54
1970	6	39	55
1975	5	32	63
1980	4	34	62

此外，韩国之所以能跨越“中等收入陷阱”，也得益于产业结构的转变。随着人均国民收入水平的提高，韩国农业占GDP的比重不断下降，工业占GDP的比重虽然不断上升，但所占比重的增长速度先升后降，服务业比重一直是上升趋势。在1990年以前，韩国产业结构转变主要是工业对农业的替代，服务业变化不大；1990年以后，主要是服务业对工业的替代。

表 2　韩国产业结构变化历程

年份	人均 GNI(美元)	农业(%)	工业(%)	服务业(%)
1960	100	47.1	7.9	45.6
1970	270	25.4	28.7	45.9
1980	2 330	14.5	40.7	45.1
1990	5 770	8.7	43.4	47.9
2000	8 910	5.0	44.0	51.0

上世纪 90 年代以后,韩国正处于由中等偏上收入国家向高收入国家迈进的关键时期,由于受到东南亚金融危机的冲击,经济衰退,失业人数大幅度增加,社会收入分配结构出现恶化。因此,为跨越“中等收入陷阱”,韩国在积极推进金融体系、劳动力市场、公共部门改革以及企业结构调整的同时,大力发展知识密集型产业和服务业。至本世纪初,韩国集中发展计算机、半导体、生物技术、新材料、精细化工、航天航空产业;2003 年以后,数字电视、液晶显示器、智能机器人、新能源汽车、新一代半导体、新一代互联网、智能型家庭网络系统、数字内容软件、新一代电池、生物新药以及人工脏器又成为韩国的“十大引擎产业”。韩国产业结构成功转换的经验就是在向高收入国家迈进的过程中,技术密集度更高的产业和服务业所占比重快速上升。

纵观我国 1952 年以来的产业结构,虽然农业所占比例不断下降,由 1952 年的 51% 降到 2008 年的 11%;工业比重不断上升,最初所占比例仅为 21%,2008 年达到 GDP 的近 50%。但是目前的产业结构和日本、韩国相比仍然有较大差距,第一产业所占的比重仍然较高,超过 10%,第三产业的比重尚不足 50%,没有成为国民经济的支柱。在三次产业结构中,工业比重长期居高不下,服务业发展总体滞后。2009 年工业增加值占国内生产总值的比重虽有所下降,但仍高达 40.1%。

表3　我国产业结构变化历程

年份	GDP(亿元)	农业(%)	工业(%)	其他(%)
1952	679.0	51	21	28
1968	1 730.2	42	31	27
1978	3 645.2	28	48	24
1992	26 923.5	22	43	35
1998	84 402.3	18	46	36
2003	135 822.8	13	46	41
2008	300 670.0	11	49	40

我国服务业比重明显低于发展水平相近的国家。在工业内部结构中,过度依赖加工制造环节,决定市场地位和附加值的生产性服务环节发展滞后;高技术产业名义比重提高较快,但缺乏核心技术和品牌,基本上集中在价值链低端;重化工业产能扩张过快,与资源环境的矛盾不断加剧。要加大产业结构调整力度,由重点调整产业间比例关系转向重点突破制约产业转型升级的关键环节,着力提升制造业附加值,加快发展金融保险、商务服务、科技服务、信息服务和创意等生产性服务业,加快发展研发、设计、标准、物流、营销、品牌和供应链管理等生产性服务环节,促进制造服务化和服务知识化;适应国际产业竞争格局的新变化,加快培育节能环保、新一代信息技术、生物、高端装备制造、新能源、新材料和新能源汽车等战略性新兴产业,构建"核心技术—战略产品—工程与规模应用"的创新价值链,抢占国际经济科技竞争的制高点。同时,要加快淘汰高能耗、高排放、低附加值的传统重化工业,加快传统产业技术进步、管理创新、产业重组和优化布局,提升传统产业整体素质,在实现传统产业的经济增长效应的同时,增大社会、环境和国际分工效应。

(二) 增加人力资本积累,提高劳动力生产率

众多国内学者也对影响我国经济增长的因素进行了实证分析和经验研究。研究发现,劳动力要素、人力资本积累是影响我国经济增长的重要因素。

蔡昉等(1999)实证分析了劳动力、物质资本、人力资本及技术进步在1982年至1997年对中国经济增长的贡献,发现在全要素生产率的贡献中,劳动要素的重新配置发挥了显著的作用,因此,通过劳动力就业制度的改革和城乡劳动力市场发育,中国仍有机会享有劳动力资源重新配置带来的经济增长。刘强(2001)利用1981年至1998年间的数据实证分析论证了新古典的经济收敛机制在中国并没有起作用,原因是中国大规模的劳动力转移使资本劳动比并没有出现应有的变化趋势;近年来形成的劳动力大规模的区际迁移,是社会经济系统对区际差距做出的反应,也是对区域差距扩大这一现象的一种解决办法。

吴华明(2012)利用我国1990年至2009年的数据,以卢卡斯模型为理论依据,以劳动力投入量、人力资本和物质资本投资增长率为解释变量,对经济增长中人力资本投资贡献率进行了测算,结果表明,我国物质资本和人力资本新增投资对经济增长的贡献有较大的差异,人力资本投资的效率远远高于物质资本的投资效率。蔡昉等(1999)认为,虽然在80年代以来的经济增长中,传统要素投入的贡献大于人力资本和生产率的贡献,但从弹性系数来看,人力资本的增长贡献有巨大的潜力,财政对教育的投资占GNP的比重,1996年只有2.44%,在世界上处于较低水平。教育投入的加大,教育体制的改革,教学质量的改善将为经济增长提供源泉。江晓薇(2002)认为我国要防止陷入发展中国家工业化进程中经常出现的贫困陷阱之中,需要转变经济增长方式,由总量拉动增长转向提高生产素质推动的增长,充分发挥人力资本的效应,使之成为未来经济增长的

重要因素。

根据有关资料[1]，1950 年至 1962 年，日本全要素生产率的提高对经济增长的贡献率为 67%；1965 年至 1985 年，日本经济增长中约 32% 归因于技术变化，55% 归因于资本投入的增加，13% 归因于劳动投入的增加；而 1950 年至 1985 年，美国经济增长中约 20% 归因于技术变化，45% 归因于资本投入的增加，35% 归因于劳动投入的增加。

使用索罗模型，选用 1978 年至 2009 年的国内生产总值、全社会固定资产投资和就业人数数据，取国内生产总值 Y 为因变量，全社会固定资产投资 K 和就业人数 L 为解释变量，研究我国的资金、劳动、技术进步的贡献率，利用 e-views 统计软件回归结果为：

$$\mathrm{LOG}(Y) = -10.0718 + \underset{(6.165374)}{0.1731 \times \mathrm{LOG}(K)} + \underset{(1.995457)}{0.1029 \times \mathrm{LOG}(L)} + \underset{(151.8399)}{1.0034 \times AR(1)}$$

$R^2 = 0.999652$

$\overline{R^2} = 0.999613$

$DW = 1.465437$

$n = 32$

在显著性水平 $\alpha = 0.1$ 的条件下各变量系数均显著，且 $\overline{R^2} = 0.99$，该模型的拟合度很高，并且回归方程不再存在序列相关性。

利用 excel 软件计算得 $y = 9.3788\%$，$k = 20.4427\%$，$l = 2.2094\%$，分别表示我国国内总产值、资金投入和劳动力投入的年平均增长率分别为 9.378 8%、20.442 7% 和 2.209 4%。计算可得我国改革开放以来资金投入的贡献率为 37.725%；劳动投入的贡献率为 2.424 9%，技术进步的贡献率为 59.850 1%。[2]

---

[1] 数据来自郭金龙：《经济增长方式转变的国际比较》，中国发展出版社 2000 年版，第 130—134 页。

[2] 我们将资金投入和劳动投入以外的要素贡献视为技术进步的贡献率。即技术进步对国内生产总值的贡献率为 1 - 资金投入贡献率 - 劳动投入贡献率。

从上述数据可以看出，我国的劳动投入对经济的贡献率远低于日本、美国。随着我国劳动力等生产要素低成本优势的减弱，经济增长高度依赖传统比较优势的局面难以为继，迫切要求培育和确立以科技创新和人力资本为基础的新竞争优势。为此，要鼓励企业加大研发投入和人才储备，大幅度提升企业自主创新能力；依托国家重大科技专项，采取产学研结合的模式，把人力资源开发和人力资本投资作为战略重点，把优先发展教育和培训作为提升人力资本的根本途径，扩大职业教育，组织实施高端人才引进计划，促进人才向企业流动；在劳动年龄人口增长带来的人口红利逐步消失后，创造和培育由劳动者素质提升带来的“新人口红利”，推动我国由人口大国向人力资源强国转变。

（三）积极稳妥地推进城镇化

跨入高收入国家的第二个标志是城镇化率超过70%。目前中国城镇化率只有52.57%，其中还包括2.6亿未落户城镇的农民工，属于典型的城镇化滞后型经济。当前，要协调工业化与城镇化的关系、消化过多的工业产能，就必须加快推进城镇化进程；同时，要提高服务业在产业结构中的比重，也需要农民进城集聚。同工业化相比，城镇化能创造需求，而工业化创造供给。今后，要通过制度变迁尽快促进农民进城落户。农民市民化的过程，对扩大内需会产生两方面的积极作用，一方面农民转市民能带来巨大的消费量，另一方面会对城镇基础设施和服务业带来巨大需求。今后5到10年，中国城镇化的重点应该是发展中小城市和小城镇，加强和完善这些城镇的基础设施和公共服务体系，提高其人口承载能力，增加对农民的吸引力。要积极稳妥地推进城镇化，把解决符合条件的农业转移人口在城镇的就业落户作为推进城镇化的重点，继续促进农村劳动力转移就业，鼓励有条件的城镇吸纳农民工就地落户，改善农民工就业、居住、就医、子女就学等基本生活条件，逐步将农民工纳入城镇社会保障体系和住房保障体系,推进农民工市民化;加快中小城市和小城镇发展,提高城镇综合承载能力,加大基础设施和公共服务投入,完善相关的财税、投融资等配套政策,鼓励中小城市和小城镇产业集聚发展,促进农民工就近转移就业。与此同时,要加快社会主义新农村建设,加强农村基础设施,推进农村电网改造,加强农村饮水安全工程、公路、沼气建设,继续改造农村危房;推进城乡基本公共服务均等化,在农村文化、教育、医疗卫生和社会保障等方面建立公共财政保障的基本制度框架,推动城镇资金、技术、人才等要素进入农村。

参考文献

1. 蔡昉:"中国经济如何跨越'中等收入陷阱'",《中国社会科学院研究生院学报》2008 年第 1 期。
2. 蔡昉:"'中等收入陷阱'的理论、经验与针对性",《经济学动态》2011 年第 12 期。
3. 蔡昉、王德文:"中国经济增长可持续性与劳动贡献",《经济研究》1999 年第 10 期。
4. 江晓薇:"论中国经济增长的特征与政策选择",《经济评论》2002 年第 4 期。
5. 孔泾源:"'中等收入陷阱'的国际背景、成因举证与中国对策",《改革》2011 年第 10 期。
6. 林重庚、迈克尔·斯宾塞:《中国经济中长期发展和转型:国际视角的思考与建议》,中信出版社 2011 年版。
7. 刘强:"中国经济增长的收敛性分析",《经济研究》2001 年第 6 期。
8. 马晓河:《中国产业结构变动与产业政策演变》,中国计划出版社 2009 年版。
9. 马晓河:"'中等收入陷阱'的国际观照和中国策略",《改革》2011 年第 11 期。
10. 世界银行:《2010 年世界发展报告》,清华大学出版社 2010 年版。
11. 孙超、谭伟:"经济增长的源泉:技术进步和人力资本",《数量经济技术经济研究》2004 年第 2 期。
12. 吴华明:"基于卢卡斯模型的人力资本贡献率测算",《管理世界》2012 年第 6 期。

13. 仪明金、郭得力、王铁山:“跨越‘中等收入陷阱’的国际经验及启示”,《经济纵横》2011 年第 3 期。
14. 曾繁华、罗长远:“中国经济增长的动因与前景分析”,《中南财经政法大学学报》2004 年第 5 期。

(王建新,财政部财政科学研究所)

论『中等收入陷阱』与中国农地金融制度创新

周小全　刘继成

2012年我国人均国内生产总值达到6 100美元,按照世界银行的标准,已经进入中等收入国家的行列,但同时也面临着陷入“中等收入陷阱”的风险。因此,如何跨越“中等收入陷阱”也成为近年来社会各界关注的重要现实问题,本文正是在立足中国国情的基础上,尝试以解决“三农”问题为切入点、以改革农地金融制度为主要路径来探索这一现实问题的有效解决途径。

一、世界各国跨越“中等收入陷阱”的实践经验与启示

回顾世界各国经济发展的历程，不难发现，巴西、阿根廷、墨西哥等国家就是陷入“中等收入陷阱”的典型代表，而日本和韩国则是成功跨越“中等收入陷阱”的典型代表。日本人均国内生产总值在1972年接近3 000美元，到1984年突破1万美元；韩国1987年超过3 000美元，1995年达到了11 469美元。也即从中等收入国家跨入高收入国家，日本花了大约12年时间，韩国则用了8年。梳理日韩两国的实践经验，可以发现，大力推进产业升级、高度重视居民收入差距两方面的一些举措，无疑是促成两国成功跨越“中等收入陷阱”的重要原因。

(一) 制定创新发展战略，大力推进产业升级

产业结构能否顺利转型升级，是影响人均GDP增长水平最直接的因素，由农业到轻工业，到重工业，再到高科技制造业和创意产业，日韩两国探索出了清晰的路径。20世纪70年代，机械电子类产品是日本最具国际竞争力的产业。从1980年开始，日本政府认识到，依靠基础工业延续的经济高增长难以维持，产业结构应转向以最终消费产业为主。在政府推动下，以文化创意为发展方向的第三产业比重迅速提升。日本经历了“贸易立国”到“技术立国”的过程，通过成功的产业升级，进入了具备完全创新能力的“全球领导者”行列。

韩国20世纪70年代的“汉江奇迹”主要是依靠出口导向型经济，但此后韩国就开始了由劳动密集型产业向资本密集型产业升级的阶段。韩国政府同时也认识到，对技术开发的重视不够将导致其产业竞争力的下滑。因此韩国政府将产业发展方向从制订扶持战略产业的优惠政策，如免税、减免关税、外汇支持以及其他保护措施

等，转向了创新活动，并废除了所有的个别产业法，将全部产业置于自由竞争的环境下，以激发它们内在的创新能力。在这一政策导向下，韩国将产业技术开发作为20世纪80年代产业政策的重要内容，采取了一系列扶持政策，较为典型的如：1986年制定“面向21世纪的科学技术发展长期计划”，同年出台科技发展15年规划，明确提出将技术开发的主体由政府逐步转到企业；制定颁布“提高产业技术五年计划”（1989—1993年），积极推进产业技术开发促进措施的实施。投资方向也从轻工业和成熟的产业转向技术密集型的重工业。

（二）重视民生，积极缩小收入差距

日本和韩国之所以能够顺利跨入高收入国家行列，与国内社会的相对稳定和收入差距相对较小也有密切关系。工业化程度越高，贫富差距越容易扩大，社会越不容易稳定。社会一旦陷入动荡，发展就无从谈起。因此，从某种程度上讲，社会收入分配可能是决定一国能否摆脱“中等收入陷阱”的决定因素。日本和韩国在由中等收入向高收入转型期间，很好地控制了社会收入分配问题。它们通过缩小城乡差距和最低工资制度，使初始财富分配比较平均，国民在面对经济发展机遇时拥有大致均等的机会，社会因此相对稳定。

日本在20世纪60年代之前，贫富差距相当明显，基尼系数一度高达0.47。但随着“国民收入倍增计划”的实施，收入差距问题得到明显改善。韩国之所以能在向高收入国家转型过程中把总体收入差距维持在较低水平，重视农村地区发展是一个重要原因。从20世纪60年代末开始，韩国政府逐渐开始重视农村地区的发展。1971年政府启动了“新社区运动”（new community movement），1973年至1978年，大约一半的政府投资通过“新社区运动”分配到农村地区，集中于基础设施、公共卫生、环境保护以及成人教育等方面。这些政策显著增加了农户收入，缩小了城乡收入差距。

与此同时，拉美地区和东南亚一些国家之所以会陷入“中等收入陷阱”，其中的一大共性就是：在走向中等收入经济“起飞”过程中，没有重视和解决快速发展积累起来的贫富两极分化、畸形城市化、人口老龄化、经济技术落后、产业结构不合理，以及腐败蔓延、社会动荡加剧等问题，其中最为根本的问题当属贫富两极分化和畸形城市化。进一步的研究表明，世界上成功跨越“中等收入陷阱”的国家均有着三大共性：一是城市化率达到70%左右；二是农业劳动生产率接近或者是超过第二、三产业劳动生产率；三是农民收入接近或者是超过城镇居民的收入。

基于上述认识，笔者认为，跨越“中等收入陷阱”、顺利进入高收入国家行列，亟待解决的问题无疑很多，但首先要解决的应是收入分配差距过大，尤其是城乡收入差距过大。城乡差距扩大不仅损害社会公平，还会影响经济效率。农民的贫穷和农村的落后，以及社会保障制度不完善，使得经济增长不得不依赖于投资和出口拉动，而这种增长方式难以持续。因此，要跨越“中等收入陷阱”，就必须实现经济增长方式的转变，妥善解决城乡发展不平衡问题，尤其是解决城乡差距和农民收入增长问题。如果这个问题不解决，最终只能在“中等收入陷阱”中徘徊。

二、我国跨越“中等收入陷阱”的关键：解决“三农”问题、缩小城乡收入差距

作为世界上重要的发展中国家之一，我国的二元经济特征非常明显：飞机、小轿车和毛驴拉车同在，13亿人口中有9亿农民，有1.2亿贫困和低收入人口——而且这部分低收入人群绝大多数分布在广大的农村地区。因此，中国的城乡差距非常之大，“三农”问题尤为突出。所谓的“三农”问题，首先是以农民问题为核心，当前表现为农民收入低，增收难，社会保障差，城乡居民贫富差距大；其

次是农村问题,表现为农村面貌落后,经济不发达;最后是农业问题,表现为农民种田不赚钱,产业化程度低。

1978 年改革开放之始,我国城乡居民的人均收入比率(= 城镇居民可支配收入/农村居民人均纯收入)为 2.37,伴随着工业化、城市化和现代化进程的加快,这一比率不仅没有进一步缩小,反而出现了进一步扩大的趋势,在 2007 年创下了改革开放以来的新高 3.33,截至 2012 年,这一比率仍高达 3.10。如果考虑其他因素,比如近年来城市居民因房地产增值,实现了较大幅度的财产性收入增加,城乡收入的差距就更大。这就意味着,在宏观经济持续高增长的发展态势中,我国的城乡居民收入差距是在持续扩大。失衡的城乡关系不仅使农业弱质、农民弱势、农村落后的格局得以强化,而且以牺牲社会公平为代价,严重影响经济社会的全面协调发展,引起突出的社会问题,如贫富差距拉大、地区发展不平衡、城乡文化素质差距扩大、农业劳动生产率低下、农民收入增长缓慢等关系国民经济发展全局的枢纽性问题。结合世界各国跨越"中等收入陷阱"的实践,不难看出,不断扩大的城乡收入差距已经成为当前及未来相当长一段时期内我国国民经济发展中的一大难题,这也是我国跨越"中等收入陷阱"进程中不得不面临的现实问题。因此,从某种意义上来看,解决"三农"问题、缩小城乡收入差距,既是制约我国跨越"中等收入陷阱"的最大障碍,也是我国成功跨越"中等收入陷阱"的关键环节。

进一步的实地调查表明,当前我国农村跨越"中等收入陷阱"所面临的困难主要在于以下三方面:(1)农村金融供给严重不足,农村持续"失血",导致农村经济增长缓慢。(2)农村土地产权界定不清晰,农民利益得不到有效保护,导致农地纠纷频繁发生,城镇化过程中农民没有获得足够的土地差价补偿。(3)农村土地流转不畅,农地金融为载体的交易标的稀缺,导致农民的财产性收入有限。而种种迹象表明,我国农村劳动力转移的规模和速度正步入下降通道,在这一趋势下,我国农村跨越"中等收入陷阱"、解决"三农"问题的关键是要立足农村,深化农村的金融改革和土地制度改革,通过提升现有的农地交易效率和农地资源配置效率、积极探索农地资本化的有效路径来提高农民的财产性收入,逐步缩小城乡差距,解决城乡不平衡发展的问题。

三、我国跨越"中等收入陷阱"的措施之一:深化农村金融改革

(一) 我国农村金融制度存在的问题

1. 正规金融功能弱化,农村资金大量外流。我国农村金融体制改革的初衷不是要满足农村金融服务需求,而是服务于国家整体政策与发展规划,持续不断地为工业化和城市化动员储蓄。与此同时,农村与农业生产效率的低下,决定了农贷资金的"高成本、低收益"特征,造成金融供给严重不足,"非农化"趋向严重,就连农村正规金融的主力军——农村信用合作社——实际上扮演的也是一个农村资金"抽水机"的角色。

2. "草根式"新型农村金融机构的发展面临诸多障碍。2005 年以来试点推进的小额贷款公司、村镇银行、农村资金互助社等新型农村金融机构,以其微小、分散、便捷、无需抵押的特点获得了广大农户的认可。但发展至今,这类金融机构在农村的发展壮大还面临市场准入"门槛"、资金来源、利率限制、监管体制和风险控制等诸多因素的制约。

3. 非正规金融机构长期受压制,发展缓慢。在农村正规金融供给不足、缺乏效率的背景下,基于利润动机,农村金融还存在着一种自发性的、诱导性的制度变迁。如 1999 年之前农村各地广泛存在的农村合作基金会,对于弥补正规金融供给不足,促进农村经济的发展起了积极作用。但非正规金融机构缺乏有效的内部控制,隐

藏着较大的金融隐患,且基本游离于国家的监管之外。因此,这种自发性的制度变迁长期受到政府主导的强制性制度变迁的压制,被动地处于地下状态,发展较为缓慢。

4. 农业保险体系不健全。农业生产的高风险性决定了需要农业保险作为生产保障。尽管国家在农业保险方面出台了大量的扶持政策和优惠措施,部分保险公司也在尝试农业险,但农业保险的政策性与保险公司的商业化运作之间的矛盾,使得承保机构缺乏动力与积极性,从而导致了农业保险品种单一、覆盖面狭窄、投保条件苛刻等一系列问题,进而导致我国农业保险行业难以发挥其对农业产业的后备保障作用。

(二)深化农村金融改革,建立多元化的农村金融体系

1. 重构与整合农村正规金融体系。首先,加大农业发展银行的支农力度,逐步将其业务重心由目前的农产品流通领域转向农业生产领域,从主要提供短期资金转向主要提供中长期农业开发资金。其次,农业银行、中国邮政储蓄银行等商业性金融机构,要积极在商业化运作和服务“三农”之间寻找平衡点。再次,深化农村信用社改革,尝试构建农村合作金融机构与农民专业合作社的互动合作机制,允许有条件的专业合作社发展信用合作。

2. 全力推动新型农村金融机构的健康发展。首先,要坚持市场化导向,加强对新型农村金融机构建设的指导扶持和服务管理;其次,通过税收优惠等加大政策的扶持力度;再次,引导银行资本、产业资本、民间资本参与到新型农村金融机构的组建中,实现新型农村金融机构的资金渠道多元化;最后,加强监管和风险防范,确保新型农村金融机构的经营风险可测、可控、可承担。

3. 逐步发展农村民间非正规金融体系。摒弃原来全盘否定的做法,引导地下钱庄、农村合作基金会等相对健康的非正规金融组

织逐步走向合法化、阳光化,使其成为农村金融服务体系的重要组成部分。但对于民间非法集资、具有黑社会性质的高利贷等,要坚决予以取缔。

4. 健全政策性农业保险制度。首先,运用政府和市场相结合的方式,由政府决定农业保险供给的方向和数量、由各种被批准的组织机构在框架内经营农业保险和再保险。其次,进一步加大政策扶持力度,尤其要加大财政支持力度,增加财政对农业保险保费的补助资金,稳步提高农业保险覆盖面。再次,加快建立农业再保险和巨灾风险分散机制,尽快建立巨灾风险基金,逐步形成农业巨灾风险转移分担机制。

四、我国跨越"中等收入陷阱"的措施之二:加快农地制度改革,提高农民财产性收入

财产性收入,指通过资本、技术和管理等要素与社会生产和生活活动相结合所产生的收入。从2012年农民的收入来源看,它主要由四部分构成。第一是家庭经营性收入,是农民家庭收入的主要来源,大概占44%,主要是农业和跟农业有关的活动的收入;第二是农民打工的收入,工资性的收入,这占到农民人均收入的43%;第三来自转移性支付,这些年中央政府采取了惠农政策,减免税收,增加补贴,这大概占到农民人均纯收入的8%;第四是农民财产性收入,占人均收入的比例不到6%,绝对数是300元到400多元。农民家庭财产性收入非常少,这并不是因为农民家庭没有财产。农民拥有农村土地的承包权、宅基地和宅基地上的房屋,但是这些资产不同于城镇的国有土地以及国有土地上的房屋,没有产权证,无法抵押,也很难流通。这使得农民很难从这些资产中获得财产性收入。农民拥有的资产的量和农民获得的财产性收入是完全不对称的。因此,增加农民财产性收入,就必须深化农村产权制度改革,盘

活农村土地、房屋、林权等“沉睡”的资源,使其变为显性的、恒久的资产,农民才能真正富起来。

(一)我国农村土地制度存在的问题

1. 农村土地所有权不明。我国《宪法》、《土地管理法》、《民法通则》都明确规定农村土地属于集体所有,但对于究竟谁是“集体所有”的代表,界定并不明确。集体所有在理论上成为一个抽象的概念,但在现实中又必须要有自然人来行使与所有权相关的各种具体权利,即“人格化”。这就造成了现实中农村土地所有权多数情况下演变成了村集体的代理者——村干部——所有,不仅导致农民利益受损、农地纠纷频频发生,还降低了土地流转速度。

2. 农业经营难以规模化。现行农村土地产权制度实行的是“人均分地”的原则,农地规模狭小且分散零碎,这种以小农经济、条块分割为特点的土地制度安排,使农业机械化严重受阻,延缓了农业的规模化与产业化进程,阻碍了土地资源的优化配置。尽管在近年来的中央一号文件中均体现了政府支持和鼓励土地流转的意图,但我国农村土地流转率普遍偏低,进程缓慢。据农业部有关部门的调查统计显示,到2008 年年底,全国土地承包经营权流转面积仅有1.09 亿亩,占农户承包耕地总面积的8.9%。同时,农村土地流转发展极不平衡,东部沿海经济发达省市流转面积明显高于中西部省市。

3. 城镇化过程中农民没有获得足够的土地差价补偿。按照现有的制度,农村土地属于集体所有,农民仅有不完整的土地使用权和收益权,而土地占有权和处分权都归属集体所有。目前,非均衡的农村土地制度已经进入了不可持续的地步。农村大面积的抛荒耕地就是其明显的表现,此外,不完善的土地制度还导致了个别地方政府的制度性寻租行为。[1]当然，上述问题也引起了各级政府的高度重视，1984 年颁布的《土地管理法》在 1998 年和 2004 年分别进行了修改，逐渐提高了对农民的补偿水平。[2]

(二) 加快农村土地制度改革，健全农地经营权流转体系

1. 优化农地所有权制度，明确产权界定。首先，应当积极探索农村土地所有权主体“人格化”的可行路径，明确农民在农村土地所有权中的主体地位，完善农村土地所有权的各项权能，保障农民土地权益。其次，明确所有权和使用权的权能，逐步淡化所有权权能而强化使用权权能，对土地的其他物权进行彻底的物权化，即细化用益物权的权能，使农民充分享有他物权。

2. 强化土地承包经营权。首先，按照《中共中央关于推进农村改革发展若干重大问题的决定》提出的“现有土地承包关系要保持稳定并长久不变” 的要求，切实做好延包后续的完善工作，稳定承包经营权。其次，以《物权法》为依据在法律上确认土地承包经营权的物权性质，赋予农民清晰稳定的承包经营权，将占有、使用、收益和转包、出租、互换、转让等明确规定在农民承包土地的权利当中，使其成为真正相对独立、稳定的权利。

3. 建立、健全土地经营权流转体系。首先，构建公开、透明、高效的各级土地经营权流转市场，确保土地经营权流转交易合理、有序进行。其次，循序渐进，分阶段采用土地流转的各种形式。前期可鼓励出租，以股份合作等土地流转方式，为农民带来持续性收益，

---

[1] 按照 1982 年的宪法修正案，农民的土地不能直接转变成建设用地，土地性质的转变一定要政府征地，政府征地后倒手卖出，土地差价中，农民拿的只是小头。

[2] 现有《土地管理法》第 47 条非常明确地提出，特殊情况下可以根据情况在 30 倍的基础上再提高。党的十八大报告明确要求，要提高农民在土地增值收益中的比重。

为就地转为农业工人或进城务工的农民提供最后生活来源保障和退路;待条件成熟后,再推出土地经营权转包、转让的交易方式。再次,可将现阶段的财政支农政策调整为以加快土地经营权流转市场的建立、更有效地促进土地集约化利用为核心目标。在具体的政策选择上,可进一步贯彻已颁布实施的《农业机械化促进法》,调整农机购买补贴方式,加大对大农户的农机购买补贴力度;调整财政种粮补贴与优良品种补贴的发放方法,对大农户和小农户采取区别对待的财税政策,给予大农户更多的支持;大力扶植农业延伸行业的发展,为农业部门富余劳动力提供更多的就业岗位等。

4. 完善农村社保体系。逐步建立起从最低生活保障到农村医疗、从五保户到农村社会养老的能够覆盖全体农民的农村社会保障体系,使农民与市民一样平等地拥有权利和享受社会经济发展的成果。由于我国农村人口众多,但农业在整个国民经济中所占的比重却不断下降,因此,完善农村的社会保障制度还需要城市充分发挥资金和管理上的优势,大力支持农村社保体系的建立。

五、我国跨越“中等收入陷阱”的措施之三:创新金融工具,发展农地金融

农地金融(也称“农村土地金融”)是一种以农村土地为抵押品、作为信用保证,围绕农地的开发、生产和经营,通过各种金融工具进行资金筹集、融通、清算等的金融活动。农地金融兼具商业金融和政策金融的双重属性,其主要作用体现在:一是充分发挥土地的财产功能,盘活固定在土地上的呆滞资金,使其转化为流动的开发经营资金,实现社会资金的合理聚集,为农业发展提供更多的资金支持;二是通过对土地进行市场化定价,形成一种促进农地流转、提高农业比较效益的机制,进而优化农地资源配置、有效分散农业生产经营风险,同时还可以在一定程度上保护失地农民的合法权

益。解决“三农”问题、缩小城乡差距,必然涉及土地、劳动力、资本三大生产要素的整合和统一,这就要求农村土地制度与农村金融制度二者的改革与创新应相互结合、相互统一,而农地金融正是上述两者的一种结合。

在近年来的中央一号文件中都提到了要积极探索集体非农建设用地进入市场的途径和办法,健全在依法、自愿、有偿基础上的土地承包经营权流转机制。《中华人民共和国物权法》第一次在用益物权中规定了承包经营权,为我国农村土地流转并实现资本化提供了基本的政策支持和法律依据,进而为农地金融的推进奠定了较好的基础。在此政策背景下,各地纷纷展开的农地制度改革实践也是围绕着提升农地交易效率和农地资源配置效率,积极探索农地资本化的有效路径,并相继创造了地票交易、农地入股、农地证券化、农地信托等几种具有一定创新意义的农地金融产品,为逐步建立农地金融体系进行了有益的探索。其中:

(1) 地票交易是指将闲置的农村宅基地及其附属设施用地、农村公益事业用地、农村公共设施和乡镇企业用地等农村集体建设用地进行复垦,增加有效耕地的供给面积,之后经由土地管理部门验收,置换出建设用地指标,最后由市国土房管部门发给等量面积的建设用地指标凭证。参与地票交易的利益主体主要包括农民、企业或开发商、政府部门等三方群体,在不触动现行土地管理制度的前提下,通过地票交易,农民群体获得高于其复垦成本的补偿和购房补贴,企业获得了地块的选择权并通过指标落地取得建设用地,而政府部门则获得更多土地拍卖的收益,地票交易在不损害任何一方利益的情况下,通过正和博弈实现了帕累托改进。

(2) 农村土地信托是在保持集体所有权和土地承包经营权不变的前提下,按照依法、自愿、有偿的原则,农村土地承包人基于对受托人的信任,以取得更大土地收益为目的,将其承包的土地使用权在一定期限内委托给受托人,由受托人利用其专业规划并以其自己的名义经营管理或使用,并将因此而获得的收益归属于特定的受益人。土地信托制度从土地经营制度的深层次改革入手,在坚持家庭联产承包制的前提下,实现了农业的专业化、规模化经营;为农民提供了改变其长期务农的状况以及进入城市的机会,加速了人口向第二产业、第三产业和城镇聚集,推动了农村城市化进程。

(3) 以土地入股发展农民专业合作社,实质上是农村土地股份合作制在组织形式上的一种创新,其创新之处在于管理"土地股份"的组织必须是"农民专业合作社"。也即用土地承包经营权入股的农户在保持土地承包权的前提下,将土地的实际经营权交给农民专业合作社,由其来统一生产、经营和管理,并按股份分红。

(4) 农村土地证券化,是指以土地收益作为担保发行证券,在不丧失土地产权的前提下,利用证券市场的功能,将不可移动、难以分割、不适合小规模投资的土地转化成可以流动的金融资产的过程。我国现阶段的农村土地证券化,实际上是指承包经营权的证券化(如重庆"江津模式")。

参考文献

1. 邓大才:"试论农村土地承包权证券化",《财经研究》2003 年第 4 期。
2. 胡浩民、张乐柱:"30 年我国农村金融体系变迁与体制改革的问题探讨——兼论广东农村金融体制改革的深化路径",《学术研究》2009 年第 7 期。
3. 厉以宁:《厉以宁经济文选》,中国时代经济出版社 2010 年版。
4. 林刚等:《迈过"中等收入陷阱"的中国战略》,经济出版社 2010 年版。
5. 刘朝旭、雷国平:"重庆地票制度施行中存在的问题与对策",《城乡统筹与农村改革》2011 年第 1 期。
6. 罗必良:"农村土地制度:变革历程与创新意义",《南方经济》2008 年第 11 期。
7. 严行方:《中等收入陷阱》,陕西出版传媒集团 2012 年版。
8. 周小全:《城乡统筹中的农地金融问题研究》,经济科学出版社 2012 年版。

(周小全、刘继成,北京大学光华管理学院)

从制度设计和发展模式看『中等收入陷阱』*

田惠敏

中国已步入中等收入国家行列，但困扰众多发展中国家的“中等收入陷阱”问题也逐渐凸显，如不能有效进行制度变革和发展模式转变，中国就会经济增长动力不足，最终出现经济停滞，落入“中等收入陷阱”。本文从制度设计和发展模式两个维度，分析世界经济体成功跨越“中等收入陷阱”的经验以及陷入“中等收入陷阱”的教训，提出中国唯有进行制度设计、形成新的发展驱动，以及进行发展模式转变、形成新的发展路径，才能成功跨越“中等收入陷阱”，迈进高收入

---

* 本文部分内容已在《红旗文稿》2013 年第 16 期发表。

国家行列,从而建立一个经济可持续发展、社会公平和谐发展、政治民主进步的国家。

一、“中等收入陷阱”现象与社会经济可持续发展

(一) 制度设计与发展模式下的社会经济发展

经济增长问题是经济学界一直关注的问题,经济增长能否一定带来社会经济可持续发展是民众更为关注的问题。制度设计是社会经济发展的驱动力,是国家的核心竞争力,发展模式是经济社会发展的路径选择,是国家发展的方向。制度设计和发展模式是社会经济可持续发展的两个重要因素。

1. 制度设计是经济社会发展的驱动力和国家的核心竞争力

传统经济学认为,每个国家都具备土地、劳工、自然资源等生产要素,只要合理利用这些要素,就可以在国际上取得优势。但为什么在各种生产要素可以自由流动的今天,各国的竞争力会有那么大的差距? 答案是“制度”,是决定市场交易规则、保障个人产权的制度。一个国家(地区)的制度设计质量从根本上决定了其配置资源的能力和效率。[1]郑秉文(2011)认为,制度的质量有两层含义,一是政府对市场、公平和效率的态度,不同的态度将导致不同的政策,不同的政策将导致不同的产出;二是政府的效率,如果官僚主义和文牍主义盛行、腐败低效、不透明等,都会降低经济增长。[2]

制度为什么具有如此魔力? 因为制度具有引导人的作用,可以起到激励和约束人的作用,制度的质量决定着制度的效能,良好的制度设计可以引导和激发人的积极性。经济增长的根源在于发挥

---

[1] 陈志武:《陈志武说中国经济》,山西经济出版社2010年版。

[2] 郑秉文:“以制度驱动增长,跨越‘中等收入陷阱’”,《中国证券报》,2011年4月2日。

公民特别是企业的创造性，这需要良好的制度安排。制度还决定资源配置和资源升级，同时也决定着分工的水平。[1]良好的制度设计是国家竞争力的核心表现，是经济社会发展的驱动力。

2. 发展模式是经济社会发展的路径选择，是国家发展的方向

发展模式是一个国家或地区在自己特有的历史、经济、文化等背景下所形成的发展方向，以及在体制、结构、思维和行为等方面的特点，是世界各国或地区在实行现代化道路过程中对政治、经济体制及战略等的路径选择，是在一定时期内国民经济发展战略及其生产力要素增长机制、运行原则的特殊类型，它包括经济发展的目标、方式、发展重心、步骤等一系列要素。

为什么同一个发展模式，在特定时期可以推动社会的发展，而在另外一个时期甚至可能成为发展的桎梏？这是因为，不同的发展模式，决定了不同的发展路径和发展方向，发展模式需要根据不同时期的情况，进行不断的调整和转变。一个经济体从低收入阶段走向中等收入阶段，乃至从中等收入阶段向高收入阶段迈进，都需要不同的发展模式调整和转变来适应。

（二）“中等收入陷阱”现象

“中等收入陷阱”是一个全球性难题，具有普遍性和规律性。也就是说，任何国家到了这个发展阶段，要想成功跨越“中等收入陷阱”都有相当大的难度。能否顺利跨过“中等收入陷阱”对每个国家来说都至关重要。从全球来看，能成功跨越“中等收入陷阱”的国家或经济体还是有限的。下表为世界银行根据人均收入对不同经济体进行的分类：

---

[1] 李佐军：《人本发展理论》，中国发展出版社2008年版，第70页。

	2010 年人均 GDP 标准(美元)	2011 年人均 GDP 标准(美元)
高收入经济体	>12 196	>12 276
中等偏上收入经济体	3 946—12 195	2 976—12 275
中等收入经济体	996—12 195	1 006—12 275
中等偏下收入经济体	996—3 945	1 006—3 975
低收入经济体	<995	<1 005

资料来源:世界银行,《世界发展指标 2011》。

国际经验表明,人均 GDP 在 3 000 美元—10 000 美元的阶段,既是中等收入国家向高收入经济体迈进的机遇期,又是矛盾增多、爬坡过坎的敏感期。这一阶段,经济容易失调,社会容易失序,心理容易失衡,发展容易掉进"中等收入陷阱"。很多拉美及东南亚经济体,在人均收入达到中等水平时,往往由于不能顺利实现经济发展方式的转变,导致经济增长动力不足,出现很长一段时间的经济停滞。一般学界认为造成"中等收入"后的增长乏力的主要原因是社会公平欠缺、贫富差异、技术创新瓶颈等。要突破这些问题,唯有从制度设计和发展模式调整着手。

(三)"中等收入陷阱"下的社会可持续性发展问题

1."中等收入陷阱"下的经济增长问题

"中等收入陷阱"本质是经济增长问题,保持经济可持续增长是跨越"中等收入陷阱"的必要条件。目前针对"中等收入陷阱"的理论探讨多局限于工业革命理论,卢卡斯(Lucas,1988)认为,无论是自然演化(从资本积累或技术变迁的角度)下的工业革命推动下的经济增长,还是依靠外部因素(如技术扩散或人力资本的积累)下的工业革命推动下的经济增长,上述两种情形都承认工业革命在推动经济增长方面的重要性;麦迪逊(Maddison,1987)提出技术进步、物质资本积累、人力资本积累及开放等四方面因素决定了人均产出的持续高增长。

2. “中等收入陷阱”下的社会可持续性发展

世界经济增长模式面临的挑战主要包括可持续发展问题、贫富差距问题、环境问题和社会问题。其核心是如何以可持续的方式保持较高速度的增长。中国政府已确立了“科学发展观”、“可持续”的战略方向,但转型难度非常大。转型的核心是机制,必须有效激励政府、企业的转型,才能实现战略转变,这种转变仅靠外部冲击是难以实现的,主要还靠内生的力量。

二、国际中等收入经济体转型的经验教训:制度设计和发展模式

为什么发展水平、条件相近的国家,其发展会有不同的命运?为什么有的国家成功跨越“中等收入陷阱”进入高收入国家行列,而有的国家在进入中等收入国家行列后,出现了经济增长长期徘徊不前、贫富差距扩大、社会矛盾增多等重大结构性问题呢?其根本原因在于两个方面:一是制度创新缺乏,制度设计严重滞后;二是社会发展模式陈旧,转型发展没有及时调整或转变。

(一)成功进入高收入经济体的经验

目前成功跨越中等收入阶段的经济体主要包含以下四类:作为先行国家的英国和美国;作为第一批成功追赶者的欧洲后发达国家,如意大利和法国;二次大战后成功追赶型经济体,如德国、日本;通过高速增长顺利跨越中等收入阶段的亚洲“四小龙”。[1]近几十年来,仅有日本、韩国、新加坡等少数经济体在激烈的全球竞争中脱颖而出,成功跨过“中等收入陷阱”,实现了向高收入国家的转身。这些成功跨越中等收入阶段的经济体,其成功主要归因于两个因

[1] 刘世锦等:《陷阱还是高墙?中国经济面临的真实挑战和战略选择》,中信出版社2011年版,第209—268页。

素:制度设计和发展模式。

1. 制度层面经验

英、美是工业化先行国家,先后引领了世界第一次和第二次工业革命,奠定了强大的经济基础,是高收入集团军的一员。英、美始终处于技术发展的前沿,通过不断的制度创新,将大量的人力、物力投入研发和创新活动,始终保持技术领先地位。支撑英、美在工业革命时期高增长的驱动力,是这两个国家在劳动力、土地、资本、企业家才能、技术和信息等生产要素合理配置上的制度设计。这些制度供给包括创新公司制度、调整贸易体制、建立金融制度、发展产权保护制度等等。美国经济之所以富有朝气,就是因为它不断进行制度调整,以巩固和增强其竞争力。如为了保护自由竞争,美国不允许在经济层面上形成利益结构,为此出台了一系列反垄断法。

亚洲"四小龙"接连跨越低收入和中等收入两个阶段,成为高收入经济体,关键是这些致力于经济增长和现代化的政府理性地进行制度创新和制度安排,并有效地予以实施。

2. 发展模式层面经验

从全世界看,一国进入中等收入阶段后,便进入转型关键期。在这一阶段,一国的经济和社会结构将会发生变化,利益格局也会发生一定调整。在此阶段,除了强有力的制度支撑之外,还需发展模式的转变,经济发展要由要素驱动转向创新驱动,社会发展要由追求效率转向追求公平。

英、美作为工业化先行国家,在发展模式方面通过不断顺应不同发展阶段的条件变化适时进行战略调整,积极开拓与发展条件相符的新兴领域,创造属于自己的技术前沿,不断打造新的比较优势。为适应经济转型的需要,英、美不断加强自身国内工业结构的调整。在企业方面,不断加快企业结构调整,使企业适应工业结构调整的需要,适时将工业化发展要素驱动转向投资驱动和创新驱动。亚洲"四小龙"的成功源于及时调整发展战略,实行了出口导向型的发展模式，如韩国在20世纪70年代的“汉江奇迹”。韩国及时进行发展模式、战略的转变，依靠出口导向战略，将发展方向从扶持、保护产业转向鼓励竞争和创新，提出技术开发的主体由政府转向企业，使韩国产业竞争力持续提升。

（二）陷入“中等收入陷阱”的经济体的教训

从拉美和东南亚一些国家的情况分析来看，这些国家陷入“中等收入陷阱”的根本原因，首先是制度设计变革严重滞后，另外是发展模式没有得到及时转换。

1. 制度层面教训

一般认为拉美国家落入“中等收入陷阱”主要有四个原因：一是长期僵化地实施进口替代发展战略；二是没有解决好收入分配的公平问题；三是城市进程缺乏管理，导致大量社会问题；四是不能有效管理外资，缺乏自主发展能力。拉美国家的基本政治经济制度可能是它们落入“中等收入陷阱”的根本原因。拉美国家体制变革受到内部利益集团阻挠，精英集团片面追求经济增长和财富积累，制度建设严重滞后于经济发展。拉美地区长期社会动荡，政局不稳，意识形态争论激烈。

已经或正在落入“中等收入陷阱”的发展中国家主要是从传统社会走向工业化社会的国家。在它们从低收入国家行列进入中等收入国家行列时，不一定经历了传统制度的激烈变革阶段，而可能还保留着较多的传统社会的特征，传统势力和传统的社会组织形式还起着很大的作用。这些特征和势力往往在农村、尤其是经济落后的山区、边缘地区表现得相当顽强，它们成为这些国家“发展的制度障碍”，也就是“发展的制度陷阱”。[1]

---

〔1〕 厉以宁：“论‘中等收入陷阱’”，《经济学动态》2012年第12期。

2. 发展模式层面教训

阿根廷等拉美国家在工业化初期实施进口替代战略后，未能及时转换发展模式，而是继续推进耐用消费品和资本品的进口替代的发展模式。到了 20 世纪 70 年代的石油危机之后，它们还在维持“举债增长”的发展模式，使进口替代战略延续了半个世纪。

拉美是最早推翻殖民统治、普遍建立起资产阶级民主国家的地区。拉美国家从 19 世纪 70 年代开始就进入工业化时期，到了20 世纪 60、70 年代，拉美国家进入了经济腾飞时期。然而进入中等收入国家行列之后，它们的经济长期停滞不前，接连出现问题，陷入“中等收入陷阱”。究其原因，既有内因，也有外因。但总的来说，这与拉美国家普遍长期并僵化地实施进口替代发展战略的发展模式不无关系。

发展模式会涉及发展战略及要素升级程度，要成功跨越“中等收入陷阱”，就要及时调整一国的发展战略，就要进行要素升级调整，就要进行发展模式的转变。

三、中国面临“中等收入陷阱”的风险因素

按照世界银行的标准，2010 年中国人均 GDP 首次突破 4 000 美元，中国开始进入中等偏上收入经济体的行列。[1] 近年来，中国的要素成本不断上升，边际效益不断递减，比较优势正在弱化，传统发展模式难以为继。经济学界普遍认为中国正面临“中等收入陷阱”的挑战。

---

[1] 国家统计局 2013 年 2 月 22 日公布《2012 年国民经济和社会发展统计公报》，公报显示，2012 年中国国内生产总值（GDP）为 519 322 亿元，年末全国大陆总人口为 135 404 万人，据此，2012 年中国人均 GDP 为 38 354 元，截至 2012 年年末，人民币兑美元汇率中间价为 6.285 5，这就意味着 2012 年中国人均 GDP 达到了 6 100 美元。

(一) 中国面临“中等收入陷阱”的制度设计因素

1. 中国面临“中等收入陷阱”的制度性障碍表现

长期以来,中国社会建设滞后于经济发展,收入分配差距过大,中间阶层“夹层化”导致了内需增长不振问题,城市化进程中形成了新的二元结构问题、贫富差距加大和社会安全感缺失问题,这些问题的出现意味着中国正在面临“中等收入陷阱”的挑战。[1]中国面临“中等收入陷阱”的制度性障碍表现在:经济层面制度:如要素配置体制;社会层面制度:如收入分配制度、户籍制度、城乡二元结构体制;政治层面制度:如政府体制等等。

2. 中国面临“中等收入陷阱”的制度性障碍原因

中国面临“中等收入陷阱”的制度性障碍原因主要是:一是政府保持着对土地、信贷等重要经济资源的配置权力。二是以GDP的增长速度作为政绩好坏的标准。三是现有的财税体制,地方政府事权和财权不对称。四是一些生产要素的行政定价扭曲了价格信号,造成资源误配。[2]

(二) 中国面临“中等收入陷阱”的发展模式因素

中国长期发展模式形成了政府主导市场经济体制、赶超型发展战略和粗放型发展模式的特征。在这种发展模式下,中国经济能否成功跨越“中等收入陷阱”、顺利进入高收入国家行列,关键是要转变发展模式,产业结构能否实现战略调整、社会结构能否实现顺利转型。

---

[1] 张茉楠:“新时期如何破解金融危机与转型期叠加的结构性难题”,理论网,2010年5月20日。

[2] 胡舒立:《中国2012:寻找真实的成长》,江苏文艺出版社2012年版,第258—259页。

1. 中国面临“中等收入陷阱”的发展模式障碍表现

中国改革开放三十多年取得了令人瞩目的成就,借助国际产业转移和世界贸易的快速发展,中国走上了以出口导向为特征的外向型发展道路。中国加入 WTO 以后,依靠劳动力和资源投入的低成本优势,吸引外资,本土企业努力模仿学习,积极发展出口导向经济,建立起两头在外的全球制造中心,成长为世界第二大经济体和第一大出口国。然而随着中国经济的迅速发展,这种发展模式的矛盾日益显现,出现以总需求结构失衡、产业结构失衡、国民收入结构失衡以及资源环境冲突为代表的内部矛盾,以及贸易和金融失衡为代表的外部矛盾,这些已成为制约我国经济社会发展的重大阻力。[1]中国经济的发展来源于“五低”,却付出了“四高”的代价。[2]这种发展模式引起收入差距不断拉大,社会矛盾重重,出现了城乡结构、产业结构、阶层结构、分配结构和消费结构等的失衡现象。

2. 中国面临“中等收入陷阱”的发展模式障碍原因

山西大学杨军教授在 2012 年中国政治经济学论坛第十四届年会上通过对世界上一百多个国家战后经济发展路径的分析,得出“中等收入陷阱”是当一个国家人均收入达到中等水平后,由于经济发展方式转变缓慢、持续增长动力不足而出现经济增长回落或停滞、不能进一步向高收入国家迈进的现象的结论。是否拥有独立自主的经济体系、能否改变已形成的发展模式、国家能否对经济运行和增长实施良好的控制,以及经济增长的动力机制是否发挥作用,是一个经济体能否跨越“中等收入陷阱”的决定因素。

---

〔1〕 国开行—北京大学合作课题组:“国际经济体系转型:中国发展模式转换的国际条件”。

〔2〕 “五低”是指低成本、低技术、低价格、低利润、低端市场;“四高”是指高能耗、高物耗、高排放、高污染。

四、中国规避“中等收入陷阱”的对策:制度创新与转型发展

在世界低收入和高收入经济体的两面夹击下,中国经济出现部分被挤出国际分工体系的困境。外部环境的恶化进一步阻碍了中国经济的增长。中国当下正处于经济转轨时期,一系列经济社会问题迎面而来,能否借鉴经验、摆脱陈旧增长模式的束缚、实现新阶段的持续增长是一个不可回避的重大课题。

(一)通过制度创新,成功跨越“中等收入陷阱”

科学的制度设计是实现经济增长的必要条件,是避开“中等收入陷阱”的基础。在制度创新中,改革顶层设计和转变政府职能,强化资源在所有制方面和空间上的平衡,推进收入分配制度改革和改革城乡二元结构体制是极为重要的方面。

1. 改革顶层设计和转变政府职能

中国正处于经济转型期,如何成功跨越“中等收入陷阱”,制度层面的顶层设计尤为重要,这是中国进一步缩小和发达国家差距的关键因素。顶层设计最能体现全局和整体利益,我们要站在全局角度,统筹规划、打破利益束缚、协调推进、努力形成有利于经济社会转型的体制机制。此外,还要自上而下地开展改革攻坚,包括切实转换政府职能,改变 GDP 导向的考核制度,实现包括“自上而下”和“自下而上”在内的全方位考核。政府应通过制度改革,转变政府职能,加强政府服务,重点为绿色产业发展创造良好的软硬环境——硬环境包括基础设施环境、生活设施环境、生态环境、园区环境;软环境包括政务环境、政策支持环境、人文环境、市场环境等。[1]

---

〔1〕 李佐军:“政府要通过职能转变为绿色产业创造良好环境”,中国经济新闻网,2013 年 5 月 20 日。

2. 强化资源在所有制方面和空间上的平衡

要成功跨越“中等收入陷阱”，中国还要强化资源在不同所有制结构中的平衡问题，要重视资源要素在国企部门与私营部门之间的平衡，如在上游资源领域，要打破国企垄断；在信贷领域，要积极扶持民营经济、特别是小微企业的发展。同时，还要平衡资源配置在空间领域的结构问题，要突出社会发展中基本公共服务和公共产品的公平性和均衡，解决歧视性的制度安排。

3. 推进收入分配制度的改革

收入分配制度是经济社会发展中一项带有根本性、基础性的制度安排，是中国社会主义市场经济体制的重要基石。深化收入分配制度改革、调整国民收入分配、逐步形成中等收入者占多数的“橄榄型”分配格局，是贯彻落实科学发展观的要求，也是促进社会公平正义、构建社会主义和谐社会的要求。李佐军(2012)提出，收入分配的背后是权利分配，只有先进行权利分配才能顺利进行收入分配。要缩小城乡收入差距必先赋予农民平等公民权利待遇；要缩小行业收入差距必先打破垄断行业特权；要缩小不同阶层收入差距必先实现各阶层权利平等。否则，收入分配改革无解。厉以宁教授(2013)提出中国要跨过“中等收入陷阱”，最重要的改革是收入分配制度改革，要完善初次分配机制，加快健全再分配调节机制。

4. 改革城乡二元结构体制

城乡二元结构体制是我国经济和社会发展中存在的一个严重障碍，主要表现为城乡之间的户籍壁垒，两种不同的资源配置制度，以及在城乡户籍壁垒基础上的其他问题。要避免中国经济陷入“中等收入陷阱”，就要改革城乡二元结构体制，通过加快户籍制度改革，推动城镇化进程，逐步消除城乡二元结构，形成城乡经济社会发展一体化新格局。为此，一方面要强化实施城乡发展总体战略和主体功能区战略，构筑城乡经济优势互补、主体功能定位清晰、国土空间高效利用、人与自然和谐相处的区域发展格局，逐步实现不同区域基本公共服务均等化。另一方面要改革现有户籍制度,剥离依附在户籍制度之上的各种城乡差别权益,让户籍制度回归其本来的含义。

(二)通过发展模式转变,成功跨越“中等收入陷阱”

中国要规避“中等收入陷阱”,除了要在制度设计上下工夫,还要在发展模式转变方面有所作为,即要通过经济增长动力转换,科技进步和创新驱动转变,产业结构调整和投资环境转变等方式实现发展模式的转变,双管齐下,共同推动中国社会经济的可持续发展,成功跨越“中等收入陷阱”,建成国富民强的社会主义国家。

1. 经济增长动力转换

中国经济发展主要依赖劳动力、资本、能源等要素驱动,并由此形成了过度粗放的发展模式。要成功跨越“中等收入陷阱”,中国必须实现经济增长动力的转换,就要在经济层面坚持内需为主,把扩大消费作为经济增长的新引擎。为此,需要一方面提升传统产业,提升劳动力素质,另一方面在新兴产业领域抢占先机,增加在全球价值链高端环节的比重,改变经济增长对传统比较优势的依赖,培育以科技创新为基石的新竞争优势。

2. 科技进步和创新驱动转变

目前全球已进入创新密集和产业变革时代,各国都面临着经济发展方式转变和产业结构深度调整的压力。中国过去依靠要素投入、物质消耗和低成本比较优势的发展模式难以为继。中国唯有加快科技进步和创新驱动转型,才能实现经济增长方式的根本性转变,才能推动经济社会全面协调可持续发展。为此,一方面,中国需要大力增强科技创新能力及核心竞争力,把科技资源集中到战略高技术领域,集中到社会公益性研究领域。另一方面,要更加注重原始创新、集成创新和引进消化吸收再创新,从而推动中国经济社会发展走上创新驱动和内生增长的轨道。厉以宁教授(2012)从转变经济增长方式及经济结构调整的视角提出，中国未来要避免“中等收入陷阱”就必须“以扶植技术创新、完善和大力发展资本市场、并促使技术创新与资本市场相结合等手段来避开技术陷阱”。[1]要从要素投入型的粗放式发展模式向技术进步推动的集约型发展模式转换，有效发挥后发优势，充分吸收发达国家的先进技术，并逐步转向自主技术创新。

3. 产业结构调整

从目前看来，国内的产业结构调整与优化正处于以下几个关键期：一是产业发展正处于从以数量扩张为主转变为以提高素质为主的关键期。二是产业结构正处于与需求变化相适应、解决生产相对过剩问题的关键期。三是产业结构正处于升级的关键期。四是产业发展和结构调整正处于参与国际竞争的关键期。[2]我国在产业结构调整过程中，一方面要加快改造提升传统产业，加速发展新兴产业，兼顾发展前沿战略产业，另一方面要坚持市场调节和政府引导相结合的原则，在充分发挥市场配置资源的基础性作用的同时，加强国家的产业政策引导，积极推动产业结构的调整。我们要努力提升出口产品附加值，促进出口产品从组装加工为主向研发、设计等价值链高端延伸。要大力发展服务外包，提高服务贸易的技术含量和附加值，有序推进服务业市场开放，带动国内服务业竞争力提升。

总之，中国若要成功跨越“中等收入陷阱”，一方面，需进行制度设计，形成新的驱动力。事实上，中国的制度变迁远未结束，体制改革的空间还很大，通过强化政治体制改革与经济体制改革的协调性，为经济持续发展增添更大动力，这是避免陷入“中等收入陷阱”

---

〔1〕 厉以宁：“论‘中等收入陷阱’”，《经济学动态》2012 年第 12 期。

〔2〕 马文婷、刘娜娜：“试论中国产业结构的问题与优化”，《经济研究导刊》2011 年第 2 期。

的根本之道。另一方面,还要加大发展模式调整,形成新的发展路径。唯有深化体制改革和制度创新,改善制度供求关系和供给质量,加快推进经济发展模式的转变,中国才能顺利跨越"中等收入陷阱",成功迈向高收入国家的坦途。

参考文献

1. 陈志武:《陈志武说中国经济》,山西经济出版社 2010 年版。
2. 高峰:"跨越'中等收入陷阱'顶层设计是关键",《中国财经报》,2013 年 5 月 14 日。
3. 龚雯、杜海涛、崔鹏:"我们能否跨过'中等收入陷阱'",《人民日报》,2011 年 7 月 25 日。
4. 龚小夏:"美国内部的制度因素使其避开'中等收入陷阱'",《中国周刊》2010 年第 8 期。
5. 国开行—北京大学合作课题组:"国际经济体系转型:中国发展模式转换的国际条件"。
6. 国务院发展研究中心"中等收入陷阱问题研究"课题组:《调查研究报告》[2011 年第 140 号]。
7. 胡舒立:《中国 2012:寻找真实的成长》,江苏文艺出版社 2012 年版。
8. 李长安:"防止经济'出大事'须加快改革",《环球时报》,2013 年 6 月 24 日。
9. 厉以宁:《体制 · 目标 · 人——经济学面临的挑战》,黑龙江人民出版社 1986 年版。
10. 厉以宁:《转型发展理论》,北京同心出版社 1996 年版。
11. 厉以宁:"论'中等收入陷阱'",《经济学动态》2012 年第 12 期。
12. 厉以宁:"只有改革分配制度才能跨过'中等收入陷阱'",http://www.chinanews.com/gn/2013/03-07/4623099.shtml。
13. 李佐军:《人本发展理论》,中国发展出版社 2008 年版。
14. 李佐军:"收入分配的背后是权利分配",http://finance.qq.com/a/20130205/007327.htm。
15. 李佐军:"政府要通过职能转变为绿色产业创造良好环境",中国经济新闻网,2013 年 5 月 20 日。
16. 刘世锦等:《陷阱还是高墙?——中国经济面临的真实挑战和战略选择》,中信出版社 2011 年版。

17. 马文婷、刘娜娜:“试论中国产业结构的问题与优化”,《经济研究导刊》2011 年第 2 期。
18. 印德尔米特 · 吉尔、霍米 · 卡拉斯等:《东亚复兴:关于经济增长的观点》,中信出版社 2008 年版。
19. 张茉楠:“新时期如何破解金融危机与转型期叠加的结构性难题”,理论网,2010 年 5 月 20 日。
20. 郑秉文:“以制度驱动增长,跨越‘中等收入陷阱’”,《中国证券报》,2011 年 4 月 22 日。
21. 周淑莲:“关于‘中等收入陷阱’问题的思索”,《中国井冈山干部学院学报》2012 年第 5 期。
22. Lucas, R. E. Jr. , “On the Mechanics of Economic Development,” *Journal of Monetary Economics*, 1988, 22(1).
23. Maddison, Angus, “Growth and Slowdown in Advanced Capitalist Economics,” *Journal of Economic Literature*, 1987, vol. 25.

(田惠敏,国家开发银行研究院)

老年人口收入差距与社保制度研究*

蒋承 沈可

一、"未富先老"的养老问题

改革开放以来,我国在经济领域取得的成绩举世瞩目,财富增长在中国历史上前所未有,在世界经济发展史上也是少见的。但是,相比于我国的人口老化速度,经济增长带来的福利并不能完全解决养老问题。比如,世界发达国家的国民预期寿命从三十多岁增长到70岁一般需要一百年左右,我国只用了不到五十年时间,而同时我国生育率的

* 本研究得到国家自然科学基金青年项目(项目批准号:71003003)以及上海市哲学社会科学规划青年课题(项目批准号:2012ESH001)的资助。

下降也非常迅速，下降速度几乎是发达国家平均水平的2—3倍。生育率急剧下降，伴随着人均预期寿命快速增长，导致人口老龄化的趋势非常明显，所以说我国是“未富先老”。

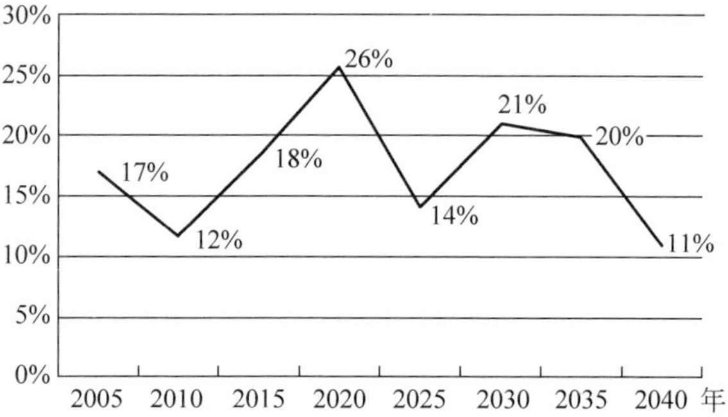

数据来源：杜鹏等“中国人口老龄化百年发展趋势”，《人口研究》2005年第11期。

图1　近期我国65岁及以上老人人口增长率

进入老龄化，反映一个社会已经达到一定富足程度，因为生育率下降、期望寿命上升等现象都是医疗条件改善、食物充足和社会稳定等条件综合作用的结果。面对这样一个快速老龄化的人口结构，我们应该更多地将关注点放在如何维持一个持续幸福和经济社会长期安全的发展态势。因为根据目前大量的研究结果，人口老龄化对社会、经济和政治的影响是全面的：支出结构和收入分配格局改变、青年劳动力供给减少、储蓄资本大量上升、社会流动性下降等。日本和欧盟一些国家的老龄化对经济的负向效应已经开始显现出来。就我国而言，即使我们对未来20年的经济增长有足够的信心，考虑到上述的这些变化，我们是否可以建立一个适合逐渐“变老”的社会的分配结构和社会保障体系，为庞大的老年群体提供基本的住房、医疗、照料等各种保障和服务，甚至对当前的经济和社会发展都将产生影响。因为人们现在的消费、储蓄，包括生育行为都与未来的生活预期密切相关。建立覆盖全民的教育和医疗保障、良好的养老保障体系，人们就不会过多地进行私人储蓄来“防老”，就可以增加当期的消费从而促进社会投资，进入一种良性循环。总之，在这样的情况下，老龄社会的幸福指数也会全面提升，这也是"中国梦"的重要内容之一。本研究将利用全国老年人口调研的大样本数据，对当前老年人口的医疗、养老保障体系与收支情况进行综合的分析，希望能在相关的研究领域做出一些贡献。

二、对老年人口收入差距相关研究的简述

长期以来，老年人的收入来源一直是我国学术界关注的问题，而转型社会中的老年人收入情况与福利变化更是近期的研究热点。历史上，我国老年人的主要经济来源是老年人自己的劳动所得和家庭成员、特别是子女的经济供养。但是伴随着计划经济向市场经济的转型，中国迎来了持续的高速经济增长；经济增长一方面提高了生活水平，尤其惠及了那些直接参与增长的相关人群和区域，但同时也造成了地区之间、城乡之间或人群之间收入差距的拉大（李实、岳希明，2004）。爱德华和邓曲恒（2005）发现，经济转型并没有对老年人的经济状况造成负面影响。然而也有研究证实，随着工业化和城市化的发展，来自离退休金的收入逐渐成为城市老年人的主要经济来源，城乡老年人的收入水平以及在经济来源上的差异日益明显（杜鹏、武超，1998）。

收入差距与健康差距之间存在紧密的联系。顾和军等（2011）发现，我国存在亲富人的健康不平等，高收入人群的健康状况更好。但是，2002 年时农村的健康不平等程度要高于城镇，到了 2005 年情况刚好相反，城镇的健康不平等程度要高于农村。进一步来说，人口结构老龄化和收入差距，这两者之间是否存在着某种必然的联系，或者说收入差距不断增大有多少是由人口结构老龄化带来的？曲兆鹏和赵忠（2008）的研究发现，从 1988 年到 2002 年，我国农村的收入不平等的变化主要是由年龄组内的不平等带来的。这表明

由经验或者年龄带来的收入和消费的差异是不平等的主要来源。同时,不平等随年龄增加而迅速增加。

老年群体的收入与健康问题对于社会和谐稳定、经济持续发展的影响逐渐成为研究热点。梁兆晖等(2010)和吴燕等(2012)都发现,个人收入状况是老年人群心理健康的重要影响因素,入不敷出的经济困境是影响老年人群心理健康的危险因素。这或许是因为,在现行的医疗保险制度中,不同收入水平的老年人健康支出的层次存在太大的差别。收入较高的老年人,不仅能够满足对疾病的治疗需求,而且还能满足促进身体健康的生活保健需求;而收入比较低的老年人,疾病的经济负担则更为沉重(李晓西等,2008)。关于收入影响老年人健康的机制,李实和杨穗(2011)发现,随着养老金收入水平的提高,老年人自评健康状况越来越好,相比其他家庭人均收入,养老金对保障老年人健康的作用越来越突出;尤其是养老金通过家庭内部老年人口之间的再分配,发挥的作用更明显。

三、对我国老年人收支与社保情况的实证研究

(一) 研究数据的来源

本文关于老年人口收支情况分析的数据来源于北京大学曾毅教授所主持的全国老年人口健康状况跟踪调查(Chinese Longitudinal Healthy Longevity Survey, CLHLS)。CLHLS 的基线调查始于 1998 年,并于 2000 年、2002 年、2005 年、2008 年和 2011 年进行了五次跟踪调查。1998 年基线调查在全国 22 个省、直辖市、自治区[1]随机抽取了 631 个(约占 50%)县市,覆盖了全国 85.3% 的总人口。

---

[1] 22 个省、直辖市和自治区为辽宁、吉林、黑龙江、河北、北京、天津、山西、陕西、上海、江苏、浙江、安徽、福建、江西、山东、河南、湖北、湖南、广东、广西、四川、重庆。

1998年与2000年调查的对象为80岁以上高龄老人，自2002年的调查起，又新增了65—79岁的低龄老人样本，是迄今为止样本量最大的老年人口调查。调查内容涵盖了老人的社会人口特征、家庭结构、经济情况和健康状况等丰富的信息。本文的分析基于2005年、2008年、2011年三期最新的调查。表1为三期CLHLS调查分年龄段的样本量。

表1 2005—2008年CLHLS调查分年龄段样本量统计

年龄段	2005年调查		2008年调查		2011年调查	
	频数	百分比(%)	频数	百分比(%)	频数	百分比(%)
65—69岁	1 697	10.9	1 406	8.5	363	4.9
70—79岁	3 283	21.0	2 879	17.4	2 067	28.1
80—89岁	3 909	25.0	4 272	25.8	2 129	28.9
90—99岁	3 952	25.3	4 596	27.7	1 962	26.6
100+岁	2 797	17.9	3 413	20.6	842	11.4
合计	15 638	100.0	16 566	100.0	7 363	100.0

我们认为CLHLS的数据质量是可以接受的。曾毅等(2001)根据可靠性系数、要素分析、逻辑不一致回答比率做过仔细的评估，10类变量的可靠性系数是合理的。举例来说，ADL可靠性系数在1998年和2000年的调查中分别是0.88和0.87；而杜克美国老龄资源和服务计划调查的相应系数为0.87，加拿大(1991—1992年)老龄调查的相应系数为0.89。所以，本研究所采用CLHLS数据的质量是比较好的。更详细的数据说明可以参考曾毅、柳玉芝等(2004)。

(二) 养老保障体制建设与老年人收入来源

回望过去十年，中央政府加速推进社会养老保障体系的建设，重点提升老年人的保障水平。中央自2009年启动新型农村社会养老保险(简称“新农保”)试点，自2011年起推行城镇居民社会养老保险(简称“城居保”)试点，2013年企业退休职工基本养老金实现“九连涨”。养老保障体制的积极拓展已取得了瞩目的成效。劳动与社会保障部发布的《近年来我国社会保险基本情况》显示,截至2006年年底,城镇企业基本养老保险的覆盖率已达到76%。又比如2008年农村社会养老保险的参保率仅为7.8%,2010年新农保参保率达到15.5%,2011年大幅上涨至49.7%。[1]

然而,就目前的阶段看,老年人群中养老保险的覆盖率相对于发达国家仍严重偏低。根据CLHLS(2005—2011年)的调查,如图2所示,城镇地区享受养老保险的老年人比例还不到40%,农村老年人的参保率虽然在2011年有所上升,但仍仅为7.3%,新农保的目标——"2020年之前基本实现对农村适龄居民的全覆盖"——依然任重而道远。

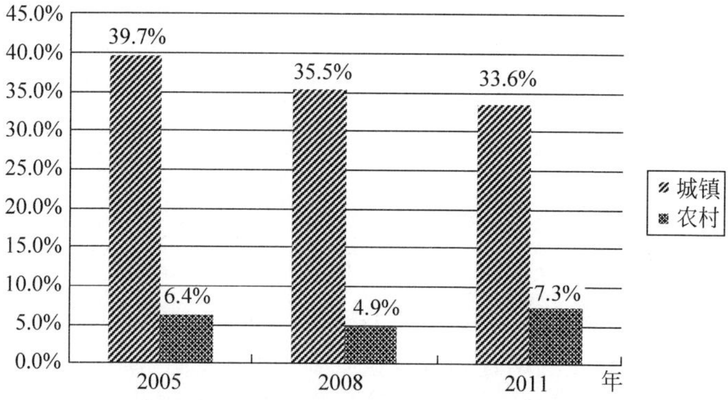

图2　2005年、2008年和2011年分城乡享受养老保险的老年人比例

从养老金水平看,2011年[2]样本老人的月养老金平均为1 973元,这一数字高于全国的平均水平;据人力资源社会保障部新闻发言人介绍,2011年全国月人均养老金为1 531元[3]。从样本看,城乡差距显著,城镇养老金均值为2 037元,而农村地区仅为

[1] 数据基于笔者计算。

[2] CLHLS调查仅在2011年调查中添加了"每月养老金为多少元"这一问题,因而我们无法获知此前年份的养老金水平。

[3] http://finance.chinanews.com/cj/2012/01-20/3618213.shtml.

1 513 元[1]。性别差距同样明显，男性养老金平均为 2 093 元，而女性仅为 1 712 元。这主要源于就业的性别差异，男性更多担任行政管理或专业技术等职位。

图 3 清晰地展示了各个年龄段老年人的主要生活来源。在各个年龄段，仅有 20%—35% 的老年人的生活来源主要为养老金。这有两方面的原因，一是老年人的养老保险参保率偏低；二是养老金较为微薄，不足以支付老人大多数的生活开支及医疗开支。可见，公共保障环节仍相对薄弱。在 65—74 岁的低龄阶段，至少有 20% 的老人以个人劳动收入为主要的生活来源，即仍未退出劳动力市场。以家庭成员转移支付为主要生活来源的老年人比例随着年龄的增长而迅速上升，特别是在 80 岁以上的高龄段，50% 以上的老人都依赖家庭成员的供养。虽然养儿防老的观念在现代化的进程中逐渐弱化，多代同堂的居住传统也受到城镇化和少子化的猛烈冲击，然而从现实来看，子女的供养仍是老人晚年不可或缺的经济来源。

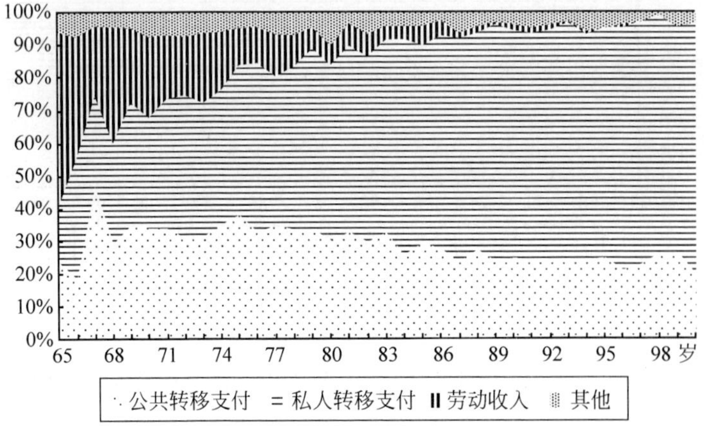

注：公共转移支付包括养老金和最低生活保障，后者的比例很低。私人转移支付是指来自于配偶、子女、孙子女或其他亲属的转移支付。

图 3　2011 年老年人的主要生活来源

---

〔1〕 农村地区享受养老金的样本量很少，仅为 182 个。

图 4 和图 5 则对比了城乡老年人主要生活来源的异同。首先，与图 2 一致的是，城镇地区的养老保险参保率与保障水平显著高于农村地区。50% 左右的城镇低龄老人主要依靠养老金生活，然而农村地区这一比例还不到 15%。城镇地区 80 岁以上高龄老人中仍有约 1/3 以养老金为主要生活来源，而农村地区仅有 10% 左右的高龄老人享受养老金。其次，农村地区老人更多依赖个人劳动收入，约一半的 70 岁以下老年人以劳动收入为第一生活来源。城镇地区由于法定退休年龄的限制，老年人继续就业的比例相对较低。再次，农村老人，特别是高龄老人，对子女转移支付的依赖性远甚于城镇老人。超过 70% 的农村高龄老人并没有其他收入来源，主要依靠子女供养；城镇地区这一比例则较低，在 55% 左右。

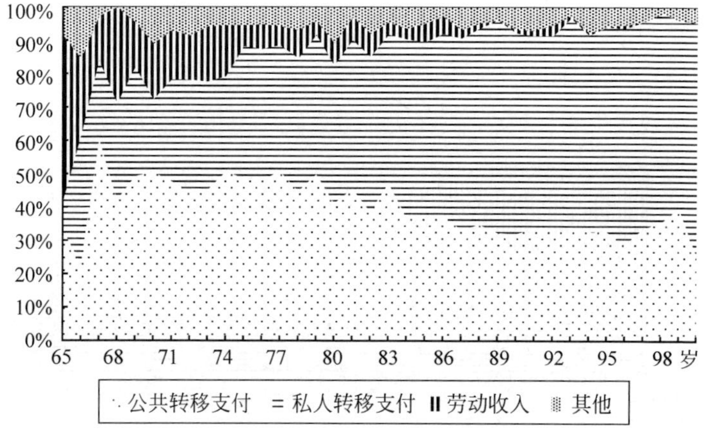

图 4　2011 年城镇老年人的主要生活来源

综合而言，得益于城镇地区相对完善的养老保障体系以及更高的养老保障水平，养老金已成为城镇低龄老人主要的生活来源，城镇高龄老人仍主要依靠子女的转移支付。然而在农村地区，养老保险目前仍然缺位，未能为老人的晚年生活提供充裕的保障，农村老人在很大程度上依赖于子女的经济支持与个人的劳动收入。这意

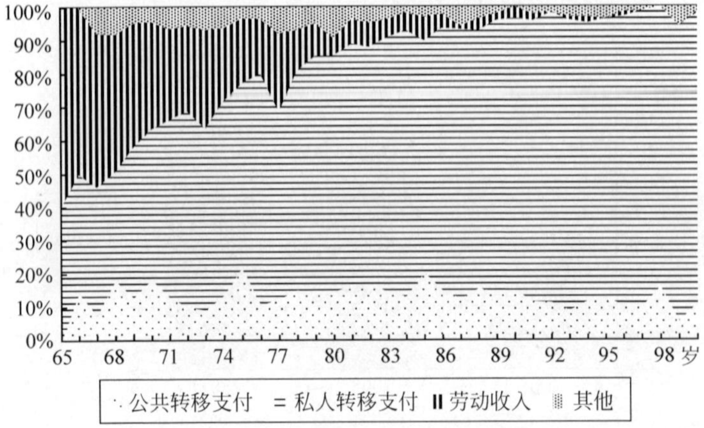

图5　2011年农村老年人的主要生活来源

味着在“四二一”的家庭结构下，年轻一代将背负庞大的照料负担，将不得已压缩投资与储蓄，从而不利于经济的可持续增长。

（三）医疗保障体制建设与老年人的医疗和照料支出

过去十年是医疗保障体系高速扩张的十年，尤其是在农村地区取得了瞩目的成就。自2003年新型农村合作医疗（简称“新农合”）在我国部分县市试点推行以来，参加人数以年均34%的速度迅猛增长（程令国、张晔，2011）。截至2011年年底，全国有2 637个县（区、市）开展了新农合，参合人口数达8.32亿人，参合率为97.5%，基本实现了农村地区医疗保险的全覆盖。从图6可以看到，城镇老年人的医疗保险参保率在2005—2008年三年间翻了一番，农村老年人的参保率更是翻了近三倍，从17%上涨到65%，逼近城镇医保的覆盖率。至2011年，农村老年人的参保率已高达86.4%，甚至超过城镇地区。这与2005年农村医疗保障短缺的情况已经截然不同了。从资源结构上看，个人卫生支出占卫生总费用的比重从2003年的55.9%下降到2011年的34.8%，“看病贵”的问题在一定程度上得到了缓解。

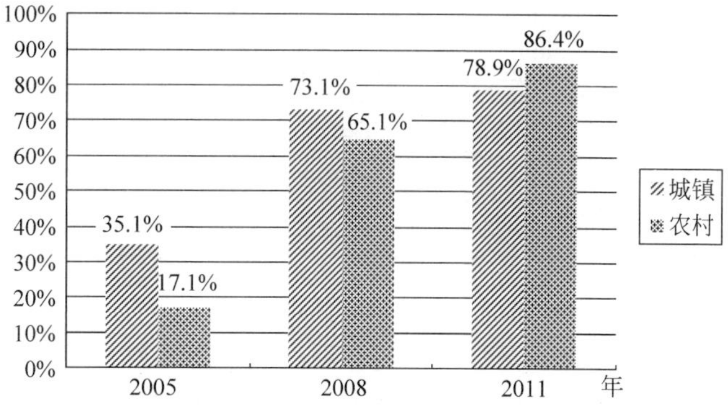

图 6　2005 年、2008 年和 2011 年分城乡参加医疗保险的老年人比例

医疗保障的改善将直接作用于老年人的医疗支出。从发达国家的经验看，尤其是美国，65 岁以上老年人医疗支出会随着年龄增长快速上涨，这是因为老年人在身体机能衰退的同时又享受相对优越的医疗保障，因此他们对医疗服务的需求旺盛，医疗费用高涨。在此情形下，老龄化对于医疗服务体系以及政府医疗财政支出构成了沉重的负担。

中国的情况有所不同。从图 7 可以看到，基于 CLHLS(2011 年)的调查，老年人过去一年的门诊总费用和住院总费用的年龄趋势并非线性递增，而是呈倒 U 型曲线，即在低龄阶段，医疗支出随着年龄上升急剧增加，但在高龄阶段，住院费用反而随着年龄增长快速下降，门诊费用也随着年龄增长逐渐递减，仅到 95 岁高龄以上才有所回升。75 岁左右老年人的门诊费用达到顶峰，约为全年 2 000 元，而在 80 岁左右住院费用达到最高峰，约为全年 2 600 元。高龄老人医疗支出下降的原因可能有三方面：一是高龄老人的医疗保障相对薄弱，在 CLHLS(2011 年)调查中，87% 的低龄老人至少享受一种公共医疗保险(公费医疗、城镇职工医疗保险、城镇居民医疗保险或新型农村合作医疗保险)，而高龄老人中这一比例仅为 80%。在缺乏医疗保险的情况下,部分老人可能会对于高昂的医疗服务、特别是住院诊疗望而却步。二是收入效应,高龄老人经济较为拮据,绝大多数高龄老人依赖子女的赡养(如图3所示),无力承担昂贵的医疗开支。三是选择性效应,即存活至高龄的老人往往身体更为强健,很少求医问诊,更少住院诊治,因而住院费用随着年龄增长反而有明显的下降。

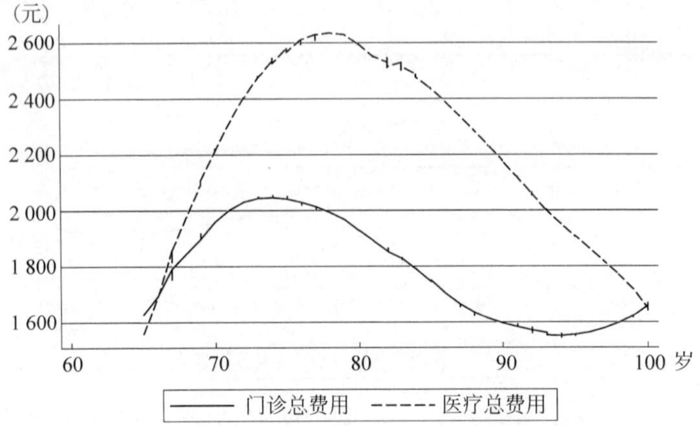

图7 2011年老人在过去一年的门诊费用与住院费用

如果按医疗保险的状态看,参保者与未参保者的医疗费用呈现完全不同的年龄趋势。就门诊费用而言,如图8所示,参保老人的门诊费用呈现倒U型曲线,然而未参保老人的门诊总费用随着年龄增长快速下降,直到80岁以后才企稳。就住院费用而言,如图9所示,未参保老人的住院费用在75岁左右达到顶峰,约为全年4 000元,然后随着年龄上升急剧下降,百岁老人在2011年的住院费用仅为1 500元左右。相比而言,参保老人住院费用的高峰出现较晚,在80岁左右,此后才缓慢下降。

从以上对比中可以观察到,对于未参保的老年人,剩余预期寿命缩短时,健康的投资收益会下降;如果健康的投资成本仍然居高不下，那么他很可能会减少健康投资量，例如减少预防性医疗服务，生病时放弃诊疗，或者换用相对廉价的治疗手段。从另一个指标中也可以看出一些端倪：2011 年，34% 的参保老人均会进行每年一次的常规体检，而仅有 23% 的未参保老人会定期体检。

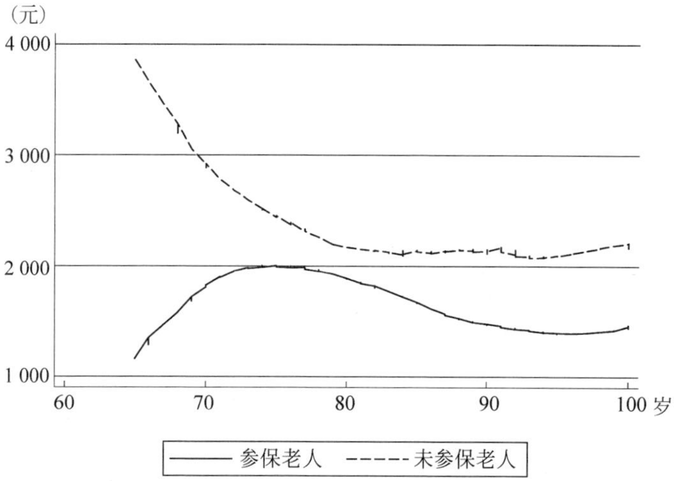

图 8　2011 年参保与未参保老年人在过去一年的门诊费用

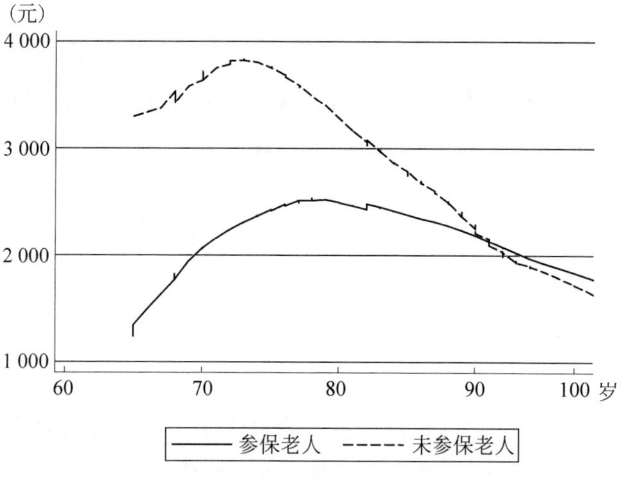

图 9　2011 年参保与未参保老年人在过去一年的住院费用

与医疗费用紧密相关的是老年人照料费用。中国的老年人长期护理或临终照料尚未纳入医保体系,因此失能老年人的照料费用与照料责任往往由配偶或子女完全承担。预期寿命延长可能会导致疾病发生率的增加,即老年人带病延年,那么老年人照护的迫切性与紧要性则更为突出。CLHLS 调查中将不能独立全部完成六项日常活动(吃饭、洗澡、穿衣、室内移动、上厕所、控制大小便)的老人定义为失能老人,并且调查了失能老人在最近一星期内的日常生活照料费用。

正如图 10 所示,在 90 岁之前,照料费用的年龄趋势类似医疗费用的年龄趋势,均呈倒 U 型曲线。城乡老人的照料费用在 80 岁左右达到顶峰,然后趋于下降。与医疗费用有所不同的是,照料费用在 90 岁以上的高龄阶段有明显的翘尾趋势,可见高龄老人对生活照护的需求非常旺盛。将城乡进行对比,90 岁以下城镇老人的照料支出显著地高于农村老人,例如 80 岁城镇老人一周的照料费用可达 1 000 元,而同龄的农村老人仅花费 600 元左右。然而两者的差距随着年龄的增长不断缩小,特别是在 90 岁以上的高龄阶段,农村老人的照料开支反超城镇老人。

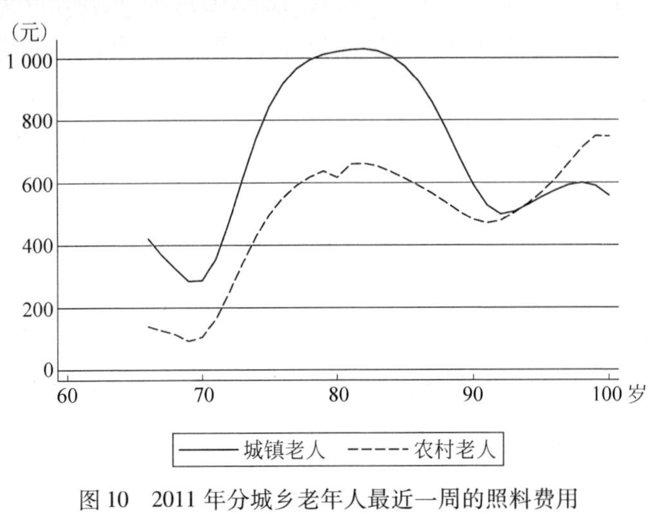

图 10　2011 年分城乡老年人最近一周的照料费用

从照料费用的支付者看，城镇老人中23%自己支付照料费用，71%由配偶、子女或孙子女支付，4%左右由政府付费。然而，仅有9%的农村老人可以自己负担照料费用，85%的农村老人的照料费用均由家属支付，不到3%由政府支付。可见，由于经济能力的约束，农村老人必须抑制对照料服务的需求；与此同时，大多数的社区养老设施、居家养老服务都设在城镇地区，较少深入到偏远乡村。但事实上，随着城镇化进程的加速，中青年劳动力不断涌入城市，老年人滞留在农村，因此农村的老龄化和老年空巢化问题更为严峻，老年照料服务的重心应更多地向农村地区倾斜。

四、结论与相关讨论

我国政府始终重视老年人的权益保障问题。《国家人权行动计划(2009—2010年)》中特别提到了老年人的权利保障，提出要构建以居家养老为基础、社区照料为依托、机构养老为补充的老年人服务体系。采取公建民营、民办公助和政府购买服务等方式，支持和鼓励社会力量参与老年人服务事业。所以，在养老问题上，政府在保基本、保底线的同时，也一定会调动社会力量参与，确保改革开放的成果所有人都能分享。但是，随着我国老年人口数的不断增长和人口结构的不断老化，养老问题越来越引起政府和社会的普遍关注。由于我国老龄化是在“未富先老”、社会保障制度不健全、区域和城乡发展不均衡的形势下发生的，养老服务压力仍在不断加重。

本文利用全国老年人口健康状况跟踪调查的大样本数据，对当前我国老人的社会保障与支出情况进行了全面的分析，主要结论有如下四点：首先，养老金已成为低龄老人主要的生活来源，高龄老人仍主要依靠子女的转移支付。在农村地区，养老保险目前仍未能为老人的晚年生活提供充裕的保障，农村老人在很大程度上依赖于子女的经济支持与个人的劳动收入。第二，被访老年人过去一年的门诊总费用和住院总费用的年龄趋势并非线性递增，而是呈倒U型曲线。在低龄阶段，医疗支出随着年龄上升急剧增加，但在高龄阶段，住院费用反而随着年龄增长快速下降，门诊费用也随着年龄增长逐渐递减。第三，如果从是否参加医疗保险的状态来看，参保者与未参保者的医疗费用呈现完全不同的年龄趋势。就门诊费用而言，参保老人的门诊费用呈现倒U型曲线，然而未参保老人的门诊总费用随着年龄增长快速下降。第四，从照料费用来看，90岁之前照料费用的年龄趋势类似医疗费用的年龄趋势，均呈倒U型曲线。城乡老人的照料费用都在80岁左右达到顶峰，然后趋于下降。而与医疗费用有所不同的是，照料费用在90岁以上的高龄阶段有明显的翘尾趋势，可见高龄老人对生活照护的需求非常旺盛。

厉以宁教授指出，社会流动性将随着工业化的推进而日益增大，同时，晚婚和少子女都是必要的（2010）。我们已经观察到，当前我国劳动力流动和生育率下降的趋势愈发明显，导致大中城市的养老问题尤为突出。目前，城乡空巢家庭数超过家中有老人的家庭总数的50%，部分大中城市甚至达到70%。以北京市为例，《北京市2011年老年人口信息和老龄事业发展状况报告》显示，截至2011年年底，北京市全市户籍总人口1 278万人，其中60岁及以上老年人口248万人，逼近1/5。根据联合国判断老龄化社会的标准，北京已进入严重老龄化社会，且老龄化速度还在加快。上海的情况也不容乐观。国际上通常将2.1的生育率称为“更替水平生育率”，即从长期来看可以维持人口新老更替的生育率水平；将1.5或以下的生育率称为“很低生育率”；将1.3或以下的生育率称为“极低生育率”。近年来上海市的生育率降低到0.8上下，可以说是“极低生育率”中的极低水平（左学金，2009）。生育率的降低将不可避免地带来人口老龄化和高龄化。在北京或者上海这样的大型城市，社区养老和机构养老互为补充，政府还应该努力尝试通过向社会组织购买服务来解决养老问题。在这个过程中政府引导、社会参与，政府和社会组织之间实现良性互动。

参考文献

1. 爱德华、邓曲恒:“中国经济转型对老年人收入的影响”,《中国人口科学》2005 年第 6 期。
2. 程令国、张晔:“‘新农合’:经济绩效还是健康绩效”,《经济研究》2012 年第 1 期。
3. 杜鹏、武超:“中国老年人的主要经济来源分析”,《人口研究》1998 年第 7 期。
4. 顾和军等:“与收入相关的老人健康不平等及其分解”,《南方人口》2011 年第 4 期。
5. 李实、杨穗:“养老金收入与收入不平等对老年人健康的影响”,《中国人口科学》2011 年第 3 期。
6. 李实、岳希明:“中国个人收入差距的最新变化”,《财经》2004 年第 3 期。
7. 李晓西等:“老年人收入与健康支出状况研究——以北京市为例”,《管理世界》2008 年第 12 期。
8. 厉以宁:《工业化和制度调整——西欧经济史研究》,商务印书馆 2010 年版。
9. 梁兆晖等:“老年人群心理健康与个人收入关系的研究”,《中国老年学杂志》2010 年第 5 期。
10. 曲兆鹏、赵忠:“老龄化对我国农村消费和收入不平等的影响”,《经济研究》2008 年第 12 期。
11. 吴燕、徐勇:“不同收入老年人健康状况公平性分析”,《中国公共卫生》2012 年第 1 期。
12. 曾毅:“中国人口老龄化的‘二高三大’特征及对策探讨”,《人口与经济》2001 年第 5 期。
13. 曾毅、柳玉芝等:《中国高龄老人健康长寿影响因素分析》,北京大学出版社 2004 年版。
14. 左学金:“人口老龄化和高龄化将带来巨大养老压力”,《第一财经日报》,2009 年 7 月 27 日。

(蒋承,北京大学教育学院;沈可,复旦大学社会发展与公共政策学院,本文通讯作者)

林权制度改革和跨越『中等收入陷阱』

赵锦勇

一、林业改革和“中等收入陷阱”

(一)林权制度改革是中国经济体制改革特有的内容

中国特色的经济改革道路既包含从农业向工业转型的过程,又包含从计划经济体制向市场经济体制转型的过程。林权制度改革是这一双重转型的重要内容。林权制度改革首先促进农业向工业转型。林业产权制度改革明确了林地和林木的权属,有助于土地这一基本生产资料的流转,有助于促进传统林业向现代林业转变。林权制度改革也将农民从林地的束缚中释放出来，有助于促进劳动力的流动。其次，林业产权改革也是中国从计划经济体制向市场经济体制转型的内容。计划经济的两大支柱是国有企业和城乡二元体制[1]，林业产权制度改革是在林业领域对计划经济体制的改革。通过明确林地使用权和林木所有权，集体林区农民真正成为了市场交易的主体，并且可以通过入股、抵押等各种流转方式获得财产性收入。集体林区通过林权改革，收入增长得到保障。这可以帮助建设集体林区的农村新社区[2]。农村新社区的标准就是公共设施齐全、公共服务到位、社会保障一体化、社区园林化，做到这些的农村新社区就是新型城镇化的一部分，有助于破除中国城乡二元体制。国有林区进行林权制度改革也有助于国有森工企业的转型发展，促进国有林区的政企分离。

新中国林权制度改革经历了多个过程。这些过程与中国的基本经济制度和所有制改革有紧密联系。一是土改时期的分山分林到户阶段，二是农业合作化时期的山林入社阶段，三是人民公社时期的山林集体所有、统一经营阶段，四是改革开放初期的林业“三定”阶段，五是目前正在进行的新阶段林权制度改革。改革开放初期以经营权下放为主要内容进行改革，但产权不明晰、经营主体不落实、经营机制不灵活、利益分配不合理等问题仍普遍存在，严重制约了“三林”（林业、林区、林农）的发展。新阶段改革的内容主要是集体林权制度改革。它以明晰集体林木所有权和林地使用权、放活经营权、落实处置权、确保收益权为新内容，真正从产权层面进行了改革，既能够促进劳动者生产和投资的积极性、使林地具有足够的

---

[1] 厉以宁：“论城乡二元体制改革”，《北京大学学报（哲学社会科学版）》2008 年第 2 期，第 5—11 页。

[2] 厉以宁：“老城区 + 新城区 + 农村新社区”，《光明日报》，2012 年 12 月 16 日。

经营效率,又能够保证通过产权交易促进林地这一重要生产资料产生合理的配置效率。

集体林权制度改革里面有几大关键制度创新。首先,它完成了土地确权,并且保证70年不变。农村的土地边界一直比较模糊。这种模糊来自于两个方面:一方面,农村土地集体所有,但使用权的行使一直未明确,实际就是由村领导在行使;另一方面,农村各个家族和家庭由于人口迁移和变化问题,村土地即使承包了也要为新增人口考虑重新划分,实际边界一直比较模糊。这种模糊对林业生产积极性和投入积极性都有消极影响。林权制度改革则破解了土地确权的难题。土地确权中的矛盾纠纷是难免的,但通过积极尝试,林权改革纠纷调处率很高。据国家林业局集体林改检测报告显示,对福建、辽宁、江西、云南、陕西5个样本省随机抽取的50个样本县216个样本村2 212户样本户的调查研究中,林改期间共有5.32万起纠纷,调处5.26万起纠纷,调处率高达98.92%。[1]其次,它给确定的土地使用权和林木所有权发了证书。传统的土地承包中,农民和村集体签订承包协议。但是协议只在村集体和村民之间有效。面对农村居民大量外迁的情况,农民出租转让土地往往只限于本村人,不敢出租转让给外村人和城里人。农村土地不能向外流转,对资金进入农村和土地资源合理配置都是阻碍。林权制度改革是承包制的继承与发展,它对确权的土地进行了发证。林权证为农民所有,政府档案局有备案。农民对土地的权利以林权证形式得到了正式法律认可,流转也得到了保障。再次,它设计了林权交易市场,鼓励土地进行流转。林权证的存在明确了流转的权利和责任。林权改革通过在各地设立集体林权交易中心的方式,对林权交易进行了规范和引导,通过入股、抵押、转让等多种方式,促进了土地资源的

---

[1] 集体林权制度改革监测项目组:《集体林权制度改革监测报告》,中国林业出版社2012年版。

合理配置。

（二）林权制度改革有助于中国跨越“中等收入陷阱”

根据厉以宁教授阐述，“中等收入陷阱”实际上有三个方面“陷阱”[1]：一是“发展的制度陷阱”，二是“社会危机陷阱”，三是“技术陷阱”。“发展的制度陷阱”主要是指土地制度，“中等收入陷阱”的根源之一是土地所有权的大规模集中。土地集中在小部分人手中，不利于土地这一基础性的生产资料发挥效率。“社会危机陷阱”主要指由于贫富差距扩大导致和激化社会各个阶层之间的矛盾，引发社会动荡。“技术陷阱”则主要指经济增长依靠传统技术和传统产业，没有通过资本市场快速促进新的科学技术发展、为经济增长和社会发展提供新的源泉。

跨越“中等收入陷阱”需要具体从上述的三个方面进行破解。中国的林权制度改革在这三个方面都能够为跨越“中等收入陷阱”提供助力。简言之，中国的林权制度改革本身就是土地确权的过程，有助于中国土地制度的完善和发展。林权制度改革同时又通过赋予农民林地使用权给予农民财产性收入，是收入分配制度调整的重要组成部分。再次，林权制度改革也是促进林业由林木生产向生态保护发展的过程，林业功能的转变也将促进新技术和新能源的利用。

下面进行具体阐述。

二、林权制度改革和跨越“发展的制度陷阱”

“发展的制度陷阱”的最主要内容是土地制度陷阱。土地、资本、劳动和技术一直是经济增长的重要组成部分。在农业社会，土地面积基本决定了增长的极限，土地生产能力决定了人口的数量，形成了“马尔萨斯增长模式”。进入工业社会，单位土地的生产能

---

[1] 厉以宁：“论‘中等收入陷阱’”，《经济学动态》2012年第12期，第4—6页。

力得到了极大的提升。资本、劳动和技术成为产出的重要影响因素,[1]土地对于增长的重要性显著下降。但是,农业仍然为工业提供基础性产品,土地间接地发挥着作用。同时,伴随着工业化出现了城市化,城市在建设过程中不断向外扩张,涉及了基本的土地使用和流转的问题。

在发达工业化国家,土地对于经济增长的约束能力可能已经减弱,并且经济增长速度平缓,城市扩张速度也放缓。但是在中等收入国家,土地对于经济增长仍然有其固有作用。尤其针对中国的特殊国情——人口众多,从农业社会向工业社会转型阶段——土地制度的改革对于增长的作用不言而喻。

从经济学原理而言,土地制度改革的目标在于促进土地这一资源的有效利用。这包括两个层面的效率:一是经营效率,即增加对土地资本、劳动、技术投入,提高单位土地的产出;二是配置效率,即将土地流转给最能发挥某块土地效用的人或企业,实现总体土地资源的最佳产出。前者需要土地确权来实现,后者需要有效的土地流转制度来保障。通过土地确权,经营者对于未来的收入有了明确的预期,投入才会增加。通过有效的流转,土地资源才能实现灵活和动态的调整,实现整体土地的使用效率。

中等收入国家容易陷入土地制度困境往往是因为土地大规模兼并集中后不利于土地资源调整。许多国家实行私有产权,虽然能够发挥经营效率,但是由于初始财富不平等,富裕的人通过兼并收购能够集中大量的土地,并且变得更加富裕。由此形成的大地主、大种植园往往不利于土地灵活而动态地进行调整,从而形成了“发展的制度陷阱”。

中国历史上的多次土地改革打破了传统上对于土地的集中。

---

[1] Hansen, G. D. and Prescott, E. C., “Malthus to Solow,” *American Economic Review*, 2002, 92(4), pp. 1205-1217.

林权制度改革是对土地制度的进一步完善。中国实行集体和国有形式的公有制土地所有制有其优势。公有制的土地所有制设计的初衷是防止少数阶层对土地的垄断控制,有助于土地资源的动态调整。但现实中公有制对劳动积极性的伤害影响了生产效率,公有土地使用主体的模糊又影响了配置效率。在改革开放以后,通过在农村进行土地承包制改革,农业生产积极性得到了极大促进。但是经过三十多年的改革,承包制释放的经济增长效力减弱,工业化和城镇化对土地制度提出了新的问题和挑战。

集体林权制度改革是对农村承包制的继承和发展。[1]中国集体林地面积27亿亩,远多于耕地面积,但是林地承包制落后于耕地承包制改革。分田可以通过田埂来明确,分林则没有那么容易;种植业的生长周期一般是一年或者更短,但林木生长周期长;改革初期人们对于政策稳定性没有长远预期。这些原因导致了改革初期的乱砍滥伐,林业的承包制遂停顿下来。但是从2003年开始的新阶段的林权制度改革却继承和超越了承包制。

首先,林权制度改革对中国的林地进行了土地确权。土地确权是土地改革的基础,但土地确权是有难度的。不仅因为林地勘界的技术难度,还在于土地历史纠纷的社会原因。农村的土地关系往往是各个家族和家庭之间的矛盾关系,确权相当于重新去梳理旧的社会矛盾,工作量和工作难度都非常大。而且,确权的依据是哪个时期,也是对实际工作的重大考验。是根据改革开放承包制之后、新中国成立以后还是民国时期的标准?但是土地确权又是非做不可的事情。生产积极性的提高、土地资源的有效流转都依赖于土地确权这一基本工作。集体林权制度改革用了先进的遥感测绘手段进行勘界,并且以尊重历史、尊重民意和多元化的方式进行了土地确

---

[1] 厉以宁:"新阶段改革的第一声春雷:集体林权制度变革",《当代财经》2009年第1期,第5—6页和第19页。

权。据集体林权制度改革检测报告显示,84.29%的样本农户认为,本村集体林改方案以村民大会或村民代表大会方式表决通过,体现了村民意愿;89.03%的样本农户对本村的改革方案满意。据国家林业局统计,截至2012年,全国已经有26个省、自治区和直辖市基本完成了明晰产权、承包到户的改革工作,全国已确权集体林地达到26亿亩,占集体林地总面积的99%。

其次,林权制度改革做到了分林到户。通过将模糊的使用权分配到具体个体,会充分调动生产积极性,但是具体分到哪个层面则会产生完全不同的效果。是分到村民家庭,分到联户,还是分到村小组?林权制度改革的一个突破就是直接将林地使用权分到户。家户是一个完整的经济单位,有清晰的经济边界。通过先将产权分到户,再通过市场化方式对土地进行整合,这样两步走的方式,能够真正做到产权清晰,也能够切实保护农民的收益。如果为了减少工作难度,直接以联户或者村小组为单位分林,则并没有实现确权真正的目的。林权制度改革在分林到户方面做得比较彻底,政策设计初始就要求分林到户。但是现实中的确有来自不同方面的阻力和压力。阻力既有来自认识不够的问题,更多来自现有利益的阻碍。原有的村集体在林地有利益,不希望分到农民个人;也有地方政府怕把土地分给个人,将来征地难度进一步增加。集体林权制度改革直面了这些困难,也在具体操作层面做了创新,将林地分到了农户手中。

第三,林权制度改革发放了林权证。林权证是农民拥有林地权利的法律凭证。林权证也为林地流转破解了技术性难题。通过林权证形式明确农民的权利,这一措施切实保证了农民的利益,农民有了切实的财产权。以前农民承包村集体土地和村集体签订协议,农民不敢将村集体的土地流转给外村人,外村人也不敢承包非自己村的土地。他们就怕别人不认这个只在本村有效的协议。林权制度改革则是农民手上有林权证,村集体有记录,地方档案局有备案,并且全国都是同一样式、同一效力。林地流转的障碍被排除。

第四,林权制度改革鼓励农村林地进行流转。林权制度改革不仅通过确权来提高林地的经营效率,还通过鼓励流转来提高林地的资源配置效率。流转有很多好处:首先,农民拥有的林地财产权要在流转中才能发挥作用,才能产生收益。通过多种形式的流转,农民的收入形式也多元化,为农民增收创造条件。其次,林地进行流转可以形成适度规模化经营,促进林业生产效率的提高。第三,随着城镇化发展,流转也能解决谁来经营林业的问题。农村中的能人、原有的林业企业,以及从城市中来的林业高科技公司对林业的开发利用效率更高,能够更充分地发挥单位林地的价值。这就是通过结构调整提高了林地的资源配置效率。流转也有多种形式,转让、出租、抵押、入股等方式都可以因地制宜进行开展。现实中比较好的方式是以林地入股的方式进行经营。这种方式能够令农民获得林地增值的效益。

三、林权制度改革和跨越“社会危机陷阱”

“社会危机陷阱”很大程度上来自于贫富差距扩大。贫富差距的扩大有复杂的原因,土地制度、财产制度、收入分配制度、市场结构等都会最终影响一个国家或地区的贫富差距。贫富差距扩大,容易引发社会阶层的分裂,拉丁美洲和东南亚的一些中等收入国家在发展中就经历了社会阶层分化引起社会动荡的情况。这时候,极端势力就容易上台,使社会更加不稳定,经济发展和社会发展长期陷入停滞或倒退,从而陷入“中等收入陷阱”中的“社会危机陷阱”。要解决“社会危机陷阱”,就要从源头上注重收入分配改革。

收入分配按照简单的划分可以有一次分配、二次分配和三次分配的区分。一次分配主要指各种资源在市场竞价中获得合理回报。二次分配是指政府通过财政的收入和支出政策进行调节。三次分配则主要是个人和机构的公益和慈善行为。在社会主义市场经济体制下,市场发挥对资源的基础配置作用。一次分配应是收入分配最主要的形式,二次分配对收入分配进行调整,三次分配是补充。

市场本身更注重资源分配的效率,因而不能自发实现公平。资源初始禀赋决定初次分配的结果。农民没有财产权,又缺少人力资本,初始分配的结果对他们就非常不利。要改变收入分配差距,就需要给农民以财产权。林权制度改革就赋予农民以财产权,通过鼓励流转还使农民获得财产收入。

这一项财产权为农民带来的直接和间接增收效果非常显著。农民从明确的产权中产生了明确的收入预期,通过增加投入、扩大生产可以获得经营性收入。林地的出租可以产生租金,林地的入股可以产生红利。由于流转土地将农民从土地上释放出来,他们还可以去城镇务工,获得劳务收入。尤其是林地入股这一方式,通过农民股份合作的方式,增加了农民市场谈判的地位,也能够为农民增加收入。

贫富差距扩大的一个地理表现是城乡差距。山区和林区尤其贫困,中国现有的贫困县基本集中于山区。如何实现山区的发展是破解收入差距的重要方面。其实山区有资源,但是由于农民没有切实的产权,没有办法将资源向资本转化。通过林权制度改革,林区的林地、林木的产权都得到了明确,通过各种流转方式,林区的财富得到激活。林业的发展也为林区实现城镇化提供动力,林区发展农村新社区需要有产业支撑,通过林权制度改革激发的林业经济活力会为林区新社区发展提供稳健的支撑。

四、林权制度改革与“技术陷阱”

“技术陷阱”在于发展的环境承载能力和科技创新能力限制,增长缺少新技术的参与。传统的技术优势发挥殆尽,又缺少新的科技发挥贡献,经济增长和国民收入就陷入了停滞。而且随着传统增长方式对环境的损害,以及人口的不断增加,环境承载能力也受到重要考验。

将来经济低碳化是发展的重要主题。低碳化的经济增长必然要求生产技术和产业结构的调整。林业在整个生态系统中的特殊地位决定了林业在将来整个产业结构中的特殊地位。林权制度改革正是通过明确产权、促进流转为林业的快速发展奠定了基础。

林业向现代林业发展是实现经济低碳化的重要保障。传统林业重砍伐,现代林业则是立体经营,不仅对林木进行适度砍伐,更重要的是经营林下经济、发展林业的景观和生态价值。在林权制度改革以后,林地产权得到明确、产权主体多元化、交易市场化。这些措施都发挥了市场的优势——它面对这些新需求能够实现各种产品创新和组织创新。只要以明确的发展目标进行引导,市场往往能够提供比计划更有效率的实现形式。无论是发展以生态内容为主的森林公园,还是以新能源为主的生物质能源公司,林权制度改革都能帮助实现跨越“技术陷阱”。

五、小结

林权制度改革在帮助中国跨越“中等收入陷阱”过程中具有显著作用。无论是通过土地确权跨越“发展的制度陷阱”,通过增加财产收入减少收入差距从而跨越“社会危机陷阱”,还是通过市场化引导激发新型生态保护和新能源利用来跨越“技术陷阱”,林权制度改革都有直接而显著的作用。

林权制度改革虽然取得了一定成就,但是任务仍然艰巨。集体林权改革需要深化;林地流转需要进一步规范,抵押、保险等金融工具需要进一步推广;农民的利益也需要进一步保护。尤其是通过股份制和合作社等有益的探索可以将保护农民利益和促进土地流转两者有机结合。国有林区的改革亟待启动,生态和经济任务的合理分配是改革的重头戏。

参考文献

1. 蔡昉:“‘中等收入陷阱’的理论、经验与针对性”,《经济学动态》2011 年第 12 期。
2. 集体林权制度改革监测项目组:《集体林权制度改革监测报告》,中国林业出版社 2012 年版。
3. 孔泾源:“‘中等收入陷阱’的国际背景、成因举证与中国对策”,《改革》2011 年第 10 期。
4. 厉以宁:“论城乡二元体制改革”,《北京大学学报(哲学社会科学版)》2008 年第 2 期。
5. 厉以宁:“新阶段改革的第一声春雷:集体林权制度变革”,《当代财经》2009 年第 1 期。
6. 厉以宁:“论‘中等收入陷阱’”,《经济学动态》2012 年第 12 期。
7. 马晓河:“‘中等收入陷阱’的国际观照和中国策略”,《改革》2011 年第 11 期。
8. 郑秉文:“‘中等收入陷阱’与中国发展道路——基于国际经验教训的视角”,《中国人口科学》2011 年第 1 期。
9. Hansen, G. D. and Prescott, E. C., “Malthus to Solow”, *American Economic Review*, 2002, 92(4).

(赵锦勇,北京大学光华管理学院)

跨越『中等收入陷阱』与农村『生产、经营、管理』体制创新

尹俊

一、跨越“中等收入陷阱”与农村“生产、经营、管理”体制创新

中国是一个发展与转型中的大国,在从农业社会向工业社会发展的同时,伴随着计划经济向市场经济的转型。在改革开放的政策下,中国经济取得了三十多年高速增长的巨大成就,但遗憾的是,由于典型的城乡二元体制等制度原因和农村生产经营管理落后,城乡收入差距不断扩大,不仅引发了一系列的城乡社会矛盾,而且也严重制约着中国经济的下一步发展。

“中等收入陷阱”可分为“发展的制度陷

阱”、“社会危机陷阱”和“技术陷阱”三类,制度改革滞后和收入差距扩大引发的“社会危机陷阱”是拉美和东南亚等一些国家陷入“中等收入陷阱”的重要原因。近四十年来,凡坠入“中等收入陷阱”的国家,几乎都有严重的分配不公,而目前农村生产经营管理水平的落后与城乡收入差距的扩大,使中国经济存在着陷入“中等收入陷阱”的危险。

为此,一方面,我国需要继续推进制度改革,需要破除城乡二元体制,打破农村发展的制度障碍,给予农民与城市居民平等的工作生活待遇和机会;另一方面,还要运用多种措施提高农村收入水平,即在原有农村生产生活方式的基础上,创新农村的“生产、经营、管理”体制,从根本上提高农业技术和效率以及农民的收入水平。中国发展的最大潜力在广大的农村,如果农村生产经营管理水平和农民收入都得以提高,农村居民得到与城市居民同等的发展机会,就能为中国成功跨越“中等收入陷阱”提供保障,所以我们将探讨农村“生产、经营、管理”体制创新的问题,对农业和农村两方面的体制设计提出建议,从一个角度为中国跨越“中等收入陷阱”提供思路。

二、四种农村“生产、经营、管理”创新体制

2013 年中央一号文件继续聚焦“三农”,尤其是农业生产经营体制创新,要求充分发挥农村基本经营制度的优越性,着力构建集约化、专业化、组织化、社会化相结合的新型农业经营体系,进一步解放和发展农村社会生产力,巩固和发展农业、农村大好形势。同时还在农村管理方面,提出要按照提高水平、完善机制、逐步并轨的要求,大力推动社会事业发展和基础设施建设向农村倾斜,努力缩小城乡差距,加快实现城乡基本公共服务均等化,提高农民生活水平。

近年来,我国各地涌现出了多种创新性的农业“生产、经营、管

理”体制,“生产、经营”体制侧重于农业的发展方式,“管理”体制侧重于农村社区化的建设方式。加上农村的“管理”,有四种比较有效的模式:即“公司 + 社区 + 农户”模式,“农民专业合作社 + 社区 + 农民”模式,“社区指导下的农民自营”模式,“社区指导下的农民集体经营”模式[1],具体如下:

(一)“公司 + 社区 + 农户”模式

“公司 + 农户”模式是由河南信阳地委书记董雷发表的“发展农村市场经济的有效途径——‘公司 + 农户’”一文提出的,指以“实体公司为龙头,联系农户,签订合作经营合同”的做法。[2]既包含有正式合同或契约为依据的合作,也有口头协议式的非正式合作;既包含生产、供销的合作,也包含入股、分红的合作。比如农户和公司共同出资成立农业企业;或者农户出土地,按土地入股,公司出生产资料、技术;或者农户出土地、劳动力,公司出生产资料、技术。公司负责企业销售、管理,收益按比例分红。[3]

“公司 + 社区 + 农户”模式指在“公司 + 农户”模式下公司为农户建立居住区,配套公共服务设施,并按社区模式管理。例如,山东烟台市农民将土地入股到龙头企业,龙头企业在这些土地上按土壤的性质,种植不同的农作物。在建设用地上,盖起了与农业相关的各种工厂,农民愿出外打工的,听他们自愿;不愿外出的,把农民分配到工厂当工人,或到农场种植园等工作。这样,每个农民每年按股分红,每月还有工资可得。龙头企业还建立起了宿舍区,分配居

---

〔1〕 厉以宁主编:《中国道路与新城镇化》,商务印书馆 2012 年版,第 vi—vii 页。

〔2〕 董雷:“发展农村市场经济的有效途径——‘公司 + 农户’”,《经济日报》,1993 年 7 月 8 日。

〔3〕 杜吟棠:“公司 + 农户模式初探——兼论其合理性与局限性”,《中国农村观察》2002 年第 1 期,第 30—38 页。

民居住，按照社区模式进行管理。

“公司＋社区＋农户”模式这种组织方式的优势是利用公司的销售渠道，能解决农产品难卖问题，提高农产品商品率，减少交易费用，增加销售利润，规避价格风险和销售风险，提高农民的生活水平等。但这种模式也存在着明显的缺陷：首先是公司追求的利润最大化目标与农户的收益最大化目标不一致，农民对公司的行为没有约束力，农民的利益得不到保障；其次是公司和农民之间的契约约束的脆弱性，难以协调二者之间的利益冲突并维持长久的合作关系。

（二）“农民专业合作社＋社区＋农民”模式

依据《农民专业合作社法》的定义，农民专业合作社是指在农村家庭经营基础上，同类农产品的生产经营者或者同类农业生产经营服务的提供者、利用者，自愿联合、民主管理的互助性经济组织，以内部成员为主要服务对象，提供包括生产资料购买，农产品销售、加工、运输、贮藏及生产经营相关技术、信息等的服务。同时，农民专业合作社牵头，把农民组织起来，或改造旧民居，或在附近的空旷地带新建居民区，使农民迁入居住，并由住户选举的村委会或社区管委会管理，即形成了“农民专业合作社＋社区＋农民”模式。

比如重庆市合川区官渡镇，总人口38 978人，辖13个行政村，到目前为止已经建立了80个合作社，对农业产业结构做出了优化，种植业已不仅仅停留在传统的水稻种植上，还大量种植蚕桑、油桃等多种经济作物，并在2010年发展了石屋专业蔬菜合作社、福寿中药材专业合作社。[1]

这种组织模式解决了农户的分散性问题，有利于将先进的技术引进农业、降低生产成本和提高利润、加强农业管理、提高农民素质。更重要的是它能够最大程度代表农民利益，让农民获得更多的

---

〔1〕 http://secondary.swsm.edu.cn/zh_cn/2012/1008/1449.html.

企业经营利润。农村专业合作社实施过程中最大的障碍是资金问题，其次是人才基础薄弱。国家已为合作社提供信贷支持做出了很多努力，加大对合作社示范项目的资金投入（2005—2011 年中央一号文件）。同时，国家重视加快发展农村各种教育，加强合作社人员的培训（《中共中央、国务院关于推进社会主义新农村建设的若干意见》），并鼓励高素质人才去服务农村等，比如“大学生村官计划”。

（三）“社区指导下的农民自营”模式

农民自营是指农民自由自营的个体经济，主要是农业合作化以后相对于农村普遍建立的集体经济而言。目前农民自营经济大体上有两种情况，农民可以兼职从事生产经营活动，也可以完全脱离集体土地。“社区指导下的农民自营”模式是指在市县政府或乡镇政府的主持下，在把农民组织起来建设社会主义新农村的过程中，给农民一定的建房补助，动员农民自建新房，或改造旧房，政府再投资建设公共设施，并在这里实行社区式的管理，同时为农民的自营经济提供运输等支持。

例如贵州毕节市农民在社区的指导下从事专业化的生产，如每家都有蔬菜大棚、草莓大棚，精耕细作，产量高，收入增多。生产由各户自己负责，社区则组织专业的运输队，帮助农民把产品运往农贸市场去销售，或者社区把这一带改造为旅游点，农民办农家乐，或妇女制作手工艺品，吸引游客前来选购，也包括购买新鲜水果、蔬菜、土特产等。

自营经济具有规模小、灵活、经济效益高的优势，更能适应市场经济的模式，并且能够充分调动人们的生产热情。“社区指导下的农民自营”模式既利用了自营经济天生的活力，又避免了个体经营过于分散、风险高的弊端，但也存在缺乏规模效应的劣势。

(四)“社区指导下的农民集体经营”模式

“农村经济集体经营模式”,原是指一些农村在特定历史阶段选择并坚持的没有推行家庭联产承包责任制、依然保留了人民公社时期的一些习惯和做法的一种特殊经济发展模式。[1]而在新的时期,由政府或乡镇政府主持,在把农民组织起来建设社会主义新农村的过程中,帮助农民集体创业生产,农民组织的公司和民选的公司董事会负责经营管理,社区统筹安排生活,民选产生社区管委会负责人,就形成了“社区指导下的农民集体经营”模式。

比如宿迁市沭阳县新河镇堰头村,通过土地流转整合土地,村里成立实业公司 12 家,采用高科技技术规模化种植花卉,消化吸收了不少周边村的富余劳动力,并进一步促进了农业的接续产业和替代产业如生态旅游业、物流业的发展,走出一条“农村支持企业,村企共建农村”的新路子,农民收入和村集体收入显著提高。再比如天津市滨海新区在农村地区推行“宅基地换房”和“土地换社保”的政策,把布局分散、效率低的宅基地集中起来,实现集约利用,同时实现了城乡统筹的社会保障制度。并在充分尊重农民意愿的基础上,发展了股份合作组织、有限责任公司或股份公司,创新经营机制,构建新型农村集体产权制度和运营机制,积极发展大宗农副产品合作深加工企业,将工业利润按照一定比例返还给农民。

这种模式集中了人力和资金,能够避免家庭经营格局细小、分散的局限性。它有利于实现农业的规模经营,将先进的科技引入农业生产,实现农业的现代化;同时,集体经营能够采取更有效的环境保护和土地集约节约利用措施,实现资源的可持续利用和区域的可

---

〔1〕 徐忠、张磊、庄龙玉:“农村经济集体经营模式对中国现代农业发展的启示——基于吕家庄村的调查”,《经济研究导刊》2012 年第 19 期,第 45—47 页。

持续发展；此外，集体所有的企业能够按照人们的要求进行基础设施建设，改善村民的教育、医疗和卫生状况。农民集体经营模式面临的最大挑战是干部的廉洁性，如何进行集体企业的管理与监督是首要问题。

三、农村社区化的建设与管理经验

对农村社区化的管理体制，各地方也总结了一些经验。

（一）社会管理与组织

农村新社区应该实现民主化的社会管理。可以以一个社区为单位，实行民主选举的制度，社区管理机构的负责人由社区居民选举产生，履行社区管理职责。[1]同时，如果居民对在任的社区管理机构负责人的表现不满，也可以通过投票罢免不称职的负责人。

社区管理机构作为农村新社区的居民民主自治机构，负责社区各项公共事务的管理、提供便民服务和保障居民的利益，[2]如农村新社区资金的综合管理、多渠道筹集社区公共管理和服务所需资金、发展村级集体经济、增加居民收入和减轻入住居民负担、管理协调居民和集体利益等。在社区管理机构的发展过程中，要注意一是资金筹集和管理应与新社区的发展模式相匹配，二是要保障农村新社区公共服务设施的均衡布局，三是要注重新社区的生活保障、完善社区居民的社会保障与社会福利，注重社会保障和社会福利制度的建设与维护。

社区的社会福利制度，是实现居民共享农村新社区的发展成果

---

〔1〕 黄忠怀、刘付春："城市化进程中郊区农村社区管理模式研究——基于对上海浦东郊区的调查"，《农村经济》2011 年第 1 期，第 48—51 页。

〔2〕 孙国贵："建设农村新社区加快城乡一体化"，《江苏农村经济》2010 年第 11 期，第 35—37 页。

的重要途径。新社区的生产用地是由社区居民统一贡献的，新社区的生产发展也离不开居民的智力投入和劳动付出，因此，社区发展所产生的经济收入等，应当以货币等多种形式部分返还给社区居民，以体现公平、公正和民主，实现共同发展。

社区的社会保障制度，是在兼顾社区整体发展的同时，考虑居民的生活保障等问题，建立较完善的医疗保障、最低生活保障等制度。

（二）选址和发展规模

在农村新社区的选址上，新社区建设必须同城镇化有机结合，通盘考虑。农村新社区的选址应优先考虑贴近县城、中心镇、工业园区、商贸集散中心等地方，然后逐步向远郊滚动发展。这样有利于农村新社区与城镇、工业园区的经济交流，为新社区的发展提供经济动力，实现城镇与农村新社区的良性互动、共同发展。诸如吴江市盛泽镇、张家港市凤凰镇、如皋市长江镇等的一些农村新社区，都有较好的经济效益。

在农村新社区的发展规模上，社区规模要适中，既不能小而散，也不能太大。[1]一般说来，远郊社区规模原则上不低于500户，临近城镇、中心镇、工业园区和农贸中心的规模不低于1 000户。这样可以发挥规模效应和集聚效应，降低建设成本和管理成本，节约土地资源和促进农业规模经营。在用地规模上，应该以一个“社区服务圈”的服务覆盖范围为标准。社区服务圈的地域范围一般都在10 000m^2以下，建成区面积较小，建筑物相互距离相对近而紧凑。

---

〔1〕 武鹏、宗跃光：“新农村建设过程中的居民点空间合并对策——以浙江省嘉兴市海盐县五圣村为例”，《经济地理》2008年第3期，第464—468页。

（三）公共服务设施布局

在农村新社区的公共服务设施布局建设方面，提倡使用“社区服务圈”的概念。“社区服务圈”是指通过完善社区公共服务设施、建设文体场所、健全社区卫生中心配置、优化社区周边商业网点布局等多种措施，使社区居民在一定范围内即可满足商业、生活、文体娱乐方面的服务需求。

“社区服务圈”建设主要是指公共服务设施的建设，主要包括公共服务设施设置的综合性和空间布局的紧凑性两方面的内容。[1]在公共服务设施设置的综合性方面，可以分为以下三类：一是生活服务设施，指在社区层面上配置的、通过市场提供的商业性、便民利民、日常生活需要的服务设施，如商店、超市、餐厅等；[2]二是社会管理设施，指为实现社区社会管理功能的设施，包括社区组织用房、社区警务室等；三是社区福利设施，指为居民提供基本福利服务的设施，包括社区服务中心、养老院、幼儿园、再就业培训中心、文体活动设施等。[3]在空间布局的紧凑性上，可以采用在中心地域配置一个综合性的社区服务中心，以此为原点辐射到周围，惠及到该范围内的社区居民，以初步形成一定范围内的服务圈的做法。

在具体的实施中，应当包括以下方面的内容和要求。要按照环保和生活现代化的要求建设，与城市建设接轨。农民安置房不仅要楼房化、美观实用，而且要路通、水通、电通、话通、气通、网通，环境绿化、路灯、垃圾箱、公共厕所等设施配套齐全，方便农民生活，提升

---

〔1〕 李乐、张凤荣等：“农村公共服务设施空间布局优化研究——以北京市顺义区为例”，《地域研究与开发》2012 年第 5 期，第 12—16 页。

〔2〕 张海霞：“城乡统筹与社区商业网点布局：基于公共政策的视角”，《开发研究》2011 年第 6 期，第 141—144 页。

〔3〕 张京祥、葛志兵等：“城乡基本公共服务设施布局均等化研究——以常州市教育设施为例”，《城市规划》2012 年第 2 期，第 9—15 页。

农民生活质量。有条件的社区内生活污水通过污水管道纳入污水处理厂集中处理，暂不具备条件的建造生态化污水处理设施，实现生活污水达标排放。要强化社区公共服务和管理，建设社区综合服务中心，综合服务中心设有医疗卫生室、托儿所、党员活动中心、远程教育场所、老年活动室、科技书屋、治安和民事调解办公室以及生产生活超市等等。配备卫生保洁和安保人员，常年保持小区整洁卫生和人居安全。

(四) 空间环境建设

由于农村新社区的发展模式有别于城镇与工业园区，且其用地规模和容纳的人口总量都较小，因此土地建设和开发强度也应该较低，要走“园林化”的新社区空间环境建设道路。在规划布局中，首先应当考虑的是土地的建设适宜性和生态适宜性，综合考虑到生态安全保护格局，然后才考虑建设与开发。

在功能分区及空间规划上，应该从整体把握布局，注重功能结果的合理性，加强和方便各功能区的联系，方便居民的各种生产、生活活动和交流联系。设计的空间和景观必须便于村民的日常生产、生活等活动，提高社区景观空间的利用率。

重视地段的自然地形地貌、基地现状和文化脉络等。[1]充分发挥自然山水在景观环境建设中的作用，形成地域文化特色。保护环境、节约土地，尽可能改善自然生态环境，避免见坡就挖、逢水就填、逢树就砍等不合理的破坏性建设。乡土文化遗产、古民宅、祠堂、古木大树、古井等已经融于村民的生活，成为人居环境中不可缺少的

---

〔1〕 俞孔坚：“景观作为新城市形态和生活的生态基础设施”，《南方建筑》2011 年第 3 期。

部分,要注意对其进行保护。[1]

具体到居民的住宅设计方面,应该充分考虑到建筑群的通风、日照、采光等涉及能耗的问题,以实现建筑的节能和绿色化。

在河道设计方面,则要实行充分保护的原则。人与生自来的亲水性,使得河道成为社区环境中非常宝贵的资源,应当在首先考虑保护的情况下进行适当的开发利用,如在某些河段形成滨水景观、步行休闲区、河道小开放空间等。

在绿化设计方面,则应以保护、利用当地现有的树木、草地等景观资源为先,辅以适当的人工栽种景观。[2]在人工绿化景观的设计上,应该优先选用与当地环境相适宜的植物,并在空间上考虑乔木、灌木、草本三个层级的综合搭配,以形成多层次的丰富景观格局,美化社区环境。

四、经验与启示

自农村家庭联产承包责任制改革以来,农民的积极性得以高度调动,农业迅速得以发展。然而随着农业技术的进步和产业化的要求,传统的农业生产经营体制已相对落后,如何创新农业生产经营体制,进一步调动农民、农村的积极性,对解放农村生产力、提高农业生产率、提高农民收入、乃至中国经济的发展都具有重要的意义。而建设"农村新社区"是中国新型城镇化的重要创新,即在农村建立与城市社区无差别的新社区,社区里有农民集中居住区,环境优美,各项公共服务到位。最关键的是农村居民和城市居民的所有权利是平等的,社会保障和城市一体化。

---

[1] 胡云平、商建宏、胡秀娟:"节约型现代农村新社区景观设计研究",《北方园艺》2010 年第 19 期。

[2] 徐文辉、鲍沁星:"新农村乡土景观的探索——重构安吉县山川乡山川村景观",《中国园林》2010 年第 7 期,第 80—82 页。

以上我们分析的四种模式和农村新社区的“管理”体制建议，对中国农村“生产、经营、管理”体制创新具有重要的启示意义。

综合而言，我们认为，中国农村“生产、经营、管理”体制创新，一要以市场为导向，要使得农产品生产适应市场需求，兼具地方特色，同时在经营方面充分发挥村集体、农民个体、市场力量等各方面的作用；

二要以现代企业经营理念为指导，实现农业生产专业化、产业化与规模化，关注产业链上下游的发展，并实现经营销售组织化，明确好不同主体之间的责任，实现责任合同化；

三要以农村城镇化建设为契机，结合农村城镇化过程中的土地流转制度、集约化经营、社区化建设等政策，不断创新体制，推动农业大发展，严格按要求完成农村新社区的标准建设，保障农民与城镇居民权利一体化；

四要以提高农民收入为目标，创新分红、入股、培训农民就业等方式，切实保障农民的权益，提高农民生活水平。

参考文献

1. 董雷：“发展农村市场经济的有效途径——‘公司+农户’”，《经济日报》，1993年7月8日。
2. 杜吟棠：“公司+农户模式初探——兼论其合理性与局限性”，《中国农村观察》2002年第1期。
3. 胡云平、商建宏、胡秀娟：“节约型现代农村新社区景观设计研究”，《北方园艺》2010年第19期。
4. 黄忠怀、刘付春：“城市化进城中郊区农村社区管理模式研究——基于对上海浦东郊区的调查”，《农村经济》2011年第1期。
5. 李乐、张凤荣等：“农村公共服务设施空间布局优化研究——以北京市顺义区为例”，《地域研究与开发》2012年第5期。
6. 厉以宁主编：《中国道路与新城镇化》，商务印书馆2012年版。
7. 孙国贵：“建设农村新社区加快城乡一体化”，《江苏农村经济》2010年第11期。

8. 武鹏、宗跃光:“新农村建设过程中的居民点空间合并对策——以浙江省嘉兴市海盐县五圣村为例”,《经济地理》2008 年第 3 期。
9. 徐文辉、鲍沁星:“新农村乡土景观的探索——重构安吉县山川乡山川村景观”,《中国园林》2010 年第 7 期。
10. 徐忠、张磊、庄龙玉:“农村经济集体经营模式对中国现代农业发展的启示——基于吕家庄村的调查”,《经济研究导刊》2012 年第 19 期。
11. 俞孔坚:“景观作为新城市形态和生活的生态基础设施”,《南方建筑》2011 年第 3 期。
12. 张海霞:“城乡统筹与社区商业网点布局:基于公共政策的视角”,《开发研究》2011 年第 6 期。
13. 张京祥、葛志兵等:“城乡基本公共服务设施布局均等化研究——以常州市教育设施为例”,《城市规划》2012 年第 2 期。

(尹俊,北京大学光华管理学院)

发展中小企业对我国跨越『中等收入陷阱』的意义研究

潘江 铁钊

在当今世界政治、经济格局日趋复杂的国际环境下，中国作为世界上最大的发展中国家面临诸多机遇和挑战。中国经济经历了30年的持续快速增长，经济总量跃居世界第二位，并且在2010年人均GDP达到4 393美元，正式跨入中等偏上收入国家行列。而中国进入中等收入国家的国际背景是全球金融危机余波未平，欧洲主权债务危机四伏，世界经济增速放缓，诸多不利因素叠加使得全球经济前景堪忧。在此背景下，中国能否跨越“中等收入陷阱”以及应该选择什么样的道路和应对措施引发研究兴趣。

一、"中等收入陷阱"文献综述

(一)"中等收入陷阱"原因分析

马晓河(2011)认为陷入"中等收入陷阱"的国家关键在于经济结构不完善,产业结构严重滞后于经济发展,经济发展方式改革缓慢,社会收入分配的不平等打击了民众的积极性,经济增速放缓。李红艳和汪涛(2012)通过对陷入"中等收入陷阱"的国家研究发现,教育投入不足、失业率高、消费层次低、贸易升级缓慢、金融市场不完善和贫富差距大是陷入"中等收入陷阱"国家的共同特征。杨磊(2012)引用胡鞍钢的观点描绘"中等收入陷阱":经济增长回落或停滞、民主乱象、贫富分化、腐败多发、过度城市化、社会公共服务短缺、就业困难、社会动荡、信仰缺失、金融体系脆弱。许多国家都能以较快的经济增长速度达到中等收入水平,但要超越中等收入而较快成为高等收入国家却比较困难。陆万军(2012)认为从经济发展阶段来看,刚刚迈入中等收入水平的国家大多面临刘易斯拐点,刘易斯拐点的出现打破了二元经济特征,劳动密集型产业的利润空间被人口红利的消失抵消,依靠借鉴发达国家经验的后发优势愈加不明显,经济增速放缓。还有学者认为,部分国家进入中等收入国家以后不如当初致力于发展时候的干劲十足,劳动力成本的上升使得人口红利消失,发达国家的消费示范作用使国民及早进入享乐,自然资源的消耗殆尽和环境成本的上升等多种因素叠加导致经济停滞不前。

(二)中国面临的挑战

张前荣(2012)指出当前国际形势不容乐观,中国科技创新投入和能力不足,人口红利效应减弱,投资在经济发展中的作用过大而消费持续走低,制造业企业主要从事低端劳动密集型加工制造,装备制造等高科技产业薄弱，环境资源成本上升约束经济发展，出口加工型外贸经济受世界经济不景气影响前景迷茫。陈彩娟(2012)认为中国和拉美国家不同，特殊的国情决定中国特殊的发展道路，作为拥有13亿人口的大国绝对不能陷入“中等收入陷阱”，面对经济转型、技术创新、社会矛盾等多方面严峻的挑战，解决中国问题的最佳途径就是保持经济持续快速发展。陆万军(2012)认为我国经济存在的结构性问题导致贫富差距不断拉大，深化改革可以逐步推动问题的解决，但是改革已经走向深水区，进一步推动改革可能会触及特定的利益集团，这些利益集团会对现行道路产生极强的依赖要求，阻碍改革的推进。如何平衡不同群体的利益诉求考验着执政党的决策水平并决定经济政策的成败。清华大学凯风发展研究院社会进步研究所、清华大学社会学系社会发展研究课题组(2012)的研究报告提出一个新观点，探讨中国目前需要警惕的是“中等收入陷阱”还是“转型陷阱”。中国目前改革发展面临最大的难题是在改革和转型过程中既得利益集团坚决反对改革的深化和推进，强烈要求维持现状并保护其既得利益，希望能够将现阶段转型期的利益格局长久定格，固化其阶层属性，这股力量将严重阻碍经济社会发展，国家必须拿出更大的决心和勇气深化改革，促进产业结构调整，平稳顺利地渡过中等收入发展阶段。

(三) 跨越“中等收入陷阱”的对策研究

王一鸣(2011)通过对比国外经验，分析得出要立足国情寻找适合中国的发展方式，通过自主创新提高中国制造的国际竞争力，综合考虑社会平等和贫富差距问题，城镇化和工业化的发展要同步推进，创新社会管理。陈亮(2010)认为要加大力气扶植民营经济的发展、特别是中小企业转型升级，构建中小企业创新管理体系，以此来拉动社会就业，带动技术创新和产业结构调整，保持经济持续健康发展。陆万军(2012)认为若要保持我国经济的持续快速发展，就要着力解决影响经济发展的结构性问题,加快产业结构调整和企业转型升级,通过技术创新抢占世界市场份额。要重视人才战略,公平收入分配,实现消费拉动型经济发展方式,以创新为手段,加快技术进步,加快政府职能转型,以文化产业发展与转型促进经济转型的产业结构调整。郑秉文(2011)认为中等收入发展阶段对于中国来说既是挑战更是机遇,虽然可能面临"转型陷阱"、"拉美陷阱"和"福利陷阱"等问题,但中国只要坚持走社会主义市场经济道路,坚持改革开放不动摇,深化经济体制改革,通过科技创新和转型升级带动产业结构调整,在中国的第三次跨越中,"中等收入陷阱"必将成为历史。

二、国际上其他国家和地区跨越"中等收入陷阱"的经验

综观国际社会已经跨入中等收入行列的国家,多数国家经济水平发展到此阶段后很容易产生停摆或徘徊,受困于"中等收入陷阱"。也有少数国家能够保持经济的持续快速增长,平稳跨越"中等收入陷阱"而进入高收入国家行列。最具代表性的就是亚洲"四小龙"和拉美国家。前者进入中等收入行列以后保持了经济的持续快速发展,以人均 GDP 平均每两年上升 1 000 美元的速度跨越"中等收入陷阱"。[1]后者在 20 世纪 80 年代进入中等收入国家行列,但一直到今天仍徘徊在中等收入阶段停滞不前,由此引发了一系列的政治、经济和社会问题,阻碍该地区向前发展,其经验和教训值得总结和反思。

(一) 宏观经济政策

拉美国家跨入中等收入国家之时,受到美国"贝克计划"的影

[1] 李红艳、汪涛:"'中等收入陷阱'的国际实证比较及对中国启示",《产经评论》2012 年第 3 期。

响,各国政府大力推行私有化改革,减少政府对于市场的调控作用,过度推崇经济自由化。[1]这一政策没有立足于拉美国家基本国情,由于其长期奉行“进口替代”战略,牺牲农业发展工业,试图通过跨越式发展刺激高技术产业和资本密集型产品发展,环境资源遭到极大破坏,最终导致工业发展受限。而一旦进入这个阶段之后,在政策惯性的推动下,该地区各国为了保护本国产品的竞争力,往往容易采取贸易保护主义,政府大量举债补贴高技术产业发展,由此恶性循环到一定程度则出现外债激增,通货膨胀严重和失业率居高不下等一系列经济、社会问题,深陷“中等收入陷阱”不能自拔。

同时期亚洲“四小龙”的经济政策则更符合本国(地区)的情况,实施出口导向战略,依靠自身的资源、人力、环境、技术等结构特点调整产业结构,在经济稳步发展过程中不断提高自身的科技含量和资本密集程度,稳步提高劳动生产率,进行产业结构升级,降低第一产业比重,通过转型升级巩固制造业的基础性地位,第三产业比重不断上升。引导企业积极参与国际竞争,在全球化的经济背景下利用倒逼机制及时发现自身不足,调整本国(地区)经济政策,保证经济的持续快速发展。

(二)产业结构调整

在进入中等收入国家以后,拉美国家继续实施进口替代战略,国家给予本国产品税收、投资和销售等方面的优惠待遇。在这种保护主义背景下,国内企业和产品并不是真正参与国际竞争,国内市场对于国际经济动态的把握不准确,产业结构调整滞后,低附加值的初级产品长期占据出口主要份额。这类企业自身不断发展,但却拒绝科技创新和转型升级,利用在行业内的主导地位打压希望创新

---

[1] 张前荣:“我国跨越‘中等收入陷阱’的挑战与对策”,《宏观经济管理》2012 年第 8 期。

发展的中小企业的积极性，导致整个行业甚至整个国家劳动生产率提升缓慢，阻碍经济的发展。

而亚洲“四小龙”则积极推进产业结构调整，根据经济形势的变化做出判断，果断淘汰高能耗、高污染、低产出的传统产业，有序推动劳动密集型产业转型升级，鼓励装备制造业技术创新，大力发展电子、汽车、机电产品等高附加值产业。政府引导产业结构向最终消费端倾斜，第三产业在整个产业结构中的占比不断上升，文化产业发展迅猛。通过市场调节劳动力成本，促进劳动生产率的提高，企业的转型升级为经济发展注入动力。

（三）就业与失业率

拉美国家在进入中等收入水平国家之时大多依靠本国大量的廉价劳动力发展劳动密集型产业，但是随着经济形势的变化并没有及时地调整产业结构，收入水平的提高带动了劳动力成本的上升，劳动密集型产业的价格优势荡然无存，资本市场会把企业建在劳动力更加廉价的地区。而本国企业面临转型升级和产业结构调整的艰难选择，不断加大科技投入提高劳动生产率，一方面高素质、高技能劳动者大量缺乏，另一方面本国大部分劳动者的受教育水平比较低，短时间内难以满足企业转型升级的新技能要求，因而造成拉美地区失业率飙升。

亚洲“四小龙”在进入中等收入水平国家后积极推进企业转型升级，大力发展民营经济特别是中小企业，创造更多的就业岗位，淘汰已经落后的劳动密集型企业。注重对劳动者的素质和技能的培养和教育，加大对教育的财政投入并培养专门技术人才，使劳动者的技能适应不断提高的工作要求。劳动生产率的提高带动产业结构调整，就业、产业结构调整和企业转型升级形成良性互动，共同助推经济发展。

（四）技术创新与科技投入

由于拉美国家的进口替代战略，国内产品受到政府保护不能参与充分竞争，企业进行技术创新的动力不足，固守已有市场份额不愿前进。科技研发投入短期内不能带来立竿见影的实际收益，陈旧的观念阻碍企业发展。另一方面，企业没有及时进行转型升级，整个国家和地区的产业结构不合理，第一、第二产业占比过大，以服务业为代表的第三产业发展缓慢，阻碍了技术创新的开展。

亚洲“四小龙”则非常重视科技创新与研发投入，通过在技术创新方面的突破占领高技术产业发展先机，在产业链顶端获取附加值最大的产业区间。及时进行产业结构调整和企业转型升级，从劳动密集型等低附加值产业向装备制造、航空航天、电子产品等行业聚集，而这类产业的发展又带动了一大批上下游的高科技中小企业发展，进一步提高劳动生产率，加强自主创新能力，提高本国（地区）产品的国际竞争力，不断扩大国际市场的领先份额。

三、中小企业在国民经济中的地位和作用

改革开放以来，随着市场经济的不断推进，非公有制经济得到了前所未有的发展机遇，特别是大量中小企业如雨后春笋般地涌现出来，占到我国企业总数的99%以上，成为我国经济持续快速增长的力量源泉。如果把国有大中型企业比作国民经济的支柱和命脉，那么中小企业就是维持国民经济持续健康发展的血液。

（一）中小企业是国民经济持续健康发展的力量源泉

中小企业占到企业总数的99%，提供了80%的社会就业岗位，其GDP占到全国GDP的60%，上缴税收占到全国税收的50%。

国家工商总局资料显示，截至2010年6月末，全国登记注册的

民营企业达 755.65 万户，占全国注册企业总数的 71.6%，注册资本金达到 15.32 万亿元，占全国企业注册资本金的 25.72%；个体工商户 3 229.95 万户，资金总额达 1.14 万亿元，个体私营经济从业人员达 1.52 亿人。这一系列的数字表明中小企业在国民经济中的基础性地位。另一方面，中小企业专业化程度高，应对市场风险反应迅速，和大型国有企业具有先天的互补性，巩固了经济社会发展的稳定性，二者相得益彰，共同推进经济快速平稳健康发展。

民营企业、个体工商户所吸纳的就业人数占全国新增就业人员的 90% 以上，保证了大多数城镇人口"有饭吃"，是当之无愧的富民经济。民营经济伴随改革开放的步伐，从无到有、从弱到强，迅速发展壮大，已经成为扩大社会就业、改善民生、促进社会和谐稳定的重要基础。民营经济，特别是中小企业的异军突起推动了我国市场经济体制改革，推动建立起我国社会主义初级阶段的基本经济制度。

（二）中小企业是提高城乡居民收入的主要力量

数量众多的中小企业吸收了大量的社会就业，中小企业的持续健康发展是提高城乡居民收入和生活质量的重要保障。我国虽然已经进入中等偏上收入国家行列，但是城乡居民的总体收入水平仍较低，且我国的基尼系数已经超过 0.45，不同行业、不同职业群体间收入差距明显，城乡居民收入差别及贫富分化现象严重。广大中小企业在发展过程中，通过创业带动就业，中小企业创业者通过中小企业发展增加个人社会财富并带动企业员工收入的增加。在这一过程中，农村中小企业的发展还具有特殊的意义，农村中小企业员工主要来自当地农村剩余劳动力，农民就地实现创业、就业，农村中小企业发展极大提高了农民的收入水平，逐步缩小城乡居民收入差距，提高城乡居民收入整体水平。

（三）中小企业的转型升级能够带动产业结构调整

中小企业规模较小，船小好调头，能够灵活应对市场变化。在不断的调整和变化中保证市场活力，按照市场规律组织生产和销售，企业自身发展完全是在市场的自动牵引和调配下完成，根据市场需求完成企业转型升级。中小企业还是市场秩序最有力的维护者，处于弱势地位的中小企业迫切需要公平、公正的市场交易秩序，推动市场经济的健康发展。无数的中小企业在市场这个无形的手的引导下进行企业自身转型升级，再加上国家宏观政策的有利调控，汇集到一起的结果就是带动全社会的产业结构调整。

当前，我国非公有制经济正站在新的起点、处于难得的历史机遇期，广大中小企业在加快转变经济增长方式、保障和改善民生方面肩负重大社会责任，拥有广阔发展空间。在我国工业化、信息化、城镇化、市场化、国际化深入发展的大背景之下，中小企业发展对于增加国民收入、刺激消费作用重大，企业发展带动产业结构调整，有利于中小企业加强与大企业和跨国企业的分工合作，加速融入全球产业链，为中小企业“走出去”和“引进来”创造有利条件。

（四）中小企业能够提供大量就业岗位

中小企业对于就业的重要作用不言而喻。数据显示，全国新增就业中 90% 以上的岗位是由以中小企业为主的民营企业提供的，数量众多的中小企业是整个社会就业岗位的最主要提供者，吸纳劳动力的容量大，不断创业的中小企业家每天都在创造更多的就业机会。2013 年高校应届毕业生总人数达到 699 万，面对如此庞大的新增就业人群，中小企业将成为新增就业岗位最主要的提供者。并且在此过程中将有相当一部分大学生选择创业，在中小企业创业的过程中不但解决了创业者自身的就业问题，还将为社会提供更多的就业岗位。

我国作为世界上最大的发展中国家,面临着巨大的就业压力,中小企业稳定发展,就可以源源不断地提供就业岗位。虽然我们目前在强调产业结构调整和企业转型升级,这势必会提高劳动生产率,直接的结果就是对劳动者数量要求的减少,造成失业率提高,两者似乎是一个悖论。但是大量中小企业的持续快速发展在带动产业结构调整和企业转型升级的同时提供大量就业岗位,调和了两者之间的矛盾。这将对整个社会的政治、经济、文化发展起到积极的推动作用。

(五)中小企业是技术创新的主要推动力

中小企业资本量少,生产规模小,在市场上处于弱势地位,要想取得更大的市场份额就必须提高企业自身的技术创新能力。大企业已经占据了相当的市场份额,保守的态度和优越的心态会使它们降低对科技创新的追求。而中小企业在资本、资源和市场等方面占据劣势,要想取得发展就必须拥有自身核心竞争力,显然,技术创新将成为它们的不二选择。中小企业依据自身特点敏锐捕捉市场信息,加大对科技研发的投入比重,将科技成果转化为生产力,带动企业发展。另一方面中小企业经营灵活,应对市场变化迅速,能够在短时间内将科技成果转化为产品推向市场,对于整个社会来说都将产生积极重要的推动作用。

四、发展中小企业是我国跨越“中等收入陷阱”的有效对策

通过以上分析可知,发展中小企业所产生的功效和跨越“中等收入陷阱”所需要的举措是高度契合的,在世界经济局势日益复杂的今天,我国顺利跨越“中等收入陷阱”需要大力发展中小企业,推动经济社会的持续健康发展。

（一）鼓励创业带动就业，发展中小企业提高城乡居民收入

“中等收入陷阱”的主要表现之一是居民收入水平的停滞不前，这一现象由产业结构不合理、经济增长不平衡等多种原因造成。发展中小企业是解决这一系列问题的有效途径，通过中小企业的发展，能够促进经济增长方式转变，带动产业结构调整，加大科技创新，提高劳动生产率。政府应鼓励创业带动就业，通过创业培训、税收减免、信贷支持等手段优化创业环境，激发人们的创业热情，大力扶植中小企业的快速、健康发展。

通过中小企业的发展，能够带动城乡居民收入水平的提高，创业带动就业，利用创业对就业和财富增加的乘数效应吸纳社会就业并提高收入水平。政府应保护创业者的合法财产不受侵犯，规范收入分配制度，提高劳动者工资收入水平，加强劳动者社会保障监管力度，在我国工业化、城镇化的大背景之下，以中小企业的发展为切入点和突破口、从增加创业者社会财富和劳动者工资收入水平两方面提高城乡居民整体收入。

（二）制定法律政策引导，发展中小企业转变经济增长方式

现阶段，我国要积极鼓励中小企业发展，出台相关法律法规和政策措施给予中小企业发展优惠。充分发挥中小企业在国民经济中的重要作用、转变经济增长方式，对顺利跨越“中等收入陷阱”会产生积极推动作用。中等收入国家处于全球化经济世界大分工的中间阶段，在高科技产业、文化创意产业等高附加值产业发展上不及发达国家，在传统产业、劳动密集型低附加值产业上又没有低收入国家的后发优势及低廉劳动力成本，发展位置上的尴尬决定了其必须要积极转变经济增长方式，大力鼓励中小企业发展。

智利虽然曾陷入“中等收入陷阱”，但是近年来通过重视立法，积极转变经济增长方式，重视人才的作用，发展高科技产业，成为拉

美国家跨越“中等收入陷阱”的典范。智利政府先后出台了《支持中小企业计划》、《中小企业法》等法律法规，扩展中小企业融资渠道、积极实施出口战略、加强人员素质培训、重视行业协会的特殊作用。政府应该结合我国国情，协调处理好“三驾马车”之间的关系，优化投资结构，利用中小企业对经济发展的作用转变经济增长方式，稳步提高劳动生产率，及时调整经济政策，保证经济的持续快速发展。同时，政府应该把握现阶段我国经济发展的核心问题，把建设资源节约型、环境友好型社会作为加快转变经济增长方式的着力点，促进中小企业在发展过程中积极利用自身特点加强资源节约和管理。

（三）积极引导转型升级，利用中小企业带动产业结构调整

结合国家重点产业调整和振兴规划，积极引导中小企业转型升级。有序淘汰高能耗、高污染、低产出的传统产业，推动劳动密集型产业转型升级，鼓励装备制造业技术创新，大力发展电子、汽车、机电产品等高附加值产业。通过政策倾斜和优惠措施鼓励中小企业向优势产业聚集，使之呈现集群效应带动整个行业的发展和产业结构调整。充分利用我国东、中、西部之间不同的优势互补，加大东部和中西部的经济、技术合作，鼓励企业将部分劳动密集型产业转移到中西部人力资源丰富地区，承接产业转移，东部地区积极进行企业转型升级，着力发展技术含量高的新兴产业，增加产品的附加值。引导中小企业向“专、精、特、新”方向发展，寻找适合自身的发展道路，积极融入全球化背景下的社会化大分工，从大型企业的上下游产业中寻找商机，大力发展与之配合的物流业、咨询业等服务业，有效扩大第三产业在产业结构中的占比。积极鼓励有实力的中小企业“走出去”，利用全球化的有利条件开展国际贸易，引入国际先进管理经验和优质项目、资本促进我国产业结构调整和企业转型升级。

（四）加强科技创新投入，通过中小企业提高劳动生产率

由于自主创新能力不足，技术性障碍已经成为制约我国产业结构升级的瓶颈。我国农业生产技术低下，远远落后于现代农业生产发展应有的水平；产业研发和技术创新滞后，工业结构升级缓慢，并且严重缺乏技术支撑；第三产业的发展相对滞后，传统服务业及其产品比重偏高，现代服务业及其产品比重过低。尤其是资本密集型产业自主创新能力严重不足，已成为影响未来经济增长的稳定性和质量的关键因素。

科技创新是中小企业持续健康发展的关键，也是我国跨越“中等收入陷阱”的重要抓手。加强科技创新需要以市场为基础，以中小企业为主体，建立产学研相结合的技术创新体系；保障对科技投入的稳定增长，继续加大科研投资，提高科技经费的使用效率；完善知识产权保障制度建设，保护中小企业创新的积极性，为科技进步与创新提供重要的物质保障，为中小企业转型升级和产业结构调整提供动力。坚持自主创新，重视人才培养和科技研发，努力培育自己的核心技术优势和自主品牌。

（五）完善融资平台构建，为发展中小企业消除制度性障碍

在国际金融危机余波未平和国际环境日趋复杂的大背景之下，中小企业发展面临诸多困难，其中融资难、融资贵是制约中小企业尤其是小型微型企业发展的主要困难和瓶颈之一。由于银行等金融机构审批程序复杂、申请周期长等原因，大量中小企业只能通过银行贷款以外的途径进行融资，推高了中小企业的融资成本和风险，阻碍了中小企业发展。而民间融资渠道由于种种原因的制约也未能成为中小企业获得融资的主要渠道。

当前，应该通过多种途径完善中小企业融资平台，改变目前中小企业融资难的困境。增强国有商业银行对中小企业的扶植力度，

对于重点行业的潜力企业给予特殊支持,健全中小企业信用担保体系,完善中小企业信用担保机构建设,适当调整银行对中小企业贷款的利息收入营业税率。规范民间融资渠道,进一步拓宽民间投资领域和范围,组织服务中小企业的银行业及非银行业金融机构、信用担保机构、小额贷款公司、私募股权基金、典当机构、金融租赁服务机构、互联网金融服务商和其他法律、法规容许的投融资服务机构促进民间资本与项目的对接,盘活过剩民间资本。

参考文献

1. 陈彩娟:“借鉴日韩新发展经验,跨越‘中等收入陷阱’”,《未来与发展》2012年第6期。
2. 陈晶晶:“浅议我国中小型企业的发展问题——从‘中等收入陷阱’与包容性增长角度”,《对外经贸》2012年第9期。
3. 陈亮:“中小企业转型升级的动力研究——迈过‘中等收入陷阱’的路径选择,”《当代经济研究》2010年第6期。
4. 窦保国:“近二十年智利中小企业发展政策的演变”,《当代社科视野》2012年第1期。
5. 胡鞍钢:“‘中等收入陷阱’逼近中国”,《理论学习》2010年第10期。
6. 李红艳、汪涛:“‘中等收入陷阱’的国际实证比较及对中国启示”,《产经评论》2012年第3期。
7. 林岗等:《迈过“中等收入陷阱”的中国战略》,经济科学出版社2011年版。
8. 林毅夫、蔡昉、李周:《中国的奇迹:发展战略和经济改革》,上海三联书店、上海人民出版社1994年版。
9. 陆万军:“国际视野下的‘中等收入陷阱’问题研究”,《广州商学院学报》2012年第4期。
10. 马晓河:“迈过‘中等收入陷阱’的结构转型——国际经验教训与中国挑战”,《农村经济》2011年第4期。
11. 清华大学凯风发展研究院社会进步研究所、清华大学社会学系社会发展研究课题组:“‘中等收入陷阱’还是‘转型陷阱’”,《开放时代》2012年第3期。
12. 王一鸣:“跨越‘中等收入陷阱’的战略选择”,《中国投资》2011年第3期。
13. 杨磊:“从‘中等收入陷阱’谈如何加快中国经济转型”,《理论探讨》2012

年第2期。
14. 张前荣:“我国跨越‘中等收入陷阱’的挑战与对策”,《宏观经济管理》2012年第8期。
15. 郑秉文:“‘中等收入陷阱’与中国发展道路——基于国际经验教训的视角”,《中国人口科学》2011年第1期。

(潘江,北京大学光华管理学院;铁钊,中国中小企业协会)

小微企业银行信贷融资困境——原因与启示

张文彬 童笛

一、引言

在本书的序言中，厉以宁教授指出，中国绕开或越过“中等收入陷阱”的五大假设之一是充分发挥民间的积极性。民营经济的迅速成长壮大是支撑我国改革开放以来经济快速增长的重要力量。致力于发展民营经济，培养一批又一批有战略眼光的、有志于振兴民营经济的企业家，是中国解决失业问题、贫困地区发展问题、新城镇化有序推进问题的主要途径。但是，在民营企业中占绝对主体部分的小微企业，长期以来面临银行信贷融资难的问题，极大地限制了小微企业的发展。

只有对小微企业银行信贷融资难这一现象背后的各个环节、层面的因果关系有着清晰的了解,才能找出解决问题的钥匙。本文试图在已有研究的基础上,从信息不对称问题出发,从银行经营策略选择的微观角度入手,分析小微企业银行信贷融资难的一般原因;同时结合中国经济存在两类非均衡的背景,即中国作为发展中的转型国家的情景,论证中国式因素和一般性原因的相互交织,进一步加剧了这一问题的复杂性和解决难度。最后,本文在小微企业银行信贷融资难的原因分析基础上提出相应的启示。

二、小微企业银行信贷融资难的一般原因分析

借贷关系本质上是一个委托代理关系,委托人(正规金融机构)将资金借给代理人(小微企业)的过程中存在三个阶段的信息不对称问题。对于小微企业而言,三类信息不对称问题更为突出。首先是信息不对称类型Ⅰ,即在贷款之前,放贷人缺乏有关借款人风险偏好、质量的可靠信息,从而难以区分不同质量的借款人;其次是信息不对称类型Ⅱ,即在贷款之后、投资项目完成之前,放贷人不能完全观测到借款人如何使用资金(选择何种风险的项目)以及努力程度;最后是信息不对称类型Ⅲ,即在项目完成之后,放贷人不能完全观测到借款人的收益状况,从而借款人可能以运气坏为借口而采取策略性赖账(Armendáriz and Morduch,2010)。上述三类信息不对称问题将直接影响委托代理关系的顺利实现,第一类将引致逆向选择问题,后两类则引致道德风险问题。对于上述三类信息不对称问题引发的甄别、激励和执行问题,对应着两类解决机制。一类是被动机制,实施信贷配给;另一类是积极机制,付出信息搜寻成本来弱化信息不对称问题。

（一）被动机制：信贷配给

控制利率水平与信贷配给是对上述三类信息不对称问题做出的一种被动响应机制。

对于信息不对称类型Ⅰ，信贷市场上存在不同类型的借款人（诚实或不诚实、高风险或低风险），而对于放贷人而言，缺乏足够信息区分两类借款人，所以无法实施差别化利率。而如果提升利率，将会产生逆向选择效应，导致诚实或者低风险的借款人退出信贷市场，不诚实或高风险贷款的比重上升，而这将进一步促使利率上升，从而导致新一轮的逆向选择，形成恶性循环。因此，根据斯蒂格利茨和维斯（Stiglitz and Weiss，1981），一个可行的均衡是，银行制定相对低的利率水平，对不同类型借款人实施混合合同，这将产生信贷配给，即给定利率水平下存在超额信贷需求，而且诚实或者低风险的借款人补贴不诚实或高风险的借款人，无法形成有效率的结果。

对于信息不对称类型Ⅱ，利率水平的提升可能会为借款人提供了愿意冒更大风险或者降低努力程度的激励，即逆向激励效应。根据斯蒂格利茨和维斯，在有限责任情形下，利率的提升会提高高风险项目对借款人的吸引力，一旦利率提升导致项目风险更大比例地上升，那么，放贷人的收益将下降，因此，放贷人的收益函数关于利率水平是先增后减的，不同于传统的供给曲线，从而可能会在供需平衡的利率之下达到放贷人收益最大，导致利率控制和信贷配给的形成。同时，关于借款人努力程度的低利率激励机制也与此类似。

对于信息不对称类型Ⅲ，贷款人难以获取借款人项目回报率的真实信息，借款人利用其信息优势可能采取策略性赖账行为，这在司法和立法体系相对薄弱、可执行产权缺位的国家和地区更容易发生，这就是契约执行难问题。雷伊（Ray，1998）的简化模型表明，放贷人不得不制定比完全信息情形下更低的利率和实施信贷配给。

所以,基于上述三种类型的信息不对称,就被动机制而言,由于借款人缺乏足够的抵押物,放贷人只能将其利率水平保持足够低,从而获取满意的风险资产组合,并实施信贷配给。因此,在被动机制中,信息不对称下的利率通常低于完全信息情形下的利率水平,这和一些发展中国家实施的利率管制也是相容的。

(二)主动机制:软信息获取、信贷成本乘数与高利率

不同于信贷配给对于信息不对称的被动响应,主动机制指放贷人花费一定的成本去获取借款者类型的信息和贷款使用情况、偿还信息,主动进行信息甄别、过程监督和结果执行,比如,放贷人需要搞清楚借款人的职业、住址、财富拥有情况、品行,需要去经营场所了解贷款使用情况,逾期等违约情况发生时需要去催收贷款等。

信贷信息可分为硬信息和软信息两类。两者的区别主要有三个维度:首先,从性质上看,硬信息通常是可以量化的,软信息通常是定性的表述,比如对于一个人的性格评价,对于一个行业发展前景的个人看法等,无法量化;其次,从信息的搜集过程来看,硬信息的搜集过程是非人格化的,便于在较大时间、空间跨度范围内的信息搜集,而软信息的获取则依赖于信息搜集者与对象及其所在社区的长期接触、交流,因此受到时空的严格限制;最后,软信息通常是主观的判断、意见、解释等,而硬信息不包含主观数据(Petersen,2004)。不同于大、中企业,获取小微企业信息的过程通常是软信息的生产过程,比如信贷员要与企业主、雇工保持紧密的个人联系,了解企业主的个人品行,生活在企业所在的小社区,可以从与该企业相关(上下游企业或者竞争企业)的本地其他企业的交往中获取信息,了解企业未来的发展前景和本地的商业情况等(Berger and Udell,2002),基于软信息的信贷技术被称为关系型借贷。显然,这类软信息生产无法标准化,获取、加工、传递和处理成本的很大一部分是固定的,不随信贷规模的变化而变化。

对于小微企业信贷来说，借款需求规模偏小，固定成本的存在意味着相对于大、中企业贷款而言，小微企业将面临更高的单位信贷成本。班纳杰和达夫洛（Banerjee and Duflo，2010）将这种信贷成本引入到上述逆向选择和道德风险模型中，发现信贷成本在信贷规模和利率决定过程中产生了乘数效应。因此，信息获取成本的微小差异可能导致很大的信贷规模、贷款利率的差异。如果信息获取成本较高的话，最终可能导致小微企业的小额贷款需求根本无法得到满足。所以，对于主动机制而言，关键在于放贷人能否低成本、甚至无成本地获取、加工、传递和处理借款人的软信息。

（三）银行的选择：被动还是主动?

银行是吸收存款并直接向借款人放贷的金融中介机构，通过规模转换、期限转换、风险转换来对接借款人与储蓄者之间的需求，银行存在的原因在于它能降低上述转换过程的交易成本、减少流动性储备、通过多样化来降低风险组合水平，而这一过程的实现依赖于银行的规模经济优势。因此，规模经济是大多数银行所追求的，它们要么已经是大银行，要么雄心勃勃地走在成为大银行的大道上。

对规模经济的追求推动银行经营地理范围和客户规模的扩张，同时出于管理、监督的需要，大、中型银行通常出现多级的垂直科层体系。在这一组织结构中，决策者和信息生产者通常是分离的，信息能否在不同层级之间低成本有效传递至关重要。由于硬信息是可以量化、便于传递且是客观的，可以通过标准化技术来实现规模经济（Petersen，2004），而软信息在生产者和决策者之间的距离（地理或垂直等级）较大时，无法有效传递给决策者，自然无法形成对软信息生产的激励（Stein，2002）。所以，在追求规模经济的过程中，硬信息成为这一组织结构的首选，交易型的信贷技术可以尽可能地避免人为影响，亦便于上一级的管理和监督。基于硬信息的交易型信贷技术成为大、中型银行的首选，如基于财务报表的借贷、抵押借贷、基于信用评级的借贷等(Berger and Udell,2002)。

获取小微企业信息的过程通常是软信息的生产过程。小微企业的软信息生产、加工、传递方式与追求规模经济的大银行所具有的信息生产和决策分离层级偏多、地理距离偏远的组织结构是不相适应的。这类银行既无法形成对软信息生产的激励,也面临较高的软信息生产成本,因此,一方面,它们没有动力采取主动机制;另一方面,即使采取主动机制,偏高的信息生产成本在信贷成本乘数效应的作用下也无法形成有效信贷供给和需求。伯格等人(Berger et al. ,2004)基于跨国数据的研究表明,更高的小银行比重带来更多的中小企业就业和银行信贷供给。所以,大、中型银行或者“走在成为大银行大道上”的中小银行倾向“基于低利率的甄别、激励和实施信贷配给”的被动机制,小微企业银行信贷融资成为难题。

三、中国情景:一个发展中的体制转型国家

上文给出了小微企业银行信贷融资难的一般性原因分析。不过,银行的信贷技术选择不仅仅与其追求规模经济,即银行规模有关,也和产权结构、产业组织政策、信贷基础设施水平等密切相关(Berger and Udell,2006),而这些因素存在明显的国别差异。在本部分,我们结合中国作为一个发展中的体制转型国家的特征,讨论基础设施水平和银行业的产权结构、产业组织政策对我国小微企业银行信贷的影响。

(一)发展中的信贷基础设施

作为一个发展中国家,我国的信贷基础设施水平并不发达。信贷基础设施包括信息环境、法律环境、社会环境等,在很大程度上影响小微企业的银行信贷可得性。

由于小微企业生存期限偏短,缺乏可抵押的固定资产,因而,银

行对小微企业贷款的审核主要是针对小微企业主的(我国银行通常把对小微企业的贷款划分为个人经营性贷款),将企业的有限责任转为个人的无限责任。因此,个人信用的信息成为关键信息。目前初步建立起来的个人征信系统主要是个人在正规金融机构的借贷历史信息,缺乏个人消费等其他支付信息,更无法涵盖民间借贷等方面的信息,而且具有一到两个月的滞后性,从而依然难以及时有效地依赖目前的征信数据做出清晰合理的判断。这一缺陷一方面与我国目前现金交易比重仍偏大的现实有关,另一方面,也和不同金融机构之间的信息共享平台建设依然滞后有关。此外,个人征信体系的查询费用偏高,这是一种典型的固定成本。考虑到信贷成本乘数效应,这不利于信贷配给问题的解决,也削弱了共享信息平台建设的意义。

完善的司法环境和健全的产权体系可以降低不确定性,弱化逆向选择与道德风险问题,有助于促成交易的实现。经验研究表明,商业法律规定的清晰程度、完全性、实施能力以及财产权利保护强度与小企业外部融资的可得性以及发展水平呈正相关(Beck et al.,2002)。相对于发达国家而言,我国仍较为薄弱的立法和执法体系以及产权缺位增加的交易风险,不利于小微企业从银行获取贷款。一方面,我国产权缺位问题非常严重。大量的小微企业主来自于农村,他们所拥有的宅基地、住房、农地却没有产权,因而无法作为抵押物来进行融资,也无法形成相应的产权交易市场,即使在法律上允许其抵押,但由于缺乏变现能力而被银行拒绝,因而缺乏可执行的产权限制了小微企业的贷款。另外,相对于大型企业而言,小微企业的动产比例相对更高,但是,我国对机器设备、应收账款乃至家畜等动产的产权登记、确认体系也并不完善,缺乏对动产抵押、质押的支持性立法、监管,从而不利于小微企业的信贷可得。另一方面,我国的法律执行问题、尤其是民事案件审判结果的执行问题一直是司法体系建设的软肋,这将降低借款人的违约成本,提高策略性赖账的可能性,从而导致基于信息不对称类型Ⅲ的严重信贷配给。

社会环境研究中强调的社会信任可以便利借贷合约的拟定和实施,降低交易成本,便于小微企业获取银行信贷(Berger and Udell,2006)。就当前中国而言,社会信任仍主要集中在基于血缘和地缘关系、存在长期连续交易、信息高度分享的小型社区内部,通常,社区成员之间的相互信任和合作是以对外界的不信任和防御为支撑的,因而在不同社区之间的信任水平依然有待提高。一些研究认为,中国处于剧烈的经济转型发展过程中,在旧制度被革除之后新的制度还有待完善,阻碍了信息的充分流转,减弱奖惩机制发挥作用,处于诚信U型曲线(相对于经济发展水平)的底部,普遍缺乏社会信任。因此,来自于小社区外部的银行,特别是当银行的信息生产者与决策者都来自于社区之外时,其与小微企业主相互之间难以产生较高的信任,从而难以在信息不对称的情形下形成信贷契约关系。

(二)体制转轨过程中的所有制歧视、产业组织体系与利率管制

1. 所有制歧视

作为一个经济体制转轨中的国家,我国银行信贷的所有制歧视问题较为明显,信贷资金过多地投向国有经济,而作为民营经济的小微企业受到歧视,往往面临更严格的审核条件、更烦琐的审核手续和更高的信贷成本。所有制歧视的形成,一方面与国有企业规模大、信息透明、与银行交易历史长有关,它们可以满足银行对低信息成本、高规模经济的需要;另一方面也与政府对经济的干预有关,国有企业在产品、要素市场上拥有政府给予的优待,拥有更多良好的政治关系,因而更容易在陷入困境时得到政府的救济,从而降低了其经营风险,满足了银行低风险的需求(World Bank,2004)。布兰特和李(Brandt and Li,2003)基于江浙两省的调查数据表明,相对于国有企业,民营企业从银行获取借款的难度更大,同时获取借款的

数额也更少,银行对民营企业往往适用更高的信用标准。因此,这种所有制歧视、尤其是因为政府干预引致的所有制歧视导致部分小微企业直接被排除在银行信贷之外。

2. 产业组织体系

与美国银行组织体系的演进方向刚好相反的是,中国在计划经济时期构建了"大一统"的人民银行体系,直到改革开放以来才逐渐从集中转向多元化,包括银行规模结构的多元化和产权结构的多元化。

尽管银行规模结构有了明显的调整,但是大、中型银行和国有银行依然居于主导地位。一是市场占有结构以寡头为主导,有大有中而缺小,在对小微企业关系型借贷上具有比较优势的小型金融机构存款、贷款份额偏低。二是大中型商业银行的市场定位趋同。银行利润最大化的行为倾向于选择低风险且规模大的企业作为主导客户,大型银行实施"大城市、大行业、大企业、大项目"战略,中型银行出于强化赢利能力的目的也纷纷效仿大型银行,依赖于硬信息和标准化的技术,追求大规模、低成本的赢利模式。三是城市商业银行和农村金融机构数量虽然明显增长,但缺少引导和促成这些机构将其市场、客户定位在为小微企业提供个性化服务的驱动机制,或者缺少良好的经营机制服务小微企业。由于历史原因,大多数城市商业银行由有浓厚政府背景的大股东所掌握,其经营行为受到地方政府行政的高度约束,演化为政府的投、融资平台,市场定位也趋同于中型商业银行。大部分农村信用社,尤其是在欠发达的中西部地区,虽历经多次改制,经营能力仍偏弱,难以满足小微企业信贷需求。

目前我国银行业中的国有经济比重依然很高,民营银行的发展速度偏慢,而经验研究证实国有银行的比重越高,小微企业的信贷可得性越低(Berger et al.,2004)。显然国有银行的信贷行为更容易受到政府的影响,特别是对于地方性商业银行而言;如果地方政府占据控股权,出于政绩的考虑,相对于提升利润率,其往往更倾向于做大银行规模，因而，分支机构、存贷规模扩张是其战略发展方向，从而忽视了对这一战略方向贡献可能并不重要的小微企业。而且从体制上的亲近性来看，国有银行也倾向于向国有企业借贷，因而会进一步强化所有制歧视问题。同时，国有银行通常规模较大，而且其治理结构也采取多级的科层体系，在当前国有商业银行普遍实施的贷款终身责任制和风险考核机制下，且由于工资水平主要与级别挂钩，因此，基层信贷员通常采取“不求有功、但求无过”的过度风险规避行为，这直接导致小微企业无法得到贷款（罗丹阳，2009）。当然，也有观点认为，政府在解决小微企业贷款难方面可以通过对国有银行（包括商业性和政策性）的补贴来改变它们的信贷投放方向，增加对小微企业的贷款。但是这种补贴的效果普遍受到质疑。第一，对于这种补贴性贷款，国有银行通常将之作为一项政治性任务，缺乏商业性考虑，因此在发放过程中没有足够的激励和约束去进行审慎的贷前调查、贷中监督以及贷后的努力催收。第二，补贴通常以低利率的方式提供贷款，自然会出现信贷配给，这种配给一般并不如第一部分所述的以随机的方式发放，而是以政治权利、家族势力等为基础进行分配（Sapienza，2004）。第三，对欠发达国家的政府信贷补贴项目的研究发现，绝大多数项目的违约率在40%—95%之间。“法不责众”下，获取贷款的人可能将之作为廉价的“恩赐”而不是贷款，赖账的机会成本很低，没有激励进行高效率利用，进一步形成更高的违约率。因此，依赖国有银行对小微企业进行政策性贷款可能会出现“好心办坏事”的结果，且不具有可持续性。

3. 利率管制

中国一直实行利率管制，通常通过设定利率上限来回应小微企业获得负担得起的贷款的融资需求。但是主动机制面临较高的信息成本，尤其是在乘数效应的作用下，需要较高水平的利率才能弥补转贷资金成本、贷款损失风险以及管理成本等。根据马尔霍特拉等人(Malhotra et al. ,2006),小额信贷机构很难将管理成本降到贷款组合的10%—25%。因此,在严格的利率管制下,偏低的利率上限直接导致主动机制的商业不可持续性,限制了对小微企业的信贷供给,同时也进一步强化了基于被动机制的、低利率水平的信贷配给。所以,一种观点是通过补贴来弥补成本,且通常没有利润等经营绩效的考核,但这样一来,银行信贷人员缺乏足够的激励去实施贷款的审查、监督和回收,从而造成较高的违约率。而且,偏低的利率水平意味着寻租空间的存在,这并不能保证贷款流向使用效率最高的小微企业,而是流向更有权势的小微企业或者支付权利租金的小微企业,后者在支付权利租金之后可能会面临更高的实际利率水平。[1]实际上,从小微企业的角度来看,小微企业可以承受相对较高的利率。小企业尤其是商业经营者每单位资本回报率通常高于大企业,很多小微企业的投资回报率在100%以上(史晋川等,2010);在印度、肯尼亚和菲律宾的小企业投资年均回报率在117%—847%之间(Malhotra et al. ,2006)。而且,由于贷款额度低、贷款期限短,小微企业借款人通常对利率并不非常敏感,及时足额获取贷款才是其最关心的。因此,目前的利率管制政策也不利于小微企业获取银行贷款。

四、启示

本文从小微企业与银行之间的信息不对称出发,讨论银行在信贷配给的被动机制与获取信息的主动机制之间的选择,论证了规模经济、多级科层体系与硬信息生产及相应的交易型借贷技术的天然适应性,与基于软信息生产的小微企业关系型借贷技术的不适应。小微企业信贷的软信息生产缺乏规模经济,信息传递难以有效地在

---

〔1〕 比如为了及时获取5万元贷款,请业务人员吃一顿饭花费1 000元,这意味着5万元的6月期年化贷款利率上升4个百分点。

科层体系之间传递，主动机制在大、中银行的组织结构下通常面临较高的成本，被动机制成为大银行或想成为大银行的中小银行的必然选择。而中国作为一个发展中的转型国家，有待发展的信贷基础设施强化了信息不对称问题，所有制歧视、银行产业组织体系、产权结构、利率管制等问题进一步加剧了小微企业信贷难的问题。

实际上，我们对小微企业银行信贷融资难的原因探讨是从三个层次出发的。第一个层次是技术层面，银行面对信息不对称的信贷技术选择；第二个层次是组织层面，是银行内部组织结构的选择；第三个层次是宏观环境层面，包括一个国家或地区的信贷基础设施、银行产业组织政策以及利率管制政策等。这三个层次是相互联系、相互影响的。首先，宏观环境层面直接影响组织层面和技术层面的选择。一个国家或地区的信贷基础设施，如个人信用体系的完善与否、司法和产权体系的健全与否以及社会信任水平高低都将直接影响银行与小微企业信息不对称的程度、缔约成本以及执行成本，从而影响硬信息和软信息生产成本，进而影响银行信贷技术的选择。国家或地区对银行产业规模体系的政策、产权结构安排、银行业竞争政策的导向直接影响着银行内部组织结构的选择。而国家对利率上限不合理的管制也将直接影响银行信息成本能否得到有效弥补，进而影响银行对不同信贷技术的偏好。其次，组织层面也直接影响着技术层面的选择，银行内部组织结构的安排，包括科层体系、激励机制的安排都将影响信息类型生产的选择、信息传递成本和信息生产激励，进而影响银行在被动机制和主动机制之间的选择。同时，银行内部组织结构的选择亦会影响银行产业规模体系的形成，从而影响政府决策，即宏观层面。最后，被动或者主动机制、交易型或者关系型信贷技术的选择，也会反过来影响银行组织结构的演进方向。同时，不同机制的选择对利率规制、银行规模结构的要求也不相同，比如被动机制、交易型信贷技术更倾向于利率管制和银行规模扩张，而关系型信贷技术则倾向于利率管制的放松。

因此,在一个宏观层面不尽如人意,如信贷基础设施有待完善、偏好于规模经济、银行规模结构不尽合理、银行竞争程度有待提升、所有制歧视严重、利率管制严格的国家或者地区,在组织层面,银行自然倾向于选择多级科层体系。在技术层面,基于硬信息的各类可行的交易型信贷技术缺乏必要的实施基础,软信息生产、加工、传递成本很高,倾向基于被动机制的信贷配给;多级科层体系的组织结构安排只能选择被动机制,缺乏对生产、传递软信息的主动机制的激励;长期选择被动机制、实施交易型信贷技术的银行在规模经济效应的作用下不断强化其多级科层体系,并因为缺乏关系型信贷技术经验的积累而更不愿意涉足,从而进一步影响宏观层面的银行规模、产权结构、竞争等政策的导向,并倾向于利率管制。所以上述三个环节之间相互强化,将形成一个低水平的小微企业银行信贷配给的路径依赖问题。

基于上述分析,我国小微企业银行信贷融资困境在上述三个环节的表现本质上可以归结为厉以宁(1990)提出的两类经济非均衡。一类是纯粹因为市场不完善造成的经济非均衡,这主要表现为技术层面的信息不对称与技术选择、组织层面的信息不对称与激励约束机制安排以及宏观层面信贷基础设施建设滞后等;另一类是在市场不完善之外、因为体制性因素造成的非均衡,这主要表现在宏观层面的银行业所有权结构偏好、所有制歧视、不合理的利率管制等,这造成了银行在小微企业信贷业务方面并不是一个真正的市场主体,而只将这项业务作为一个政策性的业务、政治性的任务。所以,我国小微企业银行信贷融资困境是两类经济非均衡相互作用的结果,是“非均衡的中国经济”的表现之一。

上述分析给我们的启示是:小微企业银行信贷困境的破解不能仅仅限于一个环节,一个环节的有限改善难以突破三个环节之间相互强化形成的路径依赖。需要三个环节同时突破,利用三个环节之间的相互强化作用,向一个能够促进小微企业银行信贷的好方向演进;不能仅仅限于应对因为信息不对称等市场不完善造成的第一类经济非均衡,还需要关注体制性因素造成的第二类经济非均衡,向一个新的有效率的均衡趋近。

具体而言,在信贷技术层面,被动机制并非不能完全应用于小微企业贷款。伯格和尤代尔(Berger and Udell,2006)曾给出了多种可用于信息不透明的中小企业的交易型信贷技术,包括财务报表型、信用评分型、资产抵押、担保基金、保付代理、租赁等。上述信贷技术都依赖于硬信息,因此大中型银行可以基于上述信贷技术对小微企业进行贷款。比如,美国的富国银行根据企业主的账户数量、金融资产、消费状况等硬数据利用可靠的信用评分模型,不需要抵押和财务报表,在信用记分卡自动判断的基础上,经过快速人工审核完成对小微企业的信贷决策;又比如墨西哥国家开发银行通过产业链融资模式,联接作为供应商的小微企业和作为需求方的大型企业,构建电子化交易平台,对小微企业得以确认的应收账款提供保理,满足小微企业的贷款需求。上述被动机制得以实施的前提是需要国家和地区在宏观层面具有配套的政策措施,否则缺乏实施的基础,只能导致信贷配给。因此,从这一角度来看,宏观层面的信贷基础设施完善对解决第一类非均衡至关重要,重点要推动信息环境建设、法律环境建设和社会环境建设。具体途径包括:构建和完善个人消费、信贷历史等信息在内的个人信用体系,建立政府的、民间的或者两者结合的信用中介结构;进一步完善产权方面的法律安排,清晰产权,扩大抵押品种类和提高可抵押物价值水平,建立抵押登记中心和与特殊抵押品相关的产权交易中心;建立关于保理及租赁等的支持性法规和电子交易平台等必要的基础设施;建立密集的市场交易、互动网络,促进社会信任在时间和空间上的拓展,将小微企业信贷市场中的审查、激励和执行问题通过与其他市场的互动来缓解,等等。上述途径实际上是经济发展的结果,即通常是经济发展水平越高,信贷基础设施越完善。因而,这可能会形成一个新的问题,即我们用经济发展的结果作为手段去解决经济发展面临的问题。因此,上述途径的实现是非常困难的,有些可以在短期、中期内通过政府必要的措施来实现,比如信用机构、抵押登记中心等物理性构架,而可抵押物价值的上升、社会信任的拓展、密集的市场互动网络则只能等到经济发展到更高的水平,有赖于经济发展来实现。

所以,在发展水平并不高的国家和地区,被动机制和基于硬信息的交易型信贷技术在小微企业信贷中所发挥的作用,在中、短期内的有效性可能并不显著,仍将依赖于主动机制和基于软信息的关系型信贷技术。在这一信贷技术选择下,必然要求银行学习新的信贷技术和改变内部组织结构以及政府调整银行产业组织和规制政策。在主动机制中,信息,尤其是软信息的生产、加工、传递成本的下降是核心。在市场调节和政府调节都难以生效的领域中,基于社会网络、社会信任等社会资本的习惯和道德调节可能更为有效(厉以宁,2010)。新的信贷技术关键在于利用社会资本来降低信息成本,比如可以考虑吸收民间借贷、合会等非正规金融降低信息成本的有益经验,充分利用地缘、亲缘信息,将小型社区内部的监督、执行机制应用于小微企业的信贷合约设计,构建动态激励机制与小微企业形成长期合作关系,这些技术的应用需要一个学习过程,要加大相关技术的培训力度。而且,银行内部组织结构也要做相应的改变,一个可行的方向是信贷决策向下授权,实施扁平化的组织构架,形成对信贷员生产软信息的激励,同时也需要必要的约束机制来避免信贷员的代理问题。这要求在体制方面做进一步的调整来解决第二类非均衡问题。银行产业组织政策需要偏向于地方性的小型金融机构的发展,从而有助于形成有利于主动机制和关系型信贷技术的扁平化组织结构;降低银行业产权结构中的国有经济比重,特别是要推动地方性中小银行的民营化;放松利率管制,使得银行可以进行市场化利率设定和弹性的利率制度安排,覆盖信息成本与风险,并形成基于利率的动态激励机制,增加有效供给;促进小型金融机构的相互竞争与合作，通过竞争来推动地方性小银行经营重心下移，驱动小银行小微企业信贷的覆盖面不断扩展；促进信贷技术、组织创新的扩散，提高小微企业信贷的资金供给水平，减少小微企业信贷的交易成本；避免垄断性利率的形成，降低小微企业的利息成本；通过合作来共建、共享个人征信系统等借贷信息设施等。

总之，关于小微企业银行信贷困境的解决，是一项涉及信贷技术、组织结构、信贷基础设施、产业组织政策和政府管制等多个层面的系统性、综合性的工程，要解决因为市场不完善和体制因素造成的两类非均衡所产生的问题。

参考文献

1. 厉以宁：《非均衡的中国经济》，经济日报出版社 1990 年版。
2. 厉以宁：《超越市场与超越政府——论道德力量在经济中的作用（修订版）》，经济科学出版社 2010 年版。
3. 罗丹阳：《中小企业民间融资》，中国金融出版社 2009 年版。
4. 史晋川、何嗣江、严谷军等：《金融与发展：区域经济视角的研究》，浙江大学出版社 2010 年版。
5. Armendáriz, B. and Morduch, J., *The Economics of Microfinance*, Cambridge: MIT press, 2010.
6. Banerjee, A. V. and Duflo, E., "Giving Credit Where It Is Due," *Journal of Economic Perspectives*, 2010, 24.
7. Beck, T., et al., "SMEs, Growth, and Poverty: Cross-Country Evidence," World Bank Working Paper, 2002.
8. Berger, A. N. and Udell, G. F., "Small Business Credit Availability and Relationship Lending: the Importance of Bank Organisational Structure," *The Econimic Journal*, 2002, 112.
9. Berger, A. N. and Udell, G. F., "A More Complete Conceptual Framework for SME Finance," *Journal of Banking & Finance*, 2006, 30.
10. Berger, A. N., et al., "Further evidence on the link between finance and growth: An international analysis of community banking and economic performance," *Journal of Financial Services Research*, 2004, 25.
11. Brandt, L. and Li, H. B., "Bank Discrimination in Transition Economies:

Ideology, Information, or Incentives?" *Journal of Comparative Economics*, 2003,31.

12. Malhotra, M., et al., *Expanding Access to Finance: Good Practices and Policies for Micro, Small, Medium Enterprise*, World Bank, 2006.
13. Petersen, M. A., "Information: Hard and Soft," Working Paper, Kellogg School of Management, 2004.
14. Ray, D., *Development Economics*, Princeton, NJ: Princeton University Press, 1998.
15. Sapienza, P., "The effects of government ownership on bank lending," *Journal of Financial Economics*, 2004, 74.
16. Stein, J. C., "Information production and capital allocation: decentralized vs. hierarchical firms," *Journal of Finance*, 2002, 57.
17. Stiglitz, J. and Weiss, A., "Credit Rationing in Markets with Imperfect Information," *American Economic Review*, 1981, 71.
18. World Bank, "Scaling Up Poverty Reduction: Case Studies in Microfinance," Working Paper, 2004.

（张文彬，北京大学光华管理学院；童笛，武汉大学经济与管理学院）

论跨越『中等收入陷阱』与社会治理改革

——以威权政府的转型为视角

刘 伟

一、前言

“中等收入陷阱”是许多后发国家发展中遇到的难以逾越的障碍,其典型案例是以阿根廷、墨西哥等为代表的拉美国家,这些国家在步入中等收入国家的行列后,长期处于经济停滞的状态,平均的停滞时间为 37 年,其中阿根廷 49 年,智利 40 年,乌拉圭 38 年,墨西哥 37 年,巴西 36 年,哥伦比亚 32 年,因此“中等收入陷阱”又被称为“拉美化陷阱”。

那么一国陷入“中等收入陷阱”的原因何在呢?有学者认为主要原因在于创新力

不足(厉以宁,2012),这些国家原有的低成本优势逐渐丧失,难以与低收入国家竞争,在中高端市场则受到创新能力和人力资本条件的制约,无法与高收入国家竞争;有学者认为主要原因是这些国家未能及时转变工业化初期实行的进口替代或出口导向战略,从而错失了经济转型的时机(林毅夫,2012;刘伟,2011);有的学者则认为“中等收入陷阱”其实是收入分配的陷阱,一些国家在步入中等收入阶段后,由于收入差距迅速扩大,导致中低收入居民的消费严重不足,消费对经济增长的拉动作用减弱(林毅夫,2012;姚洋,2011);胡鞍钢(2010)从经济、政治、社会和国际因素分析了“中等收入陷阱”和政治民主化陷阱,并指出这四种因素并非孤立存在,它们之间相互关联、相互作用;姚洋(2011)认为,“中等收入陷阱”的诱因有二,一是随着财富的高度集中,使得一些强势利益集团垄断了整个经济,后来者无法进入,从而使得社会丧失了发展的动力;第二个诱因是能力差距拉大,导致一部分人能力水平非常高,有一些人还是很差,这种能力的拉大会成为发展的瓶颈。

综合上述观点,我们可以认为,某些国家之所以陷入“中等收入陷阱”,在于它们“所赖以从低收入经济体成长为中等收入经济体的战略,对于它们向高收入经济体攀升是不能够重复使用的”(Grill and Khar,2007)。那么这些国家原有的战略是什么?它们为什么无法持续?在此,本文主要从政治学的角度入手,分析威权式的管理体制为后发国家的经济起飞做出的贡献,以及在步入中等收入阶段后,这种管理体制遇到了哪些障碍从而变得不可持续。本文的主要观点是,威权式的管理体制曾经一度为后发国家带来了强劲的发展动力,创造了快速增长的经济奇迹;但是,随着一国进入中等收入阶段,经济和社会出现了许多新的特征,使得原有的体制不再能满足经济和社会的需要,因此迫切需要政府进行社会管理体制方面的变革。

二、威权政体与经济奇迹

威权主义或权威主义(authoritarianism)又称为威权政体或权威政体(authoritarian regime),是指处于民主政体和集权政体之间的一种非民主、非集权的政体形式。其主要的特点是严格遵从政府的权威,政府经常运用压制性的手段维持和执行社会控制。在威权主义的国家中,国家权威渗透到公民生活的许多方面,甚至对个人自由也形成一定程度的干涉。威权主义不是一个绝对化的概念,在很多非常民主和自由主义的国家,某种程度上也会表现出威权主义的一面。鉴于目前世界上几乎已经不存在绝对君主制的独裁政体,因此本文把拉丁美洲的军人独裁和官僚主义政体,以及东亚国家基于血缘关系和集体意识之上的政治理念,统称为威权政体。

保罗·克鲁格曼在《亚洲的奇迹》一文中,曾这样概括亚洲后发国家高速增长背后的体制特征:政府对社会强有力的、甚至是威权式的管制,以公共福利为借口限制个人自由,牺牲消费者的短期福利以求得长期的增长。[1]可以说,威权政体是亚洲和拉丁美洲一些后发国家实现经济起飞的重要原因,这一点已经被学界广泛接受。从总体来看,绝大多数后发国家经济起飞的经验说明,在经济增长的初期,在低收入向中等收入过渡的阶段,威权政治在稳定政治和社会秩序,排除利益集团的干扰,促进经济增长方面具有一定的积极作用。以二次大战之后第三世界发展的经验为例,真正实行西方政治学意义上的民主政体的国家(如印度),其经济增长速度远远赶不上实行非民主政体的国家(如韩国、巴西等)。从总体上看,实行民主政体的国家和实行非民主政体的国家的经济增长速度,在1950年至1959年间分别是1.4%和2.4%,1960年至1964年

---

[1] Paul Krugman, "The Myth of Asia's Miracle," *Foreign Affairs*, 1994, Vol. 73, No. 6.

分别是 0.9% 和 2.3%，1965 年至 1969 年分别是 1.4% 和 3.8%（董经胜，2012）。世界银行在《东亚奇迹——经济增长与公共政策》中提到的 8 个发展中“奇迹”经济体，都在二次大战后表现出了专制（authoritarian）或“半专制”（semi-authoritarian）的特点，如泰国在20 世纪 70 年代中期之前，曾经历过长时间的军政府统治；印度尼西亚的一党制政治中，军人政治也形成制度化；新加坡和马来西亚名义上是民主国家，但自独立以来，其政治权力一直被垄断在一个政党或由一些党派构成的联合阵线中。

那么，为什么大规模干预经济的威权政府能够帮助后发国家实现经济起飞？对这一问题学界给出了不同的答案，从政治学以及社会发展阶段的角度看，我们可以援引塞缪尔·P. 亨廷顿的观点。在亨廷顿看来，后发国家所面临和试图解决的，是西方发达民主国家在过去几个世纪经历的事情。世界上第一个实现了现代化的英国，为此付出了从 1649 年到 1832 年共 183 年的时间，美国则从 1776 年到 1865 年，经历了 89 年的时间，欧洲其他 13 个从拿破仑时代进入现代化社会的国家，也平均经历了 73 年的时间。而到了 20 世纪 60 年代，在形式上进入现代化的第三世界国家有 21 个，历时却平均只有 29 年。由此带来的后果是，“在现代化的过程中，中央集权、民族融合、社会动员、政治参与、社会福利等，不是依次而至，而是同时发生”[1]。要在如此短的时间内完成现代化的过程，必然要经历社会集团的分化、利益的冲突、价值观的转变以及民众政治参与意识的提高，因此，除非建立强大的政府，否则必然面临国内社会的动荡，也只有强大的政府，才能有效地实施国内资源的开发、社会财富的分配和权力象征的表达，[2]从而为经济发展营造平

---

〔1〕 塞缪尔·P. 亨廷顿著，王冠华等译：《变化社会中的政治秩序》，上海世纪出版集团 2008 年版，第 46 页。

〔2〕 同上书，译者序言第 4 页。

稳的社会环境。

总结亚洲"四小龙"和部分拉美国家的经验,可以总结出威权政体普遍具备如下特征,这些措施都对经济起飞发挥了重要的作用:

(一)以经济发展为中心的明确的发展战略

以"四小龙"为代表的东亚国家,在改革实践中的一个重要做法,就是政府通过阶段性计划的方式,确立明确的发展战略,这种发展战略一般紧紧围绕经济建设这个中心,以社会福利的长期最大化为基本目标,有意设计合理的产业和就业政策,并且以改革的效果作为衡量政府绩效的唯一标准。如新加坡在独立之后,李光耀便提出要"将革命意识转变为建设意识";韩国的朴正熙执政之后,也提出"经济问题是我们所有问题中最重要的问题"[1]、"经济问题高于政治问题,强调民主是没有意义的"[2]。

这种战略思想对经济起飞的传导作用是什么呢?孙代尧(2008)认为,以经济发展为中心的务实意识至少带来了两个方面的作用:它首先有利于政治和经济结构的分离,结果是政治上的威权控制不会影响经济领域对民间的开放,而且政治领域的波动不会为经济带来大规模的影响;其次,把经济建设放在首位,有利于形成经济上的理性主义,即经济政策的选择不会受到意识形态的影响。相反,那些不采取发展导向的政体,如菲律宾马科斯独裁政权或印度尼西亚的苏哈托政权,旧的官僚体制渗透进经济发展领域,经济发展的目标更多地是为当权者个人或家族集团利益服务。而"四小龙"的经济政策,因为不受意识形态的影响,呈现出了较大的"泛利性"特征,使得经济发展的成果能够为大多数人所享有。

---

〔1〕 朴正熙著,陈伟琦等译:《我们国家的道路》,华夏出版社1988年版,第18页。
〔2〕 宋丙洛著,张胜纪等译:《韩国经济的崛起》,商务印书馆1994年版,第42页。

（二）吸纳专家和技术性官僚对经济发展实施干预

专家政治（technocracy）是威权主义政体的一个重要特征。林兹和斯泰潘（Linz and Stepan,1989）认为，现代化过程会促成专家政治角色的形成。以亚洲“四小龙”为例，奉行专家治国是它们在经济起飞过程中普遍采用的政策。韩国在20世纪60年代成立的经济企划院（Economic Planning Board），是政府控制经济的主要执行机构，由副总理直接负责，成员的20%是经济学家，其他成员则是来自政治和教育等方面的专家。在其他威权主义的国家，也出现了这种依靠专业化的技术性官僚发展经济的特征。

在拉丁美洲的智利，皮诺切特军政权在不断强化专制统治的时候，引进了一批美国芝加哥大学毕业的技术专家对经济实施改革。巴西在其经济起飞的1964年到1985年，虽然实行的是军政府的官僚威权主义，但是军政权在实施高压统治的同时，也把稳定经济、控制通货膨胀和改善国际收支作为主要的任务，并启用了一些专业人士担任经济部门的要职。如在布兰科将军当政时期，经济学家罗伯特·坎波斯被任命为计划部长，他上台后，主导了巴西一系列的经济政策改革，改组了银行体系，重新修订了出口贸易规则，修改了劳工法，并促使巴西的股票和债券市场走向规范化。

对于后发国家而言，专家性的知识和技能是一种极度稀缺的资源，技术专家也因此享有较高的社会尊重。这些专家在制定决策的过程中，往往相对独立，不受长官意识的干扰，拥有很大的决策空间和自由裁量权，而这种相对专业的公共决策体制，对于经济的起飞是相当不可缺少的。

（三）经济领域对民间的开放

在威权政体下，政府干预经济的另一个主要方式，是对不同经济力量的扶持，尤其表现在国家采取主动的措施，让民间资本进入经济领域。李国鼎(1993)认为,“牢固、强大的官僚政治和中央集权政府”积极干预经济的目的,便是“帮助经济的各种部分首先站起来,然后学会走路,再放手让他们去走”[1]。

在拉丁美洲,皮诺切特曾经提出,智利经济改革的目标是使智利“不成为一个无产者的国家,而是成为一个企业家的国家”[2]。20世纪80年代,在美国的影响和干预下,拉美国家的经济领域相继向民间开放,从航空、能源等关系国民经济命脉的部门迅速波及其他领域。以墨西哥为例,1982年,米格尔·德拉马德里总统推行了“解散半国有实体”的民营化计划,在银行业和电力等领域实施了改革。拉美国家的民营化往往在初期较有成效,但随着改革的深入,很多国民经济的重要部门落入外国资本的掌控中,使得国家失去了对经济的控制能力。

和自由市场体制下私营部分的发展有所区别的是,威权政体下经济领域对私营部门的开放,往往是一个强烈的人为主导的过程,国家会通过政策手段和公共资源的倾斜,给予私营部门极大的支持,并有意保护那些尚处于萌芽状态的个体、私营经济。这种通过政府力量倡导自由市场原则的做法,不但在意识形态方面将自由市场理念深深植入国家和社会意识形态,而且为这些后发国家的改革赢得了宝贵的时间,不必重走资本主义自主萌发的漫长历史过程。

以上从三个方面论述了威权政体与经济起飞之间的关系,当然,对这一观点的反对意见也一直存在。如阿马蒂亚·森(1999)就提出,现有经验研究既不能证明威权政府和经济增长之间的相关性,也无法证明民主与经济增长的相关性。他同时认为,威权政府

---

[1] 李国鼎:《台湾经济发展背后的政策演变》,东南大学出版社1993年版,第243页。

[2] T. E. 斯基德莫尔等著,江时学译:《现代拉丁美洲》,世界知识出版社1996年版,第167页。

所采取的政策中，那些被公认为能促进经济增长的，如自由竞争、鼓励投资和出口、成功的土地改革等等，都含有一定的民主因素。阿马蒂亚·森的观点提醒我们注意，应综合看待威权政府对经济增长的作用。

在此，本文的观点是，威权政府能够促进经济增长的根本原因，在于政府的主观意愿与其政策效能的良好结合，即政府一方面有促进经济起飞和提升国民福利的良好意愿，同时又能通过强大和有效的政策加以表达，并取得预期的效果。因此，政府的强大与否，比政府的民主与否，在后发国家的经济起飞中，是更为重要的因素。

三、为什么威权政体对经济的促进不可持续

如上所述，东亚及拉美的许多后发国家在威权政体下取得了经济的起飞，但是一个明显的事实是，跨越了"中等收入陷阱"、步入发达国家行列的国家和地区，后续都普遍实现了威权政体的转型，走上了一条先经济自由化、后政治民主化的发展路径，政府主动开展有效的政治改革，为政治宽容和社会民主创造条件。亨廷顿的研究也发现，随着经济发展进入某一"中间地带"，有些国家内部便形成政治开放和民主化的压力。在20世纪60、70年代完成民主转型的国家中，有40%以上的国家处于这一转型带中。[1]

而那些至今仍在"中等收入陷阱"的泥潭中挣扎的国家，如拉美的智利和委内瑞拉，其重要的特征则在于政治体制的改革裹足不前，已经无法为经济增长提供动力和制度保障，传统精英体制主导下的政治决策缺乏公开性和透明度，制度设计的缺陷众多，同时政治体制极度脆弱，政治力量和各利益集团之间的政策分歧严重，在改革传统利益机制方面缺乏共识。某些国家虽然实现了形式上的

---

〔1〕 塞缪尔·亨廷顿著，欧阳景根译：《第三波：20世纪后期民主化浪潮》，中国人民大学出版社2013年版，第55—57页。

民主,但民主效率低下,体制的代表性不充分,民主的外衣下实际上是“劫富济贫”的民粹主义,导致体制性危机频发。

在社会发育的过程中不能有效地引导和及时地退出,是政府效率下降的一个重要原因。詹姆斯·C. 斯科特认为,19 世纪晚期和 20 世纪许多国家发展计划的失败,都来源于以下三个因素的结合:(1)对建立自然和社会管理秩序的过度自信;(2)毫无节制地滥用现代国家权力;(3)软弱和顺从的、缺乏抵制国家计划能力的市民社会。上述原因可以归纳为两点,即公共权力的过度膨胀和社会本身的萎缩。这种社会管理的误区,斯科特称之为“极端现代主义”,他认为极端现代主义一定无法持续,因为它会面临三个绕不开的障碍,分别是私人空间的发展、私营部门的强大、民意传达的代议机制的完善(如言论、集会、出版及选举自由等),现代国家的社会管理行为要避免失败,必须恰当处理上述因素。[1]

那么,一国在步入中等收入阶段后,社会层面会发生哪些变化,使得原有的威权政体变得效率低下、进而不可持续呢?

(一) 个人空间和社会公共空间的膨胀

经济发展的结果之一是个人收入水平的提高,从而在社会中形成一个数量庞大的中产阶级。凭借收入的不断增长和教育水平的日益提高,中产阶级会掌握越来越多的社会资源。同时,经济发展也带来就业结构的变化,导致农民的数量和影响力都在下降,从而进一步推动中产阶级和城市工人阶级的壮大。“接受过更高等教育的人往往能发展出与民主相容的信任、满足和注重能力的性

---

〔1〕 詹姆斯·C. 斯科特著,王晓毅译:《国家的视角——那些试图改善人类状况的项目是如何失败的(修订版)》,社会科学文献出版社 2011 年版,第 121—128 页。

格。”[1]这对原有的国家—社会一体化的治理模式构成了极大的挑战。

除了个人权利意识的不断觉醒，独立于政府权力之外的社会公共空间也不断扩大，“经济发展使得可以用于社会团体之间分配的资源更加丰富，并因而有助于融洽和妥协”[2]。随之出现的是个人与个人、团体与团体之间的有序组合，这种组合独立于国家和政府之外，以社会运动的方式对政策制订施加影响。

个人空间和社会公共空间的膨胀，带来的是权力的分散化和去中心化，这给原有的政府干预一切的威权主义模式带来了极大的挑战。

（二）公民政治参与意识的提升

个人权利意识的觉醒，带来的是公民政治参与意识的提升，公民对影响他们的政策需要越来越多的发言权和影响力，需要更加了解政府的运作过程，以防止“政策黑箱”给公民带来的福利损失。

公民政治参与意识提升的一个例证是不同国家各类市民团体的兴起。20 世纪 80 年代中期，新加坡涌现了一大批独立的民间团体，如“新加坡自然协会”、“妇女行动和研究联合会”、“伊斯兰教专业人士联合会”，这些民间团体代表不同的利益集团，通过自身的活动和政策建议，影响政府的相关决策。朴祥熙（2001）发现，韩国市民团体活动的频繁程度，与经济发展呈现出一定的正相关关系。

---

〔1〕 塞缪尔·亨廷顿著，欧阳景根译：《第三波：20 世纪后期民主化浪潮》，中国人民大学出版社 2013 年版，第 60 页。

〔2〕 同上。

表1 韩国市民团体成立时期分布

年　　代	比例(%)
60年代之前	4.2
60年代	4.5
70年代	5.7
1980—1986年	8.2
1987—1992年	21.6
1993—1996年	29.8
1997年之后	36.1

资料来源:〔韩〕朴祥熙, *What is NGO*, Hanul Publishing House, 2001, 转引自郑准镐:“韩国市民团体的分类及与政府的关系”,《中国行政管理》2003年第3期。

值得注意的是,随着经济的发展,政治参与的愿望可以覆盖到所有的社会阶层,而不仅仅是中产阶级或社会精英的特殊需求。这一方面是受社会整体经济水平的影响,另一方面也与经济发展所带来的社会氛围的改善有关。以中国农民为例,季丽新和王培杰(2013)通过对20个省68个村庄的民主治理状况进行的问卷调查表明,相对改革开放初期,大部分农民政治参与的积极性有了明显的提升,农民政治参与呈现出了多样化的动机,农民获得了更大的政治自由,大部分农民政治参与的理性和政治判断能力已经初步建立。

(三)对社会流动性的要求提升

托克维尔曾提出:“人民拥有自由流动的权利……在动产已被视为财富和能够产生影响和制造权势之后,工艺的每一个发现、工商业的每一个进步,都立即在人们中间创造出与其相适应的平等因素。”[1]这意味着,随着人民拥有私产数量的增加和社会活力的增

〔1〕 托克维尔著,董果良译:《论美国的民主》(上卷),商务印书馆1988年版,第28页。

强，人们拥有越来越强烈的平等意识，同时也对社会的流动性提出了更高的要求。但在现实状况中，很多步入中等收入的国家，其社会流动性都面临一个下降的趋势。蔡洪滨（2011）通过跨国数据分析得出，在社会流动性与一国的经济增长之间存在显著的正相关关系，受到“中等收入陷阱”困扰的国家，如秘鲁、智利和巴西，其代际教育相关系数分别为0.66、0.6和0.59，而大多数发达国家的代际教育相关系数都低于0.5，美国为0.46，欧洲一些国家则在0.3左右。

原因何在呢？社会流动性的减弱和社会阶层的固化是否和威权体制本身有一定的关系？从社会分层的机制来看，倪志伟（Victor Nee，1989、1991）认为，市场经济和“再分配经济”会导致两种完全不同的社会分层机制。市场经济以人力资本为主导，社会经济活动的标尺是公共契约精神，而“再分配经济”则以政治权力为主导，用行政计划干预和整合经济。从长期看，在实行市场经济转型的国家中，市场经济的分配原则会取代政治的分配原则，市场成为流动的主要渠道，创造更多自上而下的流动机会。但在许多实行威权政治的国家内，社会分配并不完全遵循市场原则，政治权威依然享有极大的分配权力。尤其是随着社会财富积累到一定程度，政治权力会持续介入市场过程，争夺经济发展的成果（边燕杰、张展新，2002）。因此可以说，社会流动性的降低和社会阶层的固化是与威权体制本身的特征分不开的。

此外，威权政体统治效能的下降，还与经济运行的复杂程度上升有关。尤其是那些涉及重要工业化的经济发展过程，带来的是一种全新的、更加复杂多样和相互关联的经济，经济运行的复杂化和专业化程度越来越强，这也对政府干预经济的能力提出了极高的要求，如果手段不慎，很可能会对经济运行起到不良的影响。

四、转型之路:民主是唯一的需要吗?

上一节的分析说明威权政体的变革势在必行,那么改革的方向是什么呢?如果我们接受上文提出的观点,即对于后发国家的经济起飞而言,最为重要的因素在于政府的主观意愿和其政策效能,而非政府的民主程度,那么在面对"中等收入陷阱"的情况下,又该如何处理民主与威权的关系呢?

很多观点认为,打破威权政体的治理格局、实现政治的民主化,是突破"中等收入陷阱"的唯一途径。但是本文认为,盲目地实行以弱化政府职能为取向的民主化政治,并不能解决"中等收入陷阱"所带来的所有问题。原因在于社会经济水平的提升会带来两个维度的变化,其一是中产阶级的崛起,公民权利意识、社会表达意识、社会参与意识的提升,这需要政府改变以往的集权式的治理模式,设计相应的制度框架为公民个体和私营部门创造更多的空间;但另一方面,经济的发展也会造成利益集团的固化、社会收入差距的拉大、腐败的加剧和政府公信力的下降,而这些问题,仅仅依靠政府退出或者放松管制,并不能全部解决。政府效能的进一步提升,甚至在某些治理领域的扩张,也是必不可少的。

(一) 依靠政府之力打破利益集团

在社会财富急剧扩张和社会资源急速调整的过程中,利益集团的产生有其必然性,但正如奥尔森在《国家的兴衰》一书中所提到的,任何利益集团都不可避免地带来以下弊端。首先是效率低下,由于协商成本以及"搭便车"等行为的存在,"特殊利益组织和集团进行决策所需要的时间,远大于该集团的企业或个人的决策周期"[1]。其次,利益集团的低效性还表现在它对新技术的排斥,为巩固自己的地位,"分利集团往往要干扰其所属的经济体系发展新技术,并阻碍其变革,从而降低其增长率"[2]。再次,利益集团的垄断性也导致了社会经济效益的下降,一个国家的利益集团发达到一定水平,其固有的独占和排他性格会强烈地显示出来,"分利集团至少在其势力大到某一程度之后,就会企图垄断一切"[3]。

而在经济起飞之后以强硬的行政手段打破利益集团的统治,是日本及亚洲"四小龙"的普遍经验,其中最为典型的是韩国和日本解散财阀的措施。日本在19世纪陆续兴起了三井商社、住友商社、三菱商社、安田商社四大商社,这四大商社的权力都集中在某个人身上,而公司经营的企业大多又任用亲戚担任主要的负责人。韩国也在二次大战后形成了三星集团、现代集团、大宇集团、乐金集团及鲜京集团五大财阀,每个企业各由一个血缘集团掌控。这种基于家族关系的大型企业集团的形成,固然与日韩两国的文化特征及社会信任结构高度相关,但是这些财阀的经营项目几乎涵盖了两国的整个工业和商业,甚至也跨足媒体、政治和社会资源,严重挤压了社会生存空间。

在日本,财阀的行业垄断政策、高利润体制,尤其是通过干预经济政策牟利的政治作用,导致日本社会陷入了两极分化的境地,引发了一系列社会动荡,对经济和社会发展都造成了一系列的破坏作用。在20世纪40年代,日本政府开始自发实施财阀的解体,于1947年颁布了《反托拉斯法》、《财阀同族支配力排除法》以及《过

---

[1] 曼库尔·奥尔森著,吕应中等译:《国家的兴衰》,商务印书馆1993年版,第57页。

[2] 同上书,第67页。

[3] 同上。

度经济力集中排除法》等一系列法律,强制分拆具有垄断性的公司。

在韩国,财阀发展模式的弊端在 1997 年“亚洲金融风暴”之后也急速凸显。时任韩国总统金大中采取了一系列措施改革和打击大财阀,如要求财阀剥离无关发展领域、下放管理权、聘用职业经理人、加强财务管理等,并通过反垄断法和遗产继承税限制家族对大集团的控制和管理权。

实践证明,不管在何种社会体制中,利益集团不但不会自行消解,而且具备很强的累积性。而这种打击和限制既得利益集团、改变不适宜的规制政策及不健全的信息机制、消除歧视和其他不公等强硬的政策,在很多情况下需要政府的强力作为,非行政手段,无法对利益集团带来足够的约束。

(二)依靠政府之力缩小收入差距

“民主和彻底的经济平等是不相容的,这种平等只有在一个压迫性的独裁政权下才可能实现。但是,民主政治与财富和收入的巨大不平等也是不相容的。经济增长最终会降低这些不平等,因此,也将促进民主的出现。”[1]亨廷顿这一观点指出了民主和经济平等之间的悖论,说明民主作为一种政治权利的平等,本身并不会带来经济权利的平等。因此,不管社会发展到什么阶段,建立完善的社会保障制度、改善收入分配方式、缩小收入差距,始终是政府需要承担的任务。在进入中等收入阶段后,政府的这一任务不是减轻了,而是加重了。

表 2 显示了亚洲“四小龙”社会保障制度的基本特征。可以说,尽管这些国家和地区实现了民主化的基本转型,但它们的社会保障体制仍然呈现出强烈的威权主义特征。具体表现在:(1)社会保障

---

〔1〕 塞缪尔·亨廷顿著,刘军宁译:《第三波:20 世纪后期民主化浪潮》,三联书店出版社 1998 年版,作者序言。

政策的制定相对独立，处于绝对权威的地位，不受利益集团的影响；(2)公务员的社会保障始终位于相对优先的地位；(3)随经济发展而相应实行阶段性的社会保障政策，即当经济获得快速增长后，政府开始发展与经济水平相适应的社会保障制度。[1]

表 2 亚洲“四小龙”的社会保障制度

	主要组成部分	特 点
新加坡	(1) 公积金制度 (2) 公务员社会保障 (3) 雇主责任制 (4) 其他保障计划	实行会员制。所有公民都须按月薪比例交纳公积金。其公积金制度覆盖面广、积累性强、回报率高，同时由政府支持运行，每年可获得丰厚的回报
韩国	(1) 社会保险 (2) 公共扶助事业 (3) 社会福利服务	根据不同的人群实行了不同的政策。如国家公务员养老金最早实行，以普通民众为对象的国民年金直到 1988 年才出现，到 1995 年才实行农渔民以及自谋职业者的养老金制度
中国香港地区	(1) 社会保障 (2) 职业福利 (3) 社会福利服务	遵循“大市场，小政府”原则，低标起步、低水平保障模式。社会保障政策相对保守和谨慎，避免走“福利国家”的道路
中国台湾地区	(1) 社会保险 (2) 社会救助 (3) 社会福利 也可按受保人群分为公、军、教、农四大体系	政府比较注重对劳动者技能的培训，以提高劳动者素质从而达到减少失业的目的，是一种积极的社会援助方式

[1] 梅艳君、钟会兵：“亚洲四小龙的社会保障制度初探”，《重庆科技学院学报(社会科学版)》2008 年第 11 期。

（三）依靠政府效能的提高获得社会公信力

民众对政府的信任，或者说政府的公信力，是社会资本的重要组成部分。美国学者英格尔哈特认为，政府公信力的状况与社会文化环境的改变有关。对社会权威信任感的下降，是现代及后现代社会价值观的一部分。在这种价值观系统中，一个最为基本的事实是：人们的基本生存需求已经得到满足，转而对生活的质量和个人的自我实现有了更高层次的需求，如个人权利的需求、社会公平的需求、社会表达的需求、信息自由的需求，以及更为广泛和充分的社会参与。而要满足这种需求，一个仅仅提供经济增长和满足物质需求的政府显然是不够的，一个以往囊括所有社会生活领域的"全能型政府"也变得不合时宜。政府一方面要在某些领域退出，还权于公民和社会，让公民有更多参与和表达的机会，让社会本身的发育日益成熟，通过社会力量消化和解决一些问题，而不是所有的问题都要诉诸公共权力；另一方面，也要求政府在某些领域发挥更大的作用，如法制建设、社会保障、社会公平、公共福利等，有效回应经济领域之外的社会诉求，才能进一步维护其统治合法性的基石。

在依靠威权政府获得经济起飞的后发国家中，政府效能的提升意味着政府行政能力的进一步强化，这需要保持以往"强政府"的基本格局，同时要求政府选择性地改善管制的重点，修正管制的方式，同时有效加强自身的建设，变以往的"强政府—弱社会"模式，为"强政府—强社会"模式。

如罗伯特·达尔所言："向任何政府要求太高都将是一个严重的错误，这也包含民主政府。民主不能保证它的公民生活幸福、事业兴旺、身体健康，不能保证他们聪明、和平和公正，实现这些目标，超出了一切政府的能力，民主政府也不例外。”[1]这意味着，社会发展中的许多问题，不是凭借政府的公共权力手段所能解决的，不管这个政府是民主政府还是独裁政府，而只能依靠社会自身的发育。这同时也意味着，民主制度本身不能解决所有问题，政府和社会的有效互动是经济社会健康发展的前提；只有理解了这一点，才能把握住后发国家在跨越“中等收入陷阱”时的改革方向。

参考文献

1. 边燕杰、张展新：“市场化与收入分配——对 1988 年和 1995 年城市住户收入调查的分析”，《中国社会科学》2002 年第 5 期。
2. 蔡洪滨：“最可怕的不平等是什么”，《中国企业家》2011 年第 1 期。
3. 董经胜：“巴西怎样陷入‘中等收入陷阱’——历史经验及其比较”，见《中等收入陷阱：来自拉丁美洲的案例研究》，郑秉文编，当代世界出版社 2012 年版。
4. 胡鞍钢：“中国会掉入‘中等收入陷阱’吗”，《商周刊》2010 年第 15 期。
5. 季丽新、王培杰：“农村民主治理：困境与出路——20 个省级行政区的 68 个村庄调查”，《中国行政管理》2013 年第 2 期。
6. 厉以宁：“论中等收入陷阱”，《经济学动态》2012 年第 12 期。
7. 林毅夫：“中国怎样从‘中等收入陷阱’中突围”，《理论导报》2012 年第 10 期。
8. 刘伟：“突破‘中等收入陷阱’的关键在于转变发展方式”，《上海行政学院学报》2011 年第 1 期。
9. 曼库尔·奥尔森著，吕应中等译：《国家的兴衰》，商务印书馆 1993 年版。
10. 塞缪尔·亨廷顿著，王冠华译：《变化社会中的政治秩序》，上海世纪出版集团 2008 年版。
11. 塞缪尔·亨廷顿著，欧阳景根译：《第三波：20 世纪后期民主化浪潮》，中国人民大学出版社 2013 年版。
12. 孙代尧：“威权政治与经济成长的关系——以威权体制时代的台湾为例”，《北京行政学院学报》2008 年第 3 期。

---

[1] 罗伯特·A. 达尔著，李风华译：《论民主》，中国人民大学出版社 2012 年版，第 50 页。

13. 姚洋:“‘中等收入陷阱’不是臆想”,《南风窗》2011 年第 17 期。
14. 詹姆斯 · C. 斯科特著,王晓毅译:《国家的视角——那些试图改善人类状况的项目是如何失败的(修订版)》,社会科学文献出版社 2011 年版。
15. Amartya Sen,“Democracy as a Universal Value,” *Journal of Democracy*,1999, 10(3).
16. Indermit Grill and Homi Khar, *East Asian Renaissance: Ideas for Economic Growth*, World Bank,2007.
17. Juan Linz and Alfred Stepan. “Political Crafting and Democratic Consolidation or Destruction: European and South American Comparisons,” in Robert A. Pastor ed. , *Democracy in Americas*, *Stopping the Pendulum*, Holmes & Meier Publishers,1989.
18. Paul Krugman,“The Myth of Asia's Miracle,” *Foreign Affairs*,1994,Vol. 73, No. 6.
19. Victor Nee,“A Theory of Market Transition: From Redistribution to Markets in State Socialism,” *American Sociological Review*,1989,Vol. 54,(05).
20. Victor Nee, “Social Inequalities in Reforming State Socialism: Between Redistribution and Markets in China,” *American Sociological Review*, 1991, Vol. 56,(3).
21. Victor Nee, “Organizational Dynamics of Market Transition: Hybrid Forms, Property Rights, and Mixed Economy in China,” *Administrative Science Quarterly*,1992,Vol. 37,(01).

(刘伟,北京大学政府管理学院)

实践篇

缩小城乡居民收入差距问题研究——以北京市为例

于蛰隆　韩振华

统筹城乡发展的主要目的是缩小城乡差距，实现城乡发展一体化。城乡差距体现在居民收入、公共服务、基础设施、社会保障、消费支出等各个方面，重点难点是缩小收入差距。近年，北京市深入贯彻落实科学发展观，持续加大统筹城乡发展力度，不断完善强农惠农富农政策体系，市政府固定资产投资投向郊区的比重连续多年超过50%，城乡发展一体化迈出坚实步伐，农民收入增速连续四年高于城镇居民，城乡差距扩大势头得到初步遏制。

一、北京城乡居民收入现状分析

2012 年,北京现有农业户籍人口 258.2 万人,城镇化率达到 86.2%,现有农用地面积 1 644 万亩、耕地面积 348 万亩,农村集体建设用地约 1 539 平方公里,三次产业结构为 0.8 : 22.8 : 76.4,郊区农村经济总收入达 4 880.7 亿元,农民人均纯收入达 16 476 元,同比实际增长 8.2%。[1]

2003 年中央提出要统筹城乡发展,并将其作为科学发展观五个统筹之一,到 2012 年党的十八大提出把城乡发展一体化作为解决"三农"问题的重要途径,这十年我国连续出台十个中央一号文件,涵盖农业农村工作的各个方面,是统筹城乡发展目标、思路、政策体系不断完善的十年,是我国破解城乡二元结构的重要时期。同样,过去十年也是北京市"三农"工作的黄金时期。我们对这十年的城乡居民收入情况进行分析,具有以下特点。

第一,从城乡居民收入相对差距看,2006 年之前不断扩大,之后波动下降,2006 年达到最大值为 2.32,低于全国水平。北京城镇居民人均可支配收入由 2003 年的 13 882.6 元,增加到 2012 年的 36 469 元,年均增速为 11.3%;农民人均纯收入由 2003 年的 6 496.3 元,增加到 2012 年的 16 476 元,年均增速为 10.9%,自 2009 年起,已连续四年增速高于城镇居民。城乡居民收入相对差距由 2003 年的 2.14 : 1 扩大到 2006 年的 2.32 : 1,之后波动缩小到 2012 年的 2.21 : 1,仍高于 2003 年的水平。与全国相比,北京市城乡居民收入相对差距一直处于较低水平。

---

[1] 数据来源:《北京统计年鉴》、《2012 年北京市农村经济统计年报分析》。

表 1　2003—2012 年北京、上海及全国城乡居民收入水平

年份		2003	2005	2006	2007	2008	2009	2010	2011	2012
全国	城镇居民收入（元）	8 472.2	10 493	11 759.5	13 785.8	15 780.76	17 174.65	19 109.44	21 809.78	24 565
	农民收入(元)	2 622.2	3 254.9	3 587	4 140.4	4 760.62	5 153.17	5 919.01	6 977.29	7 917
	绝对差距(元)	5 850	7 238.1	8 172.5	9 645.4	11 020.14	12 021.48	13 190.43	14 832.49	16 648
	相对差距	3.23	3.22	3.28	3.33	3.31	3.33	3.23	3.13	3.1
北京	城镇居民收入（元）	13 882.6	17 653	19 978	21 989	24 725	26 738	29 073	32 903	36 469
	农民收入(元)	6 496.3	7 860	8 620	9 559	10 747	11 986	13 262	14 736	16 476
	绝对差距(元)	7 386.3	9 793	11 358	12 430	13 978	14 752	15 811	18 167	19 993
	相对差距	2.14	2.25	2.32	2.3	2.3	2.23	2.19	2.23	2.21
上海	城镇居民收入（元）	14 867	18 645	20 668	23 623	26 675	28 838	31 838	36 230	40 188
	农民收入(元)	6 658	8 342	9 213	10 222	11 385	12 324	13 746	15 644	17 401
	绝对差距(元)	8 209	10 303	11 455	13 401	15 290	16 514	18 092	20 586	22 787
	相对差距	2.23	2.24	2.24	2.31	2.34	2.34	2.32	2.32	2.31

数据来源:北京、上海及全国统计年鉴。

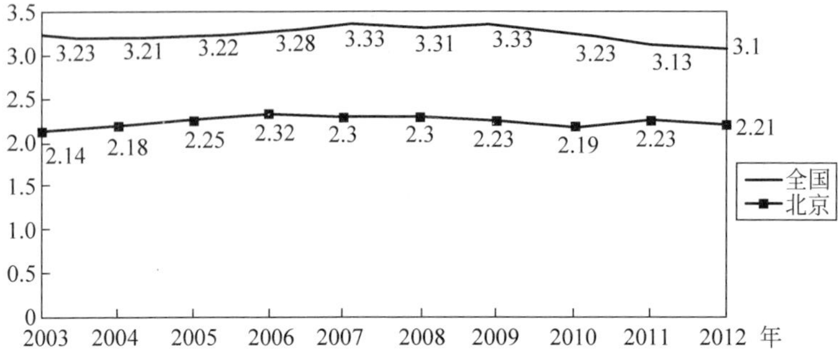

数据来源:《北京统计年鉴》。

图 1　北京城乡居民收入相对差距

第二,从城乡居民绝对收入差距看,由 2003 年的 7 386 元,扩大到 2012 年的 19 993 元,趋势走向呈“剪刀式”持续扩大,且没有缩小趋势,表明缩小城乡居民收入差距需要在长期的经济社会发展中逐步调整,任务艰巨。

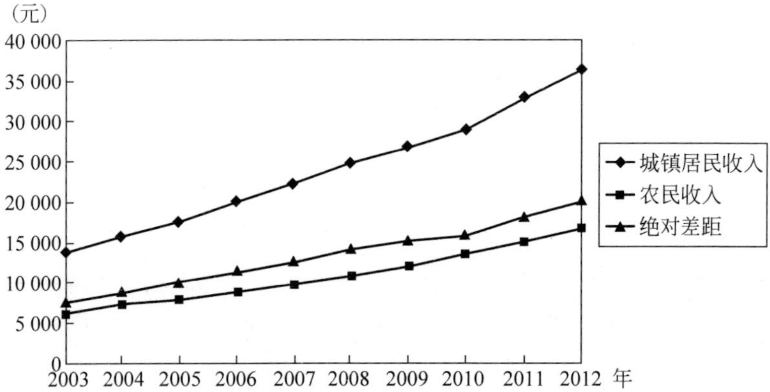

数据来源:《北京统计年鉴》。

图 2　北京城乡居民收入绝对差距

第三,从农村内部差距看,不同功能区农民以及高低收入农户之间收入的绝对差距在不断扩大。除了东城区、西城区、石景山区外,具有农村居民的十三个区县分为城市功能拓展区、城市发展新区、生态涵养发展区三大功能区。2012 年,北京市城市功能拓展区农村居民人均收入为21 175元,分别高出城市发展新区和生态涵养发展区5 702元和6 411元,而2007年差距水平分别为3 111元和3 518元。表2中列出的收入增速表明,不同地区农民间的收入差距可能仍将呈扩大的趋势。

表2　2007—2012年北京市三大功能区农民收入差距情况

(单位:元)

年份	2007	2008	2009	2010	2011	2012	年均增速
城市功能拓展区	12 196	13 812	15 393	16 973	18 954	21 175	11.67%
城市发展新区	9 085	10 179	11 354	12 574	13 852	15 473	11.24%
生态涵养发展区	8 678	9 738	10 864	12 024	13 182	14 764	11.21%

数据来源:《北京统计年鉴》。

从高低收入农户之间对比看,按年人均纯收入高低分成五等份,20%的高收入户与20%的相对低收入户人均收入比,从2005年的5.31∶1缩小到2012年的4.26∶1。但高低收入户的绝对差距,从2005年的13 154元扩大到2012年的22 854元。见表3。

表3　农村居民人均纯收入比较(按五等分法)　(单位:元)

年份	2005	2006	2007	2008	2009	2010	2011	2012	年均增速
低收入户	3 052	3 275	3 783	4 458	4 951	5 358	6 143	7 019	12.6%
中低收入户	5 233	5 706	6 288	7 186	8 170	9 033	10 987	12 094	12.7%
中等收入户	6 990	7 770	8 468	9 566	10 795	11 903	14 210	15 754	12.3%
中高收入户	9 471	10 305	11 277	12 790	14 267	15 789	18 034	20 063	11.3%
高收入户	16 206	17 513	19 562	21 629	23 739	26 335	26 797	29 873	9.1%

资料来源:《北京统计年鉴》。

第四,从城乡居民消费支出看,2012 年全市城镇居民人均消费性支出 24 046 元,是农村居民的 2.02 倍,其中文教娱乐支出、交通和通信支出、家用设备及服务支出分别是农村居民的 3.21 倍、2.7 倍、2.08 倍。这也从另一个侧面反映出城乡居民收入还存在很大差距。

总体看,北京的工业化、城镇化水平较高,走在全国前列,已进入发达国家和地区行列。农民收入远远高出全国平均水平,城乡居民收入相对差距低于全国平均水平,率先形成城乡发展一体化新格局具有较好的物质基础和外部环境。但绝对差距将在相当长时期内继续扩大。这充分说明,缩小城乡居民收入差距并非易事。根据世界经济发展的一般经验,当经济发展水平在人均 GDP 超过 1 000 美元时,城乡居民收入比大约为 1.7 左右,并逐步下降。(傅勇,2005)当前北京人均 GDP 已经超过 1.3 万美元(2012 年达到人均 13 797 美元),但城乡居民收入差距持续扩大的趋势尚未根本扭转。这种一般规律在我国及北京市的失效,反映出我们的城乡关系还存在严重的二元体制,城市带动农村共同发展的效应没有充分发挥出来。

二、缩小城乡居民收入差距任务艰巨

由于城乡居民收入绝对差距继续扩大,即增长的基数差别较大,要想把差距逐步缩小,就必须不断提高农民收入的增速。但由于大多数农民缺乏就业技能、经营创业能力较差、土地财产权益受到严格限制,这些因素决定农民收入保持高速增长具有很大的难度。城乡居民收入绝对差距缩小,相对差距达到合理水平将是一个随农村改革深化、城镇化水平提高、经济发展方式转变而逐步实现的漫长过程。

1. 农民收入增速必须长期高出城镇居民 3—4 个百分点,收入差距在未来十年才能缩小到合理水平

以2012年的城乡收入差距19 993元为基数，考虑到党的十八大提出城乡居民人均收入到2020年比2010年翻一番的目标，城乡居民应按年均7%的速度增收才能实现，如果都按这一速度增收，则相对差距保持不变，绝对差距不断扩大，缩小城乡收入差距无法实现。

如果城镇居民以7%的速度增收，农民增收速度需保持在10%，才有可能使城乡居民收入绝对差距在2028年达到峰值后（届时这个差距将达到31 956元），开始逐步缩小，相对收入差距在2026年缩小到1.5∶1（某些经济发达国家的大致水平）。

要想在未来5—10年内，缩小城乡居民相对差距到1.5∶1的合理水平，农民收入增速必须高出城镇居民4个百分点以上。这样的高速增长实现起来困难很大，必须通过城乡人口结构、产业结构、二元体制的大幅调整才有可能实现。

表4　城乡居民收入差距情况预测

差距预测 / 农民收入增速	2012年差距（元）	绝对差距峰值及年份	目标相对差距及年份
7%	19 993	不断扩大	保持在2.21∶1
8%	19 993	持续扩大	1.5∶1,2053年
9%	19 993	持续扩大	1.5∶1,2033年
10%	19 993	31 956元,2028年	1.5∶1,2026年
11%	19 993	24 958元,2022年	1.5∶1,2022年
12%	19 993	22 209元,2018年	1.5∶1,2020年
13%	19 993	20 940元,2016年	1.5∶1,2019年

注：以城镇居民收入增速为7%为参照，目标相对差距为1.5∶1。

2. 受三大结构性瓶颈制约，北京农民实现11%以上增收速度，且高出城镇居民4个百分点，难度很大

一是产业发展结构瓶颈。随着城市化、工业化的深入推进，北京市农用地面积不断减少，第一产业占国民经济比重不断下降，农

民来自第一产业的收入提高空间有限。北京的广大农村和农民主要分布在生态涵养发展区，产业发展受到生态保护的诸多限制，比如密云、延庆等饮用水源保护区周边严禁开发。过去十年，山区的资源型、污染型产业全部退出，比如门头沟区完全退出采煤采矿行业，实行山区生态修复，由于相关替代产业的培育发展壮大需要一个相对较长的过程，收入情况与之前相比有一定差距，这对农民增收带来较大压力。同时，为缓解城市发展日益紧迫的人口资源环境矛盾，北京市近年来加大了对近郊区特别是城乡结合部地区的综合改造力度，拆除违法建筑，这对完善城市功能、实现这些地区的彻底城市化、解决多年积累的经济社会发展矛盾具有重要意义。但同样由于替代产业培育缓慢，农民当初依赖的"瓦片经济"饭碗被打破，农民收入持续快速增长也面临较大压力。从统计数据看，2012 年农民人均家庭经营性收入 1 318 元，比 2005 年下降 643 元，在总收入中的比重由25.5% 下降到 8% 。[1]

二是城乡二元结构性政策瓶颈。近年来，北京市逐步提高了农村社保标准，统一了城乡居民养老保险，在社会保障方面基本实现了城乡一体化。但深层次的城乡二元体制机制依然存在，主要表现在城乡二元的土地管理制度上，由于农民只享有土地的使用权并被严格限制在农地农用范围内，依靠经营土地增加财产性收入的空间有限。从集体资产看，2012 年集体账内收不抵支和资不抵债的村级集体经济组织分别为 2 129 个、289 个，同比增加 151 个、56 个，占村集体经济组织总数的 53.4% 和 7% ，农民从集体资产来获取股份分红等财产性收入，以实现快速增收的难度较大。[2]2012 年农民人均转移性收入 2 598 元，比 2005 年增加 2 090 元，年均增长 31.3% ，占总收入的比重由 6.6% 提高到 15.8% ，在农民收入四大构成中增

---

[1] 数据来源:《北京统计年鉴》。

[2] 数据来源:《2012 年北京市农村经济统计年报分析》。

长最快。这主要得益于城乡统筹和公共服务均等化的推进。但随着基数的增大,继续保持较快增速的难度将增大。尽管社会保险制度基本实现了城乡并轨,但由于这与个人缴费紧密联系,绝大多数农民由于职业原因难以参加职工社会保险,且只有达到退休年龄后才能享受相关待遇等原因,不能期望农民的转移性收入在短期内大幅提升。

三是农民自我发展能力瓶颈。2012 年,北京市农村劳动力第二、第三产业从业比重达到 80% 以上,农民人均工资性收入 10 843 元,占农民人均纯收入的 65.8%,这个比例近十年来基本保持在 60% 以上。就现状来看,北京农民转移就业面临着年轻劳动力流入城市、外来劳动力激烈竞争的格局,在实际就业中存在着“不愿干、干不了、干不长”三种现象。城乡结合部地区农民长期依赖出租房屋收入,拆迁实际收入和预期收入较高,对就业劳动收入的门槛要求较高,一般的中低工资收入,这一地区的农民看不上,没有就业动力和积极性,存在普遍的“不愿干”现象。远郊区农民,特别是“4050”人员受自身素质及家庭影响,转移就业的难度越来越大,山区非农就业机会相对较少,外出就业机会成本较高,长期从事护林员、护水员等公益性岗位,缺乏就业技能,在就业中存在普遍的“干不了”现象。已经转移就业的劳动力,就业层次偏低,就业不稳定,干不长就又失业,大幅度提高工资收入的机会不大。

三、缩小城乡收入差距的对策措施

缩小城乡收入差距的关键是加快农民收入增速。从功能区看,主要是加快生态涵养发展区和城市发展新区农民增收速度。从农村内部看,主要是加快低收入农户增收速度。

为实现农民收入增速高于城镇居民 4 个百分点,在尽可能短的时间内实现城乡共同富裕,把收入差距缩小到合理范围内,未来一段时期北京农民增收工作要在以下几个方面加大力度:加快远郊区城镇化步伐以减少农民数量,这是结构调整的战略举措;创新集体土地使用模式以盘活财产权益,这是农民快速可持续增收的制度保障;加快适宜产业向郊区转移以增加农民就业创业机会,这是农民快速可持续增收的重要支撑;加强对低收入农户增收帮扶,这是缩小城乡居民收入差距的难点。

1. 加快城市发展新区和生态涵养发展区城镇化步伐

缩小城乡居民收入差距的根本途径是调整城乡人口结构,减少农民,加快农村城镇化和农民市民化步伐。从统计数据看,北京市城市功能拓展区城镇化率达到了99%以上,城乡居民收入相对差距为1.8 : 1;城市发展新区城镇化率为68.9%,城乡居民收入相对差距为1.96 : 1;生态涵养发展区城镇化率为61.2%,城乡居民收入相对差距为2.1 : 1。从农民数量看,城市发展新区有195.9万农民,生态涵养发展区有72.6万农民,城市功能拓展区仅有9.4万农民。可以看出,北京农民增收的重点和突破口在城市发展新区,难点在生态涵养发展区,有效抓手是推进这两大区域的新型城镇化,加快小城镇的建设发展,集聚一批符合功能定位、生态友好的高端产业,带动周边农民的转移就业和就地城镇化。一方面减少农民数量,提高农业经营生产效率,同时增加农民非农就业机会,大幅增加工资性收入,进而实现农民收入的快速增长。

2. 创新集体土地管理使用制度

土地是农民最重要的生产资料,也是农民最大的资产。只有盘活土地等存量资产,农民快速增收才具有可持续性和制度保障。城市功能拓展区农民收入较高、增速较快,最主要的原因是离中心城区较近,土地级差地租较高,农民通过出租土地和房屋获取大量租金收入,且随着经济发展逐年提高。但由于受到现行土地管理法规和政策限制,土地和房屋在出租和流转过程中,多是不合法、不合规的状态。必须积极探索,创新集体土地的使用管理模式,把出租流转行为纳入规范化管理,以加强管理引导和保障农民利用土地实现增收。一是完善农户土地承包经营权流转的管理和服务,规范流转行为,积极稳妥地促进土地的适度规模经营,加强对土地租赁的管理和服务,建立土地流转价格动态监测制度,定期发布价格指导信息,对长期限、大面积、低租金的租赁合同进行排查和整改,切实保障农民的长远利益。二是探索建立城乡统一的建设用地市场。结合农村集体土地所有权和集体建设用地使用权确权登记颁证工作,开展政策研究,加强土地征占补偿款的使用管理,实行专户存储,专款专用。突出解决好征地转居"应转未转"问题,并及时将转非农民纳入城镇居民各项政策体系。同时,坚决制止私搭乱建,探索农民多余房屋由集体统一经营、统一管理、统一服务的新模式。总之,要通过改革创新,让农民最大的资产——土地流动起来,保障农民依靠土地增收的各项权益。

3. 统筹城乡产业发展和布局

促进农民增收,加快城镇化步伐,都离不开产业发展的支撑。统筹城乡产业发展既是疏解中心城区人口、功能、产业,缓解城市交通拥堵、环境污染的必然要求,更是促进城乡交融发展、互利共赢的重要举措。一是要根据全市经济结构调整和产业发展定位的要求,加强土地集约节约利用,着力发展高端高效低耗产业。要推广"项目引进与就业需求预测同时进行、项目审批与就业安置同时进行、项目建设与就业服务同时进行"的"三同时"制度,将吸纳当地农民就业作为产业园区建设的主要目标,鼓励村集体、农民专业合作社、农户入股参与基地建设,并加强农民技能培训和就业信息服务,使农村非农就业岗位真正落实到需要转移就业的农村劳动力身上。

4. 深化农村集体经济产权制度改革

财产性收入是农民增收的重要来源。经过多年的努力,北京市已基本完成村级农村集体经济组织产权制度改革,农村集体资产及农民个人财产的权益得到落实。下一步,关键是要建立法人治理结构，切实转变经营机制，强化集体资产、资金、资源的管理，总结推广集体经济产权交易平台的经验，提高集体资产经营效益，坚持股份分红，并逐步提高分红收入，让农民更多地分享改革成果，更多地得到实惠。

5. 不断增强农民创业经营能力

目前绝大多数农户仍是小规模经营，在生产成本、市场营销、科技服务等方面处于不利的地位。各区县应紧紧围绕农业主导产业，扶持农民专业合作社发展加工、运输、贮藏、营销，推动农超对接、农餐对接，延长产业链，支持鼓励农民专业合作社在更大范围联合，提高规模效益，优先安排农民专业合作社承担政府投入的产业发展项目和农业基础设施项目。在农民有效组织起来的基础上，大力促进都市型现代农业创新发展，加强休闲农业园区和乡村旅游配套基础设施建设，促进民俗村、观光采摘园、民俗接待户特色化、规范化发展。加强农民创业指导，扶持农民自主创业，鼓励农民开展其他第二、第三产业经营。

6. 逐步提高农村社保标准

从城镇居民收入结构及发达国家经验看，随着经济发展水平的提高，社会保障等转移性收入占居民收入的比重将呈稳步上升的趋势。2010 年，上海市农民人均纯收入中，转移性收入达到 18.8%，比北京市高出 5.2 个百分点。今后一个时期，要按照率先形成城乡发展一体化的根本要求，进一步改革完善城乡社会保障体系。改革的重点是整合制度、缩小差距，加大公共财政投入力度，健全社会保障待遇标准正常增长机制，确保农民社会保障待遇水平稳步提高。

7. 重点帮扶低收入农户增收

低收入农户增收既是农民增收的重点，也是农民增收的难点。由于这部分农户往往缺乏依靠自身力量增收的基本能力，因而增加帮扶力度就成为帮助他们增收致富的主要方式。应整合各项强农惠农政策，向低收入地区和低收入农户倾斜。对于低收入农户相对集中的村，要加大整村推进力度，进一步落实党政机关、领导干部包村包户制度，使低收入村100%建立帮扶关系。创新帮扶方式，推广科技帮扶、产业帮扶、慈善帮扶、帮扶指导员等做法。同时，全面落实低收入家庭医疗、教育、住房等专项救助，逐步降低门槛，拓展范围。

城乡二元结构是我国经济社会发展中最大的结构性问题之一。缩小城乡居民收入差距，实现共同富裕是破除城乡二元结构的重要内容，也是社会主义市场经济的必然要求。通过对北京市情况的分析，可以看出缩小城乡居民收入差距任务艰巨而漫长。唯有通过深化农村各项改革，持续加大统筹城乡发展力度，使农民收入增速连年高出城镇居民4个百分点以上，城乡居民收入差距才能在较短时期内缩小到合理水平。

参考文献

1. 北京市城乡办："城乡结合部50个重点村建设工作总结"，2012年。
2. 北京市农委、市委农工委："关于促进农民增收的调研报告"，2011年。
3. 傅勇："经济转型中的城乡收入差距"，安徽大学硕士论文，2004年。
4. 萍之："北京'三农'的'三变'"，《前线》2012年第6期。
5. 宋志军、刘黎明："1988年以来北京郊区城乡一体化进程及启示"，《地理科学进展》2012年第8期。
6. 于鸷隆、刘永强、蔡少庆、张士功、韩振华："北京市农村集体建设用地集约利用问题研究"，北京市政府研究室2012年调研报告。
7. 于鸷隆、刘永强、蔡少庆、张士功、韩振华："北京农业科技支撑作用研究"，北京市政府研究室2012年调研报告。
8. 中国共产党第十八次全国代表大会上的报告，2012年11月8日。

（于鸷隆，北京大学光华管理学院；韩振华，北京市人民政府研究室）

构建促进农民增收的长效机制，跨越『中等收入陷阱』——以湖北省随州市为例

傅振邦　朱　睿

近年来农民收入快速增长，特别是2010年以来农民收入增速连续3年超过城镇居民。能否保持农民持续增收的良好势头，进一步缩小城乡收入差距，成为各方关注的焦点，也成为我国能否顺利跨越“中等收入陷阱”的关键。

随州市位于湖北省北部，地处长江流域和淮河流域的交会地带，全市总人口258万，版图面积9 636平方公里，农业人口196万，是一个典型的农业大市。本文拟从随州市农民收入增长的现状及特点出发，深入分析当前农民增收所面临的主要制约因素，就农

民增收长效机制的建立进行探讨。

一、促进农民收入增长与跨越“中等收入陷阱”

改革开放以来,我国经济发展取得了举世瞩目的成就,2010 年我国人均国内生产总值达到 4 400 美元,已经进入世界银行所划分的中等偏上收入国家的行列。如何跨越“中等收入陷阱”成为今后一段时期我国经济发展面临的主要挑战。尽管我国经济长期保持了较快增长,但经济结构不合理,城乡收入差距扩大等问题逐渐突显出来。虽然我国农民总收入水平不断提高,但增速放缓,且城乡收入差距有扩大的趋势。改革开放三十多年来,我国农村居民家庭人均纯收入由 1978 年的 134 元提高到 2011 年的 6 977 元,增长了 6 843 元,年均增长率为 12.7%;而同期城镇居民家庭人均可支配收入则由 343 元提高到 21 810 元,增长了 21 467 元,年均增长率为 12.9%;城乡收入之比由 1978 年的 2.57 : 1 扩大到 2011 年的 3.13 : 1,同期城乡收入差额则由 209 元扩大到 14 833 元。目前我国仍有接近一半的人口生活在农村,农民收入水平是否能够保持持续稳定增长将在很大程度上决定我国跨越“中等收入陷阱”目标的实现。

二、随州市农民收入增长的现状及特点

(一)农民收入绝对值和平均增速高于全国、全省平均水平

2012 年随州市农民人均纯收入达到 8 419 元,不仅超过当年湖北省农民人均纯收入水平 568 元,而且也高出当年全国农民人均纯收入水平 502 元。2005—2012 年随州市农民人均纯收入年均增长率达到 14.7%,高于湖北省人均纯收入年均增长率 14.2% 的水平和全国人均纯收入年均增长率 13.5% 的水平,如表 1 和图 1

所示。

表 1　随州市与湖北省、全国农民人均纯收入对比情况

年份	随州市		湖北省		全国	
	绝对值（元）	同比增速（%）	绝对值（元）	同比增速（%）	绝对值（元）	同比增速（%）
2005	3 223	6.8	3 099	7.2	3 255	10.9
2006	3 581	11.1	3 419	10.3	3 587	10.1
2007	4 177	16.6	3 997	16.9	4 140	15.4
2008	4 967	18.9	4 656	16.5	4 761	15.0
2009	5 457	9.9	5 035	8.1	5 153	8.2
2010	6 279	15.1	5 832	15.8	5 919	14.9
2011	7 427	18.3	6 897	18.3	6 977	17.9
2012	8 419	13.4	7 851	13.8	7 917	13.5
2012 年比 2005 年增长（%）	—	161.2	—	153.3	—	143.2
年均增长（%）	—	14.7	—	14.2	—	13.5

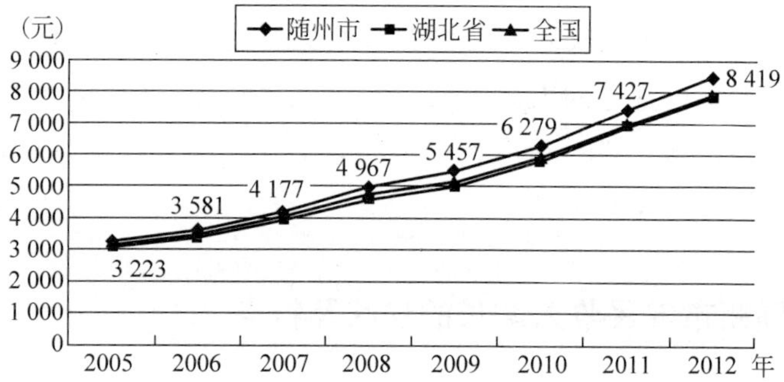

图 1　随州市、湖北省与全国农民人均纯收入

（二）增收途径趋于多元化

2005 年以来随州市农民收入快速增长，增收途径也呈多元化趋势。

1. 工资性收入快速增长,成为农民增收的重要来源

2012 年随州市农民人均工资性收入达到 3 166 元,同比增加 516 元,增长 19.5%,工资性收入占到农民人均纯收入的 37.6%,对农民人均纯收入增长的贡献率达到 52%;与 2005 年相比增加 2 252 元、增长 146.4%,年均增长 19.4%。农民工资性收入的快速增长得益于两个方面:一是农村剩余劳动力转移。近年来随州市加快农村劳动力培训和转移步伐,促进农村劳动力转移就业的政策体系、培训体系、保障体系和组织体系更加完善,2012 年随州市农村外出从业人员达到 47.06 万人,占农村实际从业人员总数的 44.7%,大量的农村劳动力外出务工是农民工资性收入快速增长的根本原因。二是农民务工收入水平的大幅提高。随着最低工资标准不断上调、推行工资集体协商制度以及部分地区劳动力短缺等因素的影响,推动了农民工工资随经济效益增长而增长,带动了农民工资性收入的增长。

2. 家庭经营收入稳步增长,是农民收入的主要来源

2012 年随州市农民人均家庭经营性收入 4 650 元,比 2005 年增加 2 409 元,年均增长 11%。随州市在加快农村劳动力转移的同时,深入推进农村内部产业结构调整,大力挖掘农业增收潜力,越来越多的农民家庭参与到专业化分工中,衍生出中介服务、连锁商业、农村社区服务、农家乐等新型业态,2012 年全市休闲农业旅游点发展到 516 个,从业人员上万人,成为农民家庭经营收入增长的重要来源。

3. 财产性收入大幅增长,为农民增收开辟了新的空间

2005—2012 年,随州市农民人均财产性收入由 61 元增加到了 207 元,年均增长 19.1%。农民财产性收入的增加主要来自于转让土地经营权收入和参加农民专业合作组织获得股息、红利。

4. 转移性收入高速增长,成为农民收入新的增长点

2005—2012 年,随州市农民人均转移性收入由 8 元增加到

396元,年均增长74.6%。农民转移性收入的增加主要有三个方面:一是取消农业税后,粮食直补、良种补贴、农机具购置补贴、农资综合直补和退耕还林还草补贴等多项惠农政策补贴的发放。二是新型农村养老保险的推广实施,离退休金、养老金收入逐年增加。三是家庭非常住人口寄带回现金增多。

表2　随州市农民人均收入构成情况　(单位:元)

指标		农民人均纯收入	工资性收入	家庭经营纯收入	财产性收入	转移性收入
2005年	绝对值	3 223	914	2 241	61	8
	占比重(%)	100	28.4	69.5	1.9	0.2
2007年	绝对值	4 177	1 364	2 685	33	95
	占比重(%)	100	32.7	64.3	0.8	2.3
2008年	绝对值	4 967	1 615	3 151	42	159
	占比重(%)	100	32.5	63.4	0.9	3.2
2009年	绝对值	5 457	1 813	3 357	53	235
	占比重(%)	100	33.2	61.5	1.0	4.3
2010年	绝对值	6 279	2 102	3 737	97	343
	占比重(%)	100	33.5	59.5	1.5	5.5
2011年	绝对值	7 427	2 650	4 272	147	358
	占比重(%)	100	35.7	57.5	2.0	4.8
2012年	绝对值	8 419	3 166	4 650	207	396
	占比重(%)	100	37.6	55.2	2.5	4.7
2012年比2005年	增加绝对值	5 196	2 252	2 409	146	388
	占比重(%)	161.2	246.4	107.5	239.3	4 850
	年均递增(%)	14.7	19.4	11.0	19.1	74.6

(三)收入结构发生质的变化

农民收入按照经营来源划分,包括工资性收入、家庭经营性收入、财产性收入和转移性收入。按收入形式划分,分为货币性收入和非货币性收入。按产业划分,分为农业收入和非农收入。七年来,随州市农民收入结构也出现了质的变化。

1. 从收入构成看，家庭经营收入比重逐年下降，工资收入增长较快，成为农民收入的主要来源

2012年随州市农民人均纯收入中，作为收入主体的家庭经营收入比重为55.2%，比2005年降低了14.3个百分点，呈逐年下降趋势；工资收入占纯收入的比重达到37.6%，比2005年增加了9.2个百分点，呈逐年提高趋势，成为农民纯收入的主要来源；其他非生产性纯收入（财产性、转移性纯收入）占7.2%，比2005年提高了5.1个百分点，比重呈逐年小幅上升趋势，成为农民收入增长的新亮点。

2. 从收入形式看，以货币性收入为主，现金收入比重逐年提高

2012年，随州市农民现金纯收入占纯收入比重达到85.3%，比2005年提高了11.7个百分点。现金收入比重的提高，标志着农民收入的市场化、社会化程度进一步提高，农民投资的选择性和灵活性进一步增强。

3. 从产业构成看，非农产业收入发展相对滞后

2010年以前，随州市非农产业收入占纯收入的比重一直低于50%，从2010年后比重开始调头，2012年非农业纯收入占纯收入的比重上升到56.5%，但农业收入所占比重仍然过高，非农业收入中第二、第三产业收入增长相对缓慢，如表3所示。

表3 随州市农民纯收入来源结构

年份	农民人均纯收入（元）	农业纯收入		非农业纯收入	
		绝对值（元）	比重（%）	绝对值（元）	比重（%）
2005	3 223	2 000	62.1	1 223	37.9
2006	3 581	2 029	56.7	1 552	43.3
2007	4 177	2 346	56.2	1 831	43.8
2008	4 967	2 756	55.5	2 211	44.5
2009	5 457	2 921	53.5	2 536	46.5
2010	6 279	3 221	51.3	3 058	48.7
2011	7 427	3 495	47.1	3 932	52.9
2012	8 419	3 660	43.5	4 759	56.5

三、制约农民增收的主要因素

农民收入的增长不仅取决于农业生产收入的高低，还取决于农民从事非农产业所获取的收益。根据要素禀赋理论，农民生产收入高低与农民所占有的生产要素的数量和质量紧密相关，同时还受农产品市场风险和价格等因素的影响。土地和劳动力是农民所拥有的最主要生产要素，而农民能否获得有利的市场地位则与农民的组织化程度直接相关。与此同时，农民非农收入的高低又与城镇化的发展水平密切相关。虽然近年来农民收入快速增长，但在快速增长的同时，仍然存在一些制约农民增收的深层次矛盾和问题。

（一）土地权属模糊抑制了生产要素聚集

土地是农业生产的基础。随着当前社会经济发展阶段的转变以及农村生产力水平和农产品市场化程度的提高，土地权属模糊的局限性已经显现出来。

1. 抑制了对土地进行长期投资的积极性

我国农村土地产权由农村集体所有权、农民承包经营权和使用权三部分组成。但在实际的土地产权运营中，土地的所有权、承包经营权和使用权的界定与归属并不明确和清晰。农户承包土地后，虽然明确了农户在承包土地上的经营权和使用权，但随着经济社会的不断发展，土地作为一种最稀缺的生产要素，作用越来越重要，集体土地所有者对于土地的处置干预越来越多，对土地收益权的要求越来越强烈，由于所有权主体不明晰，使所有权、承包经营权和使用权三者之间的利益博弈不断加剧，农民对土地进行长期投资的积极性受到抑制。

2. 限制了土地作为资源要素的流动性

《农村土地承包法》规定："通过家庭承包取得的土地承包经营

权可以依法采取转包、出租、互换、转让或者其他方式流转”、“采取转让方式流转的,应当经发包方同意;采取转包、出租、互换或者其他方式流转的,应当报发包方备案”。市场交易应该有明确的交易主体,但在现实的土地流转中,农民的交易主体权利常常被剥夺。农民土地承包经营权要流转,往往要由村委会做主。因为缺乏有效的农村土地流转法律规范,大部分的农村土地流转都处于地方自发组织的状态,农村土地流转过程如何规范,流转后土地用途如何监督,农民的权益如何保障,都缺乏相应的法律约束,不利于规模经营和集约化生产,使土地资源与其他生产要素很难达到优化配置,制约了现代农业发展以及农业增效、农民增收的空间。据统计,2012 年,随州市 50.59 万农户中,经营 10 亩耕地以下的农户 47.25 万户,占农户总数的 93.4%;经营 10—30 亩耕地的农户 2.48 万户,占农户总数的 4.9%;经营 30 亩耕地以上的农户 0.86 万户,仅占 1.7%。全市农村承包耕地流转 30.3 万亩,仅占耕地总面积的 13.8%。

3. 限制了农村土地的融资功能

《物权法》第 184 条第二款和《担保法》第 37 条第二款都规定“耕地、宅基地、自留地、自留山等集体所有的土地使用权不得抵押”,同时,《农村土地承包法》规定农村土地承包经营权流转,不得改变土地集体所有性质,不得改变土地用途。这一规定导致银行难以处置以土地经营权为质押的债权,直接限制了农村土地的融资功能。

(二) 组织化程度低弱化了农民的市场主体地位

松散的家庭经营模式,增加了农民抵御自然灾害和应对市场变化的风险。农民的组织化程度低,主要表现在生产和流通两个环节。

1. 从生产环节看,农户生产经营分散,土地规模小,难以形成规模经营效益分散的经营格局使农户既不愿意进行技术改造，又没有能力改善农业基础设施，导致农业生产效益低下。

2. 从市场流通环节看，分散的农户根本无法规避小生产与大市场脱节带来的市场风险

农产品流通主体缺乏，农户缺少进入市场的桥梁和纽带，在农产品生产信息获取上也存在手段落后、渠道不畅、虚假信息泛滥等严重的信息不对称问题，这些都严重弱化了农民的市场主体地位。发展农民合作经济组织是提高农民组织化程度最直接、最有效的途径，但农民合作经济组织发展的现状不容乐观。据统计，到 2012 年底，随州市各类农民合作经济组织发展到 1 427 个，加入合作组织的农民有 3.54 万人，仅占随州市农业从业人口的 3.3%，平均每个合作组织 24.8 人。有 90% 以上的合作组织在村组范围内组建；有 80% 以上的合作组织集中在初级产品生产、销售环节，只是单家独户种养和销售在一定范围内的集中或整合，对提高农产品附加值、带动农民增收的作用并不明显。

（三）农村空心化趋势影响了现代农业的发展

随着我国工业化、城镇化的快速发展，农村青壮年劳动力大量进城务工，大量农村人走房空，形成了农村空心化现象。

1. 农业从业人员的年龄和素质结构问题日益凸显

随着农村青壮年劳动力大量进城务工，农村空心化现象日益突出，随之而来的是农业从业人员老弱化、劳动力不足和素质下降。农村空心化不仅使农村家庭经营规模缩小，而且农业投入也受到限制，严重阻碍了农业科技推广、发展方式转变和生产力水平提高，制约了现代农业的发展。随县唐县镇华宝山村是一个以加工蜜枣远近闻名的专业村，也是该镇版图面积最大的村，由 4 个村合并而成，全村 4 400 人，耕地面积 1.35 万亩，劳动力 1 934 人，外出打工 1 324 人，在家务农劳动力 610 人。在家务农的劳动力平均年龄 53 岁，35 岁以

下的只占 11.5%,初中及以下文化程度的占 81.5%。

2. 土地粗放经营、撂荒现象严重

由于农村大量青壮年外出打工,像灌溉、收割等重体力活,年老的农民干不了,雇人干要增加种田成本,所以不少农户基本上以自给自足为目的,广种薄收。许多农民逐渐改为一年一熟,进入冬季后随处可见大面积的空白地,“谁来种地”成为一个越来越严峻的问题。随县唐县镇华宝山村农民聂大国粗略算了一笔账:种 1 亩地,小麦、水稻两季轮作,按小麦每公斤 2 元、稻谷每公斤 2.5 元算,全年总收入 2 000 元,除去种子、肥料、农药、水费、犁和耙、收割等开支外,纯收入不足 1 300 元,辛苦耕作一年,不顶外出务工一个月的收入。与种粮收益低形成鲜明对比的是,打工已成为当前农民的主要收入来源,劳务收入对农民人均现金收入增量的贡献率达 70%以上。

(四)城镇化滞后压缩了农民增收空间

从农民收入构成及变化趋势看,非农收入是未来农民收入增长的主要源泉;而城镇化可以吸纳大量剩余劳动力,减少农民数量,促进农民向非农产业转移,增加农民收入。

1. 城镇化滞后降低了农民非农产业就业机会

目前,多数城镇特别是农村小城镇,产业基础差,承载力弱,集聚能力有限,满足城镇集聚功能的第二、第三产业不够发达,吸纳劳动力就业能力较弱,农村外出劳动力难以充分就业。

2. 城镇化滞后阻碍了农民有序转移的进程

近年来,我国农民向城市的转移,正在呈现从个人进城向举家进城、从流动就业到稳定就业的转变趋势。解决农业转移人口的住房、教育和其他公共服务问题,越来越成为推进农业转移人口市民化必须解决的迫切问题。城镇化滞后加剧了农业转移人口生活环境的恶化、发展环境的边缘化。据统计,2012 年随州的城镇化率是

43.3%，与湖北省和全国的平均水平相比，相差近十个百分点。城镇化水平低，吸纳农村人口的能力差，农村剩余劳动力难以实现就地转移，限制了农民增收的空间。

3. 城镇化滞后不利于农业劳动生产率的提高

城镇化滞后阻碍了农民有序转移的进程，造成农村人地关系紧张，并且加剧了小生产和大市场的矛盾。较小的土地生产规模限制了先进的农业生产技术和农业生产装备的使用和推广，制约了农业生产率和农民收入水平的提高。

四、促进农民持续增收的对策

建立农民增收长效机制，最根本的还是要通过制度创新，从源头上消除农民增收的制度性障碍，使农民增收保持稳定和持续性。

（一）创新农村土地制度，推进适度规模经营

土地制度是农村最基本的制度。创新农村土地制度关键在于为农民提供更全面、更完整的土地财产权利，真正实现土地要素的财产化、资产化，并最终为土地要素的城乡一体化和市场化奠定坚实的基础。

1. 明晰土地产权关系

进一步对农村集体土地、林地、农房、农户承包地、宅基地等进行全面确权，把土地所有者范围缩小到具体的集体组织，在法律上明确农村集体组织完整的土地所有权，消除任何外部力量的干预。将农民的土地使用权物权化，明确农民对手中的土地拥有转让、转包、互换、入股、出租和抵押等财产权益，通过市场机制，实现土地资源与资金、技术和劳动力等要素的优化配置，提高其使用效益。

2. 完善土地流转机制

健全农村土地流转市场，积极探索建立以农村土地承包经营权

为主的农村各类产权流转市场，为农村土地流转交易提供场所、设施和发布信息、组织交易、投融资等相关配套服务。加强土地流转市场监管，重点对土地流转合同的合法性和履行情况进行监督，规范市场操作，严格用途管制，使土地流转行为符合土地供应政策和产业政策的要求，防止以流转土地为名改变土地的农业用途。

3. 推进土地适度规模经营

按照依法、自愿、有偿的原则，积极引导土地承包经营权流转，大力培育家庭农场、专业大户和专业合作社等规模经营主体，加快发展多种形式的适度规模经营，提高农业专业化、标准化、规模化、集约化水平。

（二）着力培育新型农业经营主体，构建新型农业经营体系

面对当前农村劳动力大量转移、青壮年劳动力紧缺的形势，培育新型农业经营主体，构建集约化、专业化、组织化、社会化相结合的新型农业经营体系，充分激发农村生产要素潜能，显得尤为迫切。

1. 加快培养新型职业农民

农民是农业生产的主体，发展现代农业最基础的是培养有文化、懂技术、会经营、善管理的新型职业农民队伍。要明确培育方向，新型职业农民培育应立足现代农业产业布局，以满足现代农业发展对农业农村人才的需求为出发点，培养一批主要从事农业生产，具有一定的科学文化素质，掌握现代农业生产技能，具备经营能力，收入主要来自于农业的农业从业人员。要突出培养重点，着重抓好种养大户、家庭农场主、科技示范户、农民专业合作社理事长的培养，发挥其示范带动作用；引导未升学的农村初高中毕业生参加农业技能培训，鼓励有文化和农业技能的青壮年农民留在农村就业创业。要完善政策引导，以农民成人教育和中等职业教育为平台，建立职业农民免费培训制度；探索把职业农民与扶持政策挂钩的机制，建立以创业兴业、风险支持、信息服务、劳动保障为内容的综合

扶持政策体系。

2. 大力发展农民专业合作社

农民专业合作组织通过互助合作,提高了农民的市场主体地位,是提高农民组织化程度的必由之路。要认真实施《农民专业合作社法》,坚持发展与规范并重,因地制宜,因势利导,促进农民专业合作社发展。要打破行政区域界限和行业界限,鼓励基层组织、供销社、种养大户和运销大户等牵头,利用它们的技术、资金、营销网络等优势把农民组织起来,成立各类专业合作社。要落实税收减免、财政补贴、建设用地等扶持政策,重点支持合作社开展加工贮藏、冷链建设、直供直销等业务。要建立信用贷款和抵押担保制度,为合作社中短期贷款提供信贷担保支持。要加强农民专业合作社人才培养,打造合作社领军人才队伍和辅导员队伍。要建立和完善合作社监督制度,强化监事会(监事)在合作社治理中的作用,从制度和机制上保证普通社员对合作社经营的知情权和监督权;加强政府主管部门对合作社的外部审计监督。

3. 做大做强农业产业化龙头企业

龙头企业是构建现代农业体系的重要主体。要鼓励龙头企业采取订单农业、设立风险资金、利润返还、为农户承贷承还和信贷担保等多种形式,建立与农户、农民专业合作社间的利益共享、风险共担机制。支持龙头企业通过兼并、重组、收购、控股等方式,组建大型企业集团。支持符合条件的重点龙头企业上市融资、发行债券、在境外发行股票并上市,增强企业发展实力。切实加强龙头企业生产基地建设,改善基地基础设施条件,对符合条件的龙头企业给予土地整治、粮食生产基地、农田水利、标准化基地等项目扶持。鼓励商业性金融机构根据龙头企业生产经营的特点开展金融产品创新,满足龙头企业的信贷需求。

4. 积极培育农业社会化服务组织

发达的农业社会化服务是现代农业的重要标志。要加快构建以农业公共服务为依托、合作经济组织为基础、龙头企业为骨干,多层次、多形式、多元化的新型农业社会化服务体系。通过政府订购、定向委托、招投标等方式,扶持农民专业合作社、供销合作社、村级综合服务社、专业技术协会、农民用水合作组织、涉农企业等社会力量广泛参与农业产前、产中、产后服务。鼓励其他经济主体依法进入农业领域,参与基层营利性推广服务实体的基础设施投资、建设和运营;开设各类庄稼医院、水产医院、畜禽医院等服务机构,加强农产品质量安全信息服务能力建设;建立农产品市场营销网络,构建集约化、系统化、市场化程度较高的农产品营销平台。

(三)大力推进新型城镇化,拓展农民增收空间

新型城镇化相对于传统城镇化来说,是更加有质量的城镇化,质量的基础来自于良好的产业发展和社会生态。推进新型城镇化,可以充分吸纳农村剩余劳动力,辐射带动农业农村更好地发展,拓展农民增收的空间。

1. 优化城市布局

确定大中小城市和小城镇的功能定位、产业布局、开发边界,以大城市为依托,把加强中小城市和小城镇发展作为重点,合理引导人口流向和产业转移。坚持产业优先的发展导向,优先发展区位优势明显、产业集聚能力较强、经济成长性较好的中等城市,大力支持金融业、物流业、会展业、中介服务业、服务外包业等各类服务业的发展,鼓励中小企业、微型企业发展和个人创业,释放城市吸纳就业的潜力。增强小城镇公共服务和居住功能,加大小城镇公共建设财政投入,引导鼓励各类主体参与小城镇建设和发展,提高建成区人口密度,调整优化建设用地结构,不断提升城镇化的质量和水平,更多地吸纳农村居民入住,就近就地转移农村人口。

2. 深化城镇社会管理体制改革

加快落实放宽中小城市、小城镇特别是县城和中心镇落户条件

的政策，逐步推进大中城市户籍管理制度改革，有序放开城镇的落户限制。积极推进城乡医疗、教育、就业、养老等各类社会保障制度改革，加快公共服务均等化步伐，让进城农民尽快融入城市居民行列，让进城农民享受到和城市居民一样的公平待遇，努力实现义务教育、就业服务、基本养老、基本医疗、保障性住房，覆盖城镇常住人口。

3. 增强农村劳动力转移就业能力

强化农村劳动力转移就业培训，加快建立政府补助、面向市场、多元办学的职业培训机制。搭建农村劳动力转移就业信息服务平台，完善就业服务体系。

（四）完善政策支持体系，为农民增收提供保障

建立农民增收长效机制，既需要从制度创新入手，实现生产要素的优化配置，又要形成良好的政策环境，为农民增收提供保障。

1. 加大财政支农力度

合理调整国民收入分配和财政支出结构，建立健全财政支农投入稳定增长机制。一是发挥财政投入的导向作用，调动和引导各类资本进入农业领域，参与农业资源开发。二是整合现有农业项目、资金，优化投入结构，重点加强农业农村基础设施建设，改善农业生产条件，提高农业抗御自然灾害的能力，改善农村投资环境。三是调整现行农业补贴政策，突出支持农业增强竞争力和可持续发展能力，优先鼓励农业的科技进步和创新、农业多功能性、食品安全储备、自然灾害救济、环境保护和结构调整等，引导农业转型发展。

2. 完善农村社会保障制度

构建与经济发展水平挂钩的农村养老保险、医疗保险、灾害救助和最低生活保障等社会保障体系，消除农民的后顾之忧。

3. 强化农村金融支撑

以服务“三农”为根本方向，充分发挥政策性金融、商业性金融

和合作性金融的作用，构建多层次、多样化、适度竞争的农村金融服务体系。一是增加农村金融市场供给主体和层次，建立以政策性金融支农机构、商业性农业金融机构、农村合作金融机构为主体的农村金融体系；积极鼓励和引导符合条件的境内外金融资本、产业资本和民间资本在农村地区，特别是在金融机构空白乡镇投资设立村镇银行、农村资金互助社等，引导社会资金流向农村。二是鼓励有条件的地区成立由政府出资、农民专业合作社和农业产业化龙头企业参股的担保基金或担保公司，扩大农村有效担保物范围和信贷供给，带动各种担保机构发展。三是完善农业风险保障体系，积极探索以市场手段为主、政府适当补贴的保险机制。同时，根据农业生产经营的特点和需求，加大对农业保险产品的开发力度，引导保险公司为农业生产各个环节提供保险服务，增强农业抗灾和补偿能力。

参考文献

1. 韩雪峰：“新时期促进我国农民收入增长问题分析”，《农业经济》2009 年第 5 期。
2. 何万波：“现阶段农民收入增长：现状、问题与对策”，《软科学》2005 年第 3 期。
3. 简新华、黄锟：“中国城镇化水平和速度的实证分析与前景预测”，《经济研究》2010 年第 3 期。
4. 李睿、朱金梅：“农民增收问题的透析及对策”，《前沿》2006 年第 4 期。
5. 刘振彪：“我国财政支农支出促进农民收入增长的实证分析”，《财经理论与实践》2011 年第 3 期。
6. 刘平、贺武：“浙江农民收入增长面临的困难与对策思考”，《统计与决策》2010 年第 3 期。
7. 马宇等：“劳动力转移、非农产业投入与农民收入增加”，《财贸研究》2008 年第 2 期。
8. 帕塔木·巴拉提：“新阶段农民增收面临的主要困难与解决的途径”，《农业经济问题》2002 年第 10 期。
9. 任秋艳、赵燕、邵青艳：“关于农民增收问题的研究”，《安徽农业科学》2007

年第 35 期。
10. 杨瑞珍:“论中西部地区农民增收的途径与对策”,《中国软科学》2005 年第 3 期。
11. 易秋霖:“影响我国农民收入增长的四大制度因素”,《经济体制改革》2002 年第 4 期。
12. 张红宇、杨春华、张海阳等:“当前农业和农村经济形势分析与农业政策的创新”,《管理世界》2009 年第 11 期。
13. 张新宇、阎恒:“对中西部地区农民增收问题的思考”,《毛泽东邓小平理论研究》2008 年第 11 期。

(傅振邦,随州市人民政府;朱睿,中共随州市委财经办)

全面建设小康社会统计监测指标体系，跨越『中等收入陷阱』——以西部资源型城市为例

罗　青

海勃湾区（内蒙古西部资源型城市乌海市的中心城区）在大力推进经济转型和率先实现全面建成小康社会的进程中，非常注重地区经济的运行分析和全面建设小康社会指标体系的监测应用。我们通过研究发现，全面建设小康社会统计监测指标体系对于推进经济转型和跨越“中等收入陷阱”具有很强的指导意义，现分析如下：

一、海勃湾区虽已跨过中等收入“门槛”，但仍面临实现经济持续健康发展的诸多“准陷阱”困难

“十一五”以来，海勃湾区经济发展不断

加快，GDP 年均增速达到 18%，财政收入年均增速达到 29%。2012 年，该区人均地区生产总值达到 11 382 美元（约 7.15 万元人民币），城镇居民人均可支配收入达到 2.63 万元，表明该区已跨过人均 GDP 10 000 美元的中等收入门槛。但该区仍有部分指标表现出“中等收入陷阱”的“症状”，在可持续发展方面存在隐忧。主要表现如下：

1. 第二产业“独大”问题突出。“十一五”以来，该区第一产业年均递增 6.1%，第二产业年均递增 20.0%，第三产业年均递增 15.8%。三次产业结构由“十五”末的 1.3 ∶ 49.7 ∶ 49.0 调整为 2011 年的 0.9 ∶ 61.7 ∶ 37.4，第二产业占国民经济的比重迅速上升，并有进一步扩大的趋势（见表 1）。

表 1　海勃湾区地区生产总值及三次产业比例情况

（单位：万元）

年份	地区生产总值	第一产业增加值	比重（%）	第二产业增加值	比重（%）	第三产业增加值	比重（%）
2006	603 858	6 536	1.08	323 614	53.59	273 708	45.33
2007	744 185	7 330	0.98	403 613	54.24	333 242	44.78
2008	958 614	8 543	0.89	513 872	53.61	436 199	45.50
2009	1 200 300	10 473	0.87	681 797	56.80	508 030	42.33
2010	1 490 871	12 628	0.85	896 534	60.13	581 710	39.02
2011	1 820 025	16 526	0.91	1 122 985	61.70	680 514	37.39

数据来源：《海勃湾区统计年鉴》。

2. 第二产业中传统产业比重较大且资源依赖程度较高。目前，煤炭开采洗选、炼焦、冶金和电力四大行业仍是该区工业的主要支柱。2011 年，上述行业增加值占全区规模以上工业增加值比重达 94.7%，而这些行业在相当程度上依赖于煤炭等矿产资源（见表 2）。

表 2 海勃湾区规模以上工业六大行业所占比重

（单位:万元）

	2006 年		2007 年		2008 年		2009 年		2010 年		2011 年	
规模以上工业增加值	270 391	比重（%）	345 461	比重（%）	426 924	比重（%）	577 529	比重（%）	750 544	比重（%）	940 801	比重（%）
煤炭开采和洗选业	58 708	21.71	75 833	21.95	110 137	25.80	222 692	38.56	475 980	63.42	619 979	65.90
炼焦业	30 820	11.40	35 978	10.41	45 426	10.64	42 227	7.31	55 114	7.34	53 432	5.68
黑色金属冶炼及压延加工业	30 386	11.24	54 700	15.83	66 041	15.47	116 482	20.17	49 892	6.65	54 268	5.77
电力热力生产供应业	132 431	48.98	136 554	39.53	148 444	34.77	142 005	24.59	113 864	15.17	163 250	17.35
化学原料及化学制品制造业	18 034	6.67	20 253	5.86	19 777	4.63	15 411	2.67	10 526	1.40	10 562	1.12
非金属矿物制品业	13 762	5.09	15 889	4.60	25 806	6.04	23 177	4.01	21 679	2.89	23 487	2.50

数据来源:《海勃湾区统计年鉴》。

3. 经济增长方式不尽合理且依赖固定资产投资较多。按支出法计算,2010 年乌海市地区生产总值为 391.48 亿元,其中:资本形成总额为 248.36 亿元,占 GDP 的 63.4%;最终消费支出 142.51 亿元,占 GDP 的 36.4%;货物和服务净流出 0.61 亿元,占 GDP 的 0.2%。由此可见,乌海市经济增长中直接出口的拉动作用微弱,居民消费的拉动作用小。

4. 非资源型和高新技术产业发展有待加速。由于高新技术使用率低,科技投入不足,目前该区非资源型和高新技术产业发展仍比较滞后。2011 年该区企业内部用于科技活动经费支出为 3 172.2 万元,仅占地区总投资的 0.23%;非资源产业增加值为 4.8 亿元,仅占工业增加值的 5%。

5. 支撑经济继续发展的矿产资源面临衰竭。乌海市煤炭资源累计查明储量 36.03 亿吨,经过历年来的开发利用,已消耗资源储量 8.23 亿吨。目前,剔除城市基础设施压覆等因素导致的不可利用储量,实际可利用保有储量为 7.82 亿吨。按 65% 矿山回采率测算,保有可采储量仅 5.09 亿吨。按乌海市"十二五"规划控制煤炭资源年消耗量 3 400 万吨、资源储量备用系数 1.2 测算,可服务年限仅为 12.4 年。

综上所述,单纯从人均 GDP 角度看,海勃湾区已跨过了"中等收入陷阱"的所谓"门槛"。但正如厉以宁教授指出的"认为经济增长只要越过某个门槛就会顺利增长的说法,并没有足够的说服力"[1],相反,区域经济正比较明显地表现出厉以宁教授所指出的"技术陷阱"和"主要依靠投资"等"中等收入陷阱"的特征。

[1] 厉以宁:"论'中等收入陷阱'",《经济学动态》2012 年第 12 期。

二、全面建设小康社会指标体系的构成和特点,以及海勃湾区的指标表现

(一) 全面建设小康社会指标体系的构成和特点

全面小康社会监测体系包括经济发展、社会和谐、生活质量、民主法制、文化教育和资源环境六个领域、23 项指标(具体指标见附录),各指标的实现程度以 2000 年为基期计算,达到或超过小康目标值时,指标实现程度为 100%。23 项指标实现程度同时全部达到或超过 100% 时为实现全面小康社会。

该指标体系涵盖领域比较全面,部分指标之间相互制衡,个别指标“孤立高值”很可能引起其他相关指标的下降,进而造成总体得分的下降;体系包括了对可持续发展和内生性发展具有间接促进作用的指标,还包含了对收入分配和社会政治方面的要求。

(二) 海勃湾区在该指标体系下的表现

2011 年,该区全面小康社会实现程度为 83.1%,较 2010 年提高 3.6 个百分点,较 2006 年提高 12.8 个百分点,年均提高 2.56 个百分点。分领域看,2011 年较 2006 年在六个领域实现程度均有明显提高;与 2010 年相比,社会和谐、生活质量、文化教育、资源环境四个领域实现程度继续提高,但受 R&D 经费支出占 GDP 比重下降和刑事犯罪人数增加等因素影响,经济发展和民主法制两个领域的实现程度分别下降 0.7 和 2.5 个百分点(见表 3)。

表 3　2006—2011 年海勃湾区全面建设小康社会进程统计监测结果

（单位:%）

监测指标	2006 年实现程度	2007 年实现程度	2008 年实现程度	2009 年实现程度	2010 年实现程度	2011 年实现程度
一、经济发展	**73.3**	**77.4**	**80.8**	**85.1**	**83.5**	**82.8**
1. 人均 GDP	71.5	81.8	89.3	100.0	100.0	100.0
2. R&D 经费支出占 GDP 比重	1.3	1.1	1.7	7.7	2.7	0.2
3. 第三产业增加值占 GDP 比重	90.7	89.6	91.0	84.7	78.0	74.8
4. 城镇人口比重	100.0	100.0	100.0	100.0	100.0	100.0
5. 失业率(城镇)	100.0	100.0	100.0	100.0	100.0	100.0
二、社会和谐	**67.5**	**59.5**	**64.7**	**69.3**	**71.5**	**90.3**
6. 基尼系数	100.0	100.0	100.0	100.0	100.0	100.0
7. 城乡居民收入比	100.0	100.0	100.0	100.0	100.0	100.0
8. 地区经济发展差异系数	100.0	100.0	100.0	100.0	100.0	100.0
9. 基本社会保险覆盖率	37.8	48.7	61.8	73.3	78.8	79.0
10. 高中阶段毕业生性别差异系数	61.9	0.0	0.0	0.0	0.0	93.2
三、生活质量	**87.1**	**94.3**	**97.3**	**97.6**	**97.3**	**99.3**
11. 居民人均可支配收入	72.8	83.4	92.5	100.0	100.0	100.0
12. 恩格尔系数	100.0	100.0	100.0	100.0	100.0	100.0
13. 人均住房使用面积	85.4	99.4	100.0	92.1	90.9	98.5
14. 5 岁以下儿童死亡率	100.0	100.0	100.0	100.0	100.0	100.0
15. 平均预期寿命	97.3	97.9	98.0	98.1	98.1	98.4
四、民主法制	**64.7**	**75.0**	**69.2**	**78.5**	**77.9**	**75.4**
16. 公民自身民主权利满意度	83.8	87.0	88.9	90.0	91.1	92.2

续表

监测指标	2006 年实现程度	2007 年实现程度	2008 年实现程度	2009 年实现程度	2010 年实现程度	2011 年实现程度
17. 社会安全指数	48.7	65.0	52.8	68.9	66.9	61.4
五、文化教育	**59.4**	**63.9**	**65.6**	**65.0**	**65.7**	**67.7**
18. 文化产业增加值占 GDP 比重	32.2	36.6	39.6	41.2	43.0	45.8
19. 居民文教娱乐服务支出占家庭消费支出比重	70.8	82.6	84.0	74.2	70.2	73.4
20. 平均受教育年限	82.9	84.9	85.4	85.6	86.9	87.7
六、资源环境	**57.4**	**60.2**	**64.3**	**67.9**	**69.1**	**74.0**
21. 单位 GDP 能耗	16.9	16.6	18.0	18.5	20.4	35.2
22. 耕地面积指数	100.0	100.0	100.0	100.0	100.0	100.0
23. 环境质量指数	70.1	76.1	83.2	90.2	91.2	91.3
全面建设小康社会进程	**70.3**	**73.7**	**76.1**	**79.5**	**79.5**	**83.1**

数据来源:《海勃湾区全面建设小康社会进程统计监测报告》。

分指标看,有 10 项已达到预定目标,占全部指标的 43.5%。未达到目标值指标 13 项,其中:6 项实现程度在 80%—100%之间,分别是高中阶段毕业生性别差异系数、人均住房使用面积、平均预期寿命、公民自身民主权利满意度、平均受教育年限和环境质量指数;4 项实现程度在 50%—80%之间,分别是第三产业增加值占 GDP 比重、基本社会保险覆盖率、社会安全指数和居民文教娱乐服务支出占家庭消费支出比重;3 项实现程度在 50%以下,实现目标困难较大,分别是 R&D 经费支出占 GDP 比重、文化产业增加值占 GDP 比重和单位 GDP 能耗。

三、全面建设小康社会指标体系对海勃湾区跨越“中等收入陷阱”的现实指导意义

(一) R&D 比重过低的警示

1. 海勃湾区 R&D 经费支出现状及原因分析

R&D 经费支出是指用于基础研究、应用研究和试验发展研究的经费支出。2011 年,该区对规模以上工业企业和服务业企业进行了 R&D 经费支出的统计,只统计到工业企业投入近 100 万元,约占当年 GDP 的 0.005%,实现程度仅为 0.2%(见图 1)。

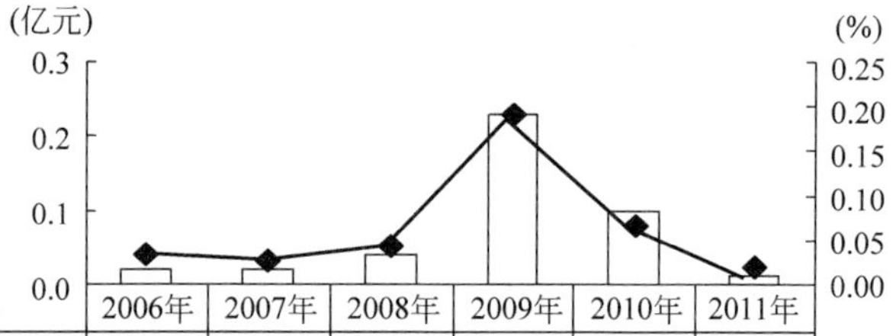

	2006年	2007年	2008年	2009年	2010年	2011年
R&D经费支出(亿元)	0.02	0.02	0.04	0.23	0.10	0.01
R&D经费支出占GDP比重(%)	0.03	0.03	0.04	0.19	0.07	0.01

图 1　2006—2011 年海勃湾区 R&D 经费支出及占 GDP 比重

经过分析,造成该区 R&D 比重畸低的直观原因有:一是无属于本区统计的高校和科研单位;二是工业企业对科技投入重视不足,R&D 活动偏少,未形成常态化投入机制;三是现有服务业企业多集中于传统商贸批零住宿业,现代服务业企业少,R&D 经费支出几乎为零;四是虽然近年来地方财政对科技投入不断增加但总量仍偏低,公共财政引导作用较弱;五是规模以上企业在统计数据网上直报过程中未能做到应统尽统。

2. R&D 指标畸低表象下的深层次矛盾

一是该区作为典型的资源型城市,多年来投资矿产资源的高回

报率形成了一定的惯性思维和路径依赖，使企业在投资选择中更倾向于资源和固定资产，而非技术创新和高新技术产业；二是现有新兴产业和资源替代产业多处于起步阶段，尚未形成规模，支撑作用不足；三是由于城市、社会发展水平相对较低，生产生活条件较差，致使人才引进困难，科技人才匮乏。

3. 科技投入不足的潜在危机

对资源和投资的偏好面临着路径依赖的直接威胁，传统产业结构已无法支撑下一步的可持续发展。这警示我们，该区虽然已经跨越所谓的"中低收入门槛"，但科技投入不足最终将成为经济结构调整和发展方式转型的拖累，因为传统产业和固有发展方式是无法跨越"中等收入陷阱"的。

正如厉以宁教授所分析的，"一些落入'中等收入陷阱'的发展中国家之所以长期经济停滞，摆脱不了困境，同技术上难以有重大突破有关。如果技术上没有重大突破，缺少自主创新，缺少产业升级，缺乏技术先进的优势产业，是难以跨越中等收入陷阱的"[1]。

（二）单位GDP耗能的预警

1. 海勃湾区单位GDP能耗现状及原因分析

单位GDP能耗是一项逆指标，数值越小表明实现程度越高。近年来经过艰苦努力，该区2011年单位GDP能耗已下降至3.66吨标准煤/万元，较2006年下降41.7%，但从实现程度看仍较低，仅达到35.2%（见图2）。

造成上述结果的原因是多方面的，例如我国现行的能耗测算方法在对洗煤行业的能耗认定、煤炭作为能源消耗与作为原料消耗的区分、能源及煤炭输出地区的测算及结转办法等方面都存在一定缺陷。该测算方法不利于该区能耗指标的降低。但是，即便在承认上

---

[1] 厉以宁："论'中等收入陷阱'"，《经济学动态》2012年第12期。

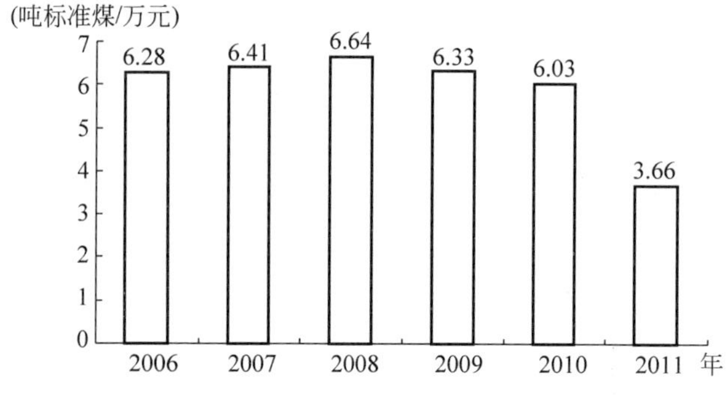

图2　2006—2011年海勃湾区单位GDP能耗

述不足的前提下，能耗指标仍然为该区敲响了警钟：历史形成的以煤炭采掘洗选、焦化为基础的工业结构，决定了当前能耗问题的基本面——过度依赖资源的产业结构无法支撑地区经济走向可持续发展。2010年，海勃湾区原煤消费量约1 900万吨，其中当地采掘量1 319万吨；乌海市原煤消费量5 083万吨，当地采掘量2 973万吨，剩余缺口部分需要从市外采购。

2. 过度依赖资源的潜在危机

从更深层次看，资源产业及相关产业的超高回报率，会对其他非资源产业产生挤出效应：社会投资对资源、资源产业的畸形偏好，客观上延迟了非资源、高新技术和第三产业的良性发展。而日益枯竭的资源产业无法支撑海勃湾区域经济的可持续发展和产业升级。这种产业发展现状刚好印证了厉以宁教授关于"中等收入陷阱"特征和成因的论述，所以单位GDP能耗指标分值偏低同样指向了"中等收入陷阱"问题。

（三）第三产业比例下降的影响及其反映出的深层次矛盾

1. 海勃湾区第三产业比例指标现状及原因分析

第三产业增加值占GDP比重既反映国家或地区产业结构服务化的程度，同时又是评价一国或地区经济结构现代化水平的国际通用标志。从2008年以来,该区第三产业增加值所占比重逐年下降,由45.5%降至2011年的37.4%,实现程度为74.8%(见图3)。

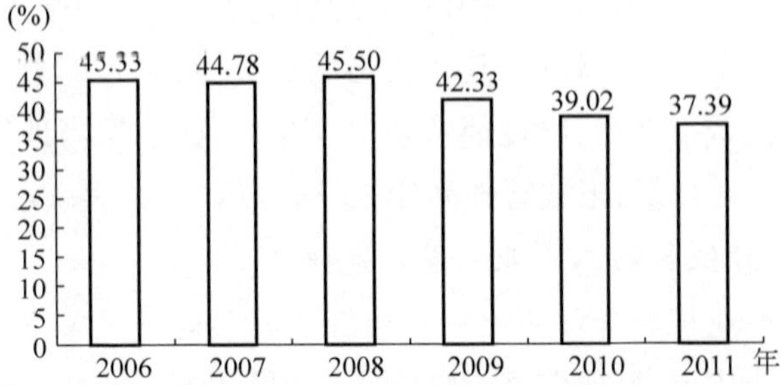

图3 2006—2011年海勃湾区第三产业增加值占GDP比重

2006—2011年,该区三次产业产值及相对关系的变化特点为:产值绝对量均逐年快速提升,第一产业相对稳定,第二产业绝对量和相对比例均快速增长,第三产业在绝对量增加的同时相对比例却在下降。事实上该区第三产业年增速均保持两位数,并非发展不快,只是增速赶不上第二产业和GDP的增速(见图4)。

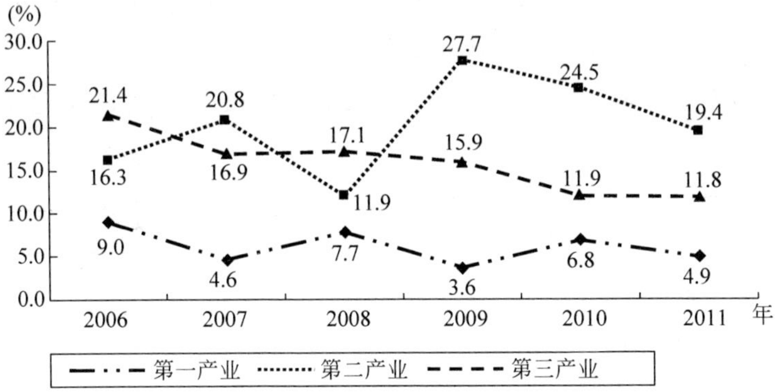

图4 2006—2011年海勃湾区三次产业增速

2. 第三产业比例“逆向发展”表象下的深层次矛盾

直观看相对比例下降的原因是第三产业的发展速度不及第二产业,分析更深层次的原因还是在于区域投资偏好对第二产业、资源相关产业以及重化工业的倾斜。背后隐含的是对高增长、GDP 以及固定资产投资的追求。更为不利的是，由于第三产业发展不充分，无法为当地和周边居民提供充足高品质的产品和服务；而该区居民收入水平又相对较高，具备较强的购买力，于是部分居民就会选择到其他城市消费，出现消费溢出现象，进而引发当地第三产业发展的进一步放缓，形成恶性循环。

3. 过度依赖第二产业的潜在危机

三次产业相对合理的比例对经济的健康运行至关重要。畸高的第二产业比重，反映出经济增长对工业的依赖以及相对较低的发展阶段；而偏低的第三产业比重，则表明消费对经济增长贡献率低。所以全面建设小康社会指标体系将第三产业比重目标值确定为较高的50%。

偏低的第三产业比重对区域经济健康发展和跨域“中等收入陷阱”同样有着不利的影响。正如厉以宁教授所指出的：“跨越‘中等收入陷阱’，必须摆脱过去长时期内支撑经济增长率的模式，即主要依靠政府投资的旧模式，转而实现投资与消费并重的拉动 GDP 增长的模式，再进而实现消费需求带动为主、投资需求带动为辅的拉动增长模式。这才会形成经济的良性循环增长模式，才能避免经济的大起大落……”〔1〕

（四）文化产业比重低和家庭文教娱乐支出比例低的深远影响

1. 海勃湾区文化产业比重和家庭文娱支出比例现状及原因分析

2011 年，该区文化产业增加值占 GDP 比重仅为 2.29%，比 2006 年提高了 0.68 个百分点，实现程度为 45.8%（见图 5）。

近年来该区文化产业不断发展，但与全面小康社会的目标相比仍存在较大差距。制造业方面，2011 年该区工业增加值占 GDP 的

〔1〕厉以宁：“论‘中等收入陷阱’”，《经济学动态》2012 年第 12 期。

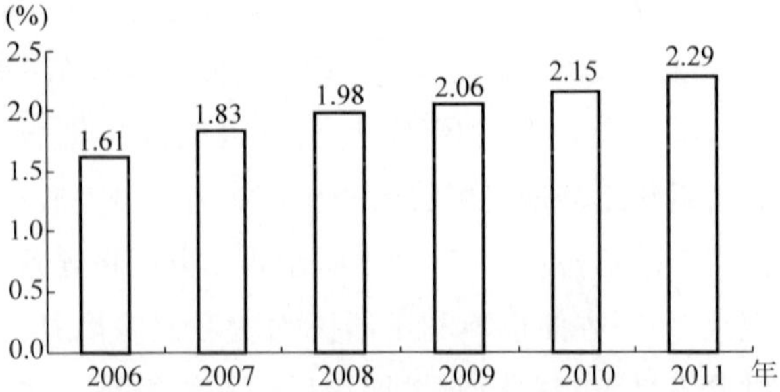

图5　2006—2011年海勃湾区文化产业增加值占GDP比重

54.6%，但其中涉及文化产业的诸如书报杂志印刷、文化设备制造等却寥寥无几（此类企业总数不到10家，全部是规模以下企业）；服务业方面，该区第三产业中居主导地位的仍是交通运输仓储邮政业、批零贸易住宿餐饮业和金融业，属于文化产业的诸如文化体育娱乐业等在第三产业中的比重仍然很低。

2011年，该区居民文教娱乐服务支出占家庭消费支出比重为11.74%，比2006年提高了0.41个百分点，实现程度为73.4%（见图6）。

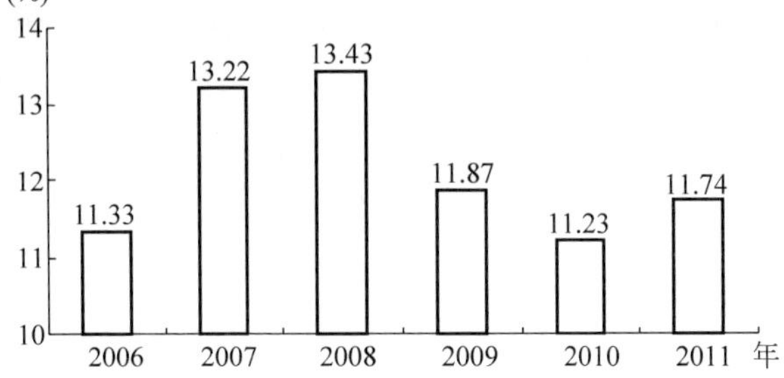

图6　2006—2011年海勃湾区居民文教娱乐服务支出占家庭消费支出比重

由图6可见，支出比重近三年来有所下降，约11%，比例较低。这表明即使考虑样本容量小、数据稳定性差、当地义务教育（含高中）免费、文化设施免费开放，以及近年来城乡居民收入水平快速提升使得分母变大等因素的影响，文教娱乐支出的比例仍然较低。

2. 文化产业比重和家庭文娱支出比例偏低现象下的深层次矛盾

由于该区的文化产业发展不充分，导致地区文化产品供给不足；与此同时，近年来当地居民收入和支付能力却增长较快，人们的潜在文化消费需求日益提升，这种供需矛盾一方面将导致文化消费产生溢出现象，另一方面也不利于居民消费习惯的培养，从而造成文化产品供给不足与相关产业发展滞后的恶性循环。文化产业具有商品和公共服务品的双重属性，具有高附加值、高融合性的特征，与现代生产生活方式密切相关，是现代服务业的重要组成部分。大力发展文化产业对于提升三产水平，提高市民、产业工人的整体素质，进而增强地区经济社会发展后劲有着极其深远的影响。特别是对于该区这样的资源型城市而言，没有高素质的居民群体就无法最终实现转型和可持续发展。

（五）社会安全指数出现下降的警示

1. 社会安全指数指标的定义

社会安全指数主要包括社会治安、交通安全、生活安全、生产安全等方面。其中，社会治安采用万人刑事犯罪率指标；交通安全采用万人交通事故死亡率指标；生活安全采用万人火灾事故死亡率指标；生产安全采用万人工伤事故死亡率指标。计算公式为：

$$\begin{aligned}\text{社会安全指数} &= \frac{\text{2000 年全国万人刑事犯罪率}}{\text{当年本地万人刑事犯罪率}} \times 40 \\ &+ \frac{\text{2000 年全国万人交通事故死亡率}}{\text{当年本地万人交通事故死亡率}} \times w_1 \\ &+ \frac{\text{2000 年全国万人火灾事故死亡率}}{\text{当年本地万人火灾事故死亡率}} \times w_2 \\ &+ \frac{\text{2000 年全国万人工伤事故死亡率}}{\text{当年本地万人工伤事故死亡率}} \times w_3\end{aligned}$$

其中：

$$w_1 = \frac{\text{当年本地交通事故死亡人数}}{\text{当年本地各类安全生产事故死亡人数}} \times 60,$$

$$w_2 = \frac{\text{当年本地火灾事故死亡人数}}{\text{当年本地各类安全生产事故死亡人数}} \times 60,$$

$$w_3 = \frac{\text{当年本地工矿商贸企业事故死亡人数}}{\text{当年本地各类安全生产事故死亡人数}} \times 60$$

由公式可见,万人刑事犯罪率指标对于整体社会安全指数的影响达40%。

2. 海勃湾区社会安全指数现状及原因分析

该区社会安全指数一直在48%—68%之间波动,但从2009年开始下滑,直至2011年的61.4%,下降了8个百分点(见图7)。

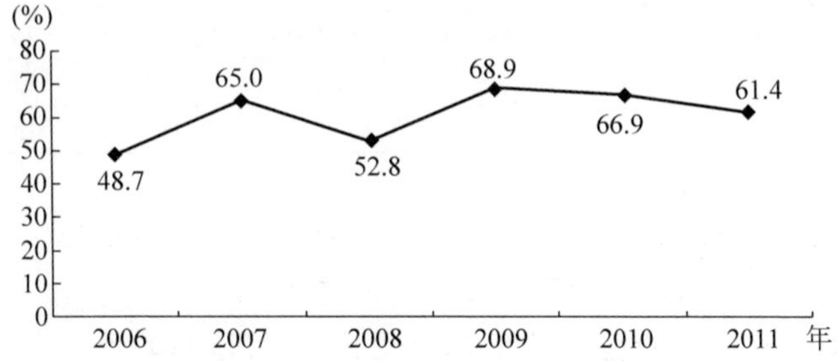

图7 2006—2011年海勃湾区社会安全指数

社会安全指数受到刑事犯罪人数、工矿商贸企业死亡人数、火灾死亡人数、交通事故死亡人数四项指标影响。2011年,该区刑事犯罪人数由473人增加到526人(工矿商贸企业死亡人数由1人增加到4人),是导致社会安全指数实现程度下降的直接原因。而导致刑事犯罪人数上升的原因是多方面的,其中有法律规定调整的影响:2011年5月1日起“酒驾入刑”,使刑事犯罪人数直线上升(因酒驾入刑2011年有73人、2012年有165人)。但是,在剔除酒驾等系统性因素影响后,该区治安犯罪量也在平缓地逐年增加,2009年222件、2010年261件、2011年257件、2012年288件。

3. 刑事犯罪率逐年上升的深层次原因分析

交通肇事(2012 年起改为危险驾驶罪)、盗窃、故意伤害三种案件一直是该区高发的犯罪类型(见表 4)。由此分析刑事犯罪率逐年上升的深层次原因为:一方面,随着经济社会的发展和城市化进程加快,人口的快速流入和流动日益加剧,目前 30 万常住人口中,非本地户籍人员已近 1/3;另一方面,收入差距的进一步拉大、城乡二元社会保障体系等问题,客观上增加了社会不稳定因素。

表 4　2010—2012 年海勃湾区主要犯罪类型统计表

年份	交通肇事		盗窃		故意伤害	
	件次	所占比例(%)	件次	所占比例(%)	件次	所占比例(%)
2010	31	13.96	70	31.53	55	24.8
2011	106	28.6	76	20.4	66	17.8
2012	192	42	62	13.6	71	15.5

(六) 小结

综上所述,以上偏低或出现异动的指标,指明了海勃湾区距全面建设小康社会目标存在的差距,为当地区域经济持续健康发展敲响了警钟。具体分析这几个异动指标,会发现其主要矛盾在于:经济增长方式亟待转变,产业结构调整不尽合理,以及快速城市化过程中引发的社会矛盾等。

将上述矛盾与厉以宁教授关于“中等收入陷阱”的分析研判进行对比,易见两者间的逻辑关系。区域经济在全面建设小康社会指标体系中凸显出的问题明确指向“中等收入陷阱”的几个特征:一是科技投入不足与高新技术发展迟缓使得自主创新乏力,带来陷入“中等收入陷阱”的风险;二是落后、固化(路径依赖)的产业结构和生产方式有可能导致结构调整困难,进而陷入“中等收入陷阱”;三是社会不稳定可能对跨越“中等收入陷阱”造成影响等。由此可见，全面建设小康社会指标体系对地方政府进行考核的内容与“中等收入陷阱”的表象和内在机理等高度相关。因此，以小康社会指标体系作为地方政府中、短期施政目标，就有可能帮助其克服短视行为（如对固有发展路径和方式的依赖），激发其跨越“中等收入陷阱”的紧迫感和积极性。从而实现“主观上为了‘达小康’（努力实现指标体系中各项目标值），客观上促进地方经济社会跨越‘中等收入陷阱’”的目标。其中的逻辑保证则是两者间高度的相关性，以及指标体系对跨越“中等收入陷阱”的指导性。

四、以全面建设小康社会指标体系为指导，海勃湾区将努力在全面建成小康社会的同时奋力跨越“中等收入陷阱”

（一）以 R&D 和单位 GDP 能耗指标为指导，推动发展方式转变，实现内生可持续发展

1. 加大政府科技创新引导力度，切实提升企业主体科技创新转型发展的意识。健全完善地方财政对科技投入支持的配套政策，严格落实企业研发费用及高新技术企业税费优惠政策，增加地方财政对科技的投入，充分发挥财政资金的引导作用。引导企业不断提高科技投入，切实提升企业主体创新意识，增强社会各方对科技投入的信心，从而提升全社会科技投入水平。

2. 坚持“传统产业新型化、新兴产业规模化”的发展思路。科技投入的增加及能耗的降低最终要依靠产业特别是工业结构的调整。一方面，用高新技术改造和提升传统优势产业。以千万吨级煤焦化工基地建设为契机，注重科技创新和先进技术应用，大力推进劣质煤综合气化利用、焦炉煤气循环利用、焦化产品精深加工等项目建设，力争成为内蒙古现代煤化工生产示范基地和清洁能源输出基地重要的支撑点，逐步实现“传统产业新型化”发展。另一方面，以推进现有新兴产业项目达产达效为抓手，力促早日实现“新兴产

业规模化”。加强新能源汽车市场推广，着力突破油改汽的政策障碍，促其尽快规模化生产；加大汽车配套项目的扶持，同步推进面向区域优势产业的煤机、化工机械等装备制造业，积极融入内蒙古现代装备制造基地建设。加快推进光伏镀膜玻璃、逆变器等新能源项目及高岭土生产高档填料、粉煤灰制矿物质纤维等新材料项目达产增效，不断扩大新兴产业在工业经济中的比重。通过传统产业和新兴产业双发展、双促进，最终实现产业结构调整、单位能耗下降的目标。

3. 加大产学研合作和高新技术项目引进力度，实现企业自主创新和科技引进同步发展。一方面，立足于本地区高校和科研院所较少的实际，组织引导企业积极开展跨区域校企合作。对科技研发活动开展好的企业，予以资金政策的倾斜，争取在大中型企业中逐步建立研发机构。另一方面，加大高新技术企业、项目和人才引进力度，不断增强地区综合竞争力和可持续发展能力。

综上所述，鉴于海勃湾区产业发展实际，只有通过不断加大科技投入、大力发展非资源产业和高新技术产业，努力实现传统产业新兴化、新兴产业规模化、支柱产业多元化，才能真正转变经济发展方式，进而加快全面建成小康社会进程。

（二）以第三产业比重和文化娱乐支出比重等指标为指导，调优三次产业

1. 推动第二、第三产业联动，优先发展生产性服务业。充分发挥现有产业优势，打造内蒙古西部资源输出的区域集散中心。做大物流产业，大力发展第三方物流，推动生产企业外包物流业务；紧紧抓住乌海市被列为首批国家智慧城市试点的契机，以“两化”融合为切入点，重点推进传统产业信息化；以优化金融资源利用为核心，积极引进金融机构，支持区内外优势银行发起设立村镇银行、贷款公司，建立与区域经济社会发展相适应的多元化、多层次金融服务

体系。

2. 发挥内蒙古西部中心城区的区位优势,加快发展生活性服务业。加强基础设施建设,增强城市辐射力。坚持教育优先发展,确保义务教育水平保持领先地位。完善基层医疗卫生服务体系,深化与先进地区医疗机构的合作关系,力促医疗水平提质升级。不断提高公共产品供给数量和质量,为本地和周边居民提供优质公共服务。以商贸服务业、社区服务业为主线,全面发展生活性服务业。打造新的商业中心,提升原有商业中心档次,留住本地购买力、吸引周边购买力;规范发展专业市场,大力发展家居、建材、农副产品等各类专业市场。社区服务业方面,重点发展社区便民商业与餐饮、家政、养老及托幼服务,培育家庭服务市场,全面提升服务业发展水平。

3. 立足当地优势,借力周边资源,积极发展文化旅游业。以乌海湖蓄水为契机,积极整合自然生态、历史人文、区位优势等旅游资源。加快发展文化旅游业,切实将城市文化优势转化为现实产业优势。强化旅游宣传与合作,逐步发展成为西部旅游集散中心和目的地。

通过建成辐射周边的区域中心城区,推进第三产业繁荣发展,增强消费对区域经济的拉动作用,实现海勃湾区县域经济增长由单一依赖投资向多元化内生性增长方式转变。

(三)高度重视公民自身民主权利指标和社会安全指数指标,推动基层社会和谐

促进社会和谐稳定,既是全面建成小康社会的任务要求,又是跨越“中等收入陷阱”的前提保障。

1. 丰富基层民主实现形式,不断提高基层民主水平和人民群众的认同度。在镇街道、社区(村)的基层公共事务和公益事业中,不断健全以基层党组织为领导核心、居民委员会和社区(村)服务

中心“三位一体”的基层组织体系，充分发挥业主委会员、居民议事会等居民自治组织的积极作用，大力推进居民自治。健全决策机制和程序，建立决策问责和纠错制度，凡是涉及群众切身利益的决策都要充分听取群众意见，坚决防止和纠正损害群众利益的做法。

2. 加强公共安全体系建设，全力打造“平安海勃湾”。以“科技防控城市”建设为重点，加强社会治安防控体系建设。加快推进“数字城管”平台与智能交通系统的资源整合工作。深入开展“千人巡防行动”，不断夯实技防、物防和人防一体化的社会治安防控体系。加强流动人口服务管理工作，创新“以证管人、以房管人、以业管人”管理新模式，通过建立流动人口社会化管理长效机制，实现对流动人员服务和约束的多重效果。严厉打击刑事治安犯罪行为，切实增强人民群众的安全感和满意度。

3. 加强社会管理创新，不断提高服务基层群众和化解社会矛盾的能力。不断深化“网格化管理、组团式服务”工作模式。深入推进街道社区体制改革，进一步加强社区工作力量，提高工作人员待遇，逐步加大投入来保障各项工作有序开展。大力推进应急管理、便民服务、城市管理数字化建设，充分发挥“12345 便民服务热线”、社会管理监督指挥中心的信息化管控中枢作用，拓宽畅通群众诉求解决渠道，不断加大群众困难问题的解决力度，提高群众满意度。

（四）不断加大民生投入，调优居民收入分配结构

1. 集中更多财力用于保障和改善民生。大力实施惠民政策和惠民工程，继续调整财政支出结构和方向，不断加大教育、医疗卫生等公共服务事业的投入，把更多财力用在群众直接受惠受益的项目上。进一步扩大提高养老、医疗等“五险”覆盖面和保障水平。加快保障性住房建设，加大采煤沉陷区和棚户区居民搬迁安置力度。逐步强化城乡低收入群体基本生活保障标准与物价上涨挂钩的联

动机制，完善动态管理的最低生活保障制度，逐步提高城乡居民最低生活保障水平。加强社会救助体系建设，拓宽救助渠道和领域。

2. 加大就业创业工作力度，促进地区工作合理增长。要切实加大支持服务业、小微企业及劳动密集型企业发展力度，力争创造更多就业岗位；切实落实好税费减免和公益性岗位、职业培训、社会保险、技能鉴定补贴等政策，提高劳动者职业技能和劳动保障水平；进一步完善和落实小额担保贷款、财政贴息等鼓励自主创业政策，切实通过扩大就业和支持创业来增加居民收入。

在严格落实最低工资标准制度的同时，逐步建立反映劳动力市场供求关系和企业经济效益的工资决定及正常增长机制。积极稳妥推行企业工资集体协商和行业性、区域性工资集体协商，逐步解决一些行业企业职工工资过低的问题。健全工资支付保障机制，将拖欠工资问题突出的领域和容易发生拖欠的行业纳入重点监控范围。完善劳动争议处理机制，加大劳动保障监察执法力度。

五、结语

“中等收入陷阱”这一课题，正如厉以宁教授所指出的“已成为发展经济学中值得注意的新课题”。我们认为在高度关注相关理论研究、提出宏观政策建议的同时，也应关注在政策落实过程中对县（区）域经济建设和地方政府行政行为的具体指导。

通过以上分析我们可以发现，目前正在执行的全面建设小康社会指标体系对基层政府的指导和督促作用是非常明确和强有力的，并且对海勃湾区跨越“中等收入陷阱”具有现实的指导意义。由此推开，该体系在指导更大范围内乃至全国如何跨越“中等收入陷阱”也应具有重要的意义。若各地、市、县（区）均在应对“中等收入陷阱”方面积极作为，则必将会在全局层面上发挥积极作用。

附录

全面建设小康社会统计监测指标体系

监 测 指 标	单　　位	全面小康目标值
一、经济发展		
1. 人均 GDP	元	≥31 400
2. R&D 经费支出占 GDP 比重	%	≥2.5
3. 第三产业增加值占 GDP 比重	%	≥50
4. 城镇人口比重	%	≥60
5. 失业率(城镇)	%	≤6
二、社会和谐		
6. 基尼系数	—	≤0.4
7. 城乡居民收入比	以农为 1	≤2.8
8. 地区经济发展差异系数	%	≤60
9. 基本社会保险覆盖率	%	≥90
10. 高中阶段毕业生性别差异系数	%	100
三、生活质量		
11. 居民人均可支配收入	元	≥15 000
12. 恩格尔系数	%	≤40
13. 人均住房使用面积	平方米	≥27
14. 5 岁以下儿童死亡率	‰	≤12
15. 平均预期寿命	岁	≥75
四、民主法制		
16. 公民自身民主权利满意度	%	≥90
17. 社会安全指数	%	≥100
五、文化教育		
18. 文化产业增加值占 GDP 比重	%	≥5
19. 居民文教娱乐服务支出占家庭消费支出比重	%	≥16
20. 平均受教育年限	年	≥10.5
六、资源环境		
21. 单位 GDP 能耗	吨标准煤/万元	≤0.84
22. 耕地面积指数	%	≥90
23. 环境质量指数	%	100
全面建设小康社会进程		

参考文献

1. 海勃湾区统计局:《海勃湾区统计年鉴》,2006—2011 年。
2. 侯凤岐:“资源型城市转型发展的几点思考”,乌海市委办公厅,2011 年。
3. 胡永泰、陆铭、杰弗里·萨克斯、陈钊主编:《跨越“中等收入陷阱”——展望中国经济增长的持续性》,上海人民出版社 2012 年版。
4. 黄蓉生:《全面建设小康社会研究》,中国人民大学出版社 2009 年版。
5. 厉以宁:《厉以宁经济文选》,中国时代经济出版社 2010 年版。
6. 厉以宁、石军等:《中国经济改革警示录》,人民出版社 2013 年版。
7. 厉以宁:“论‘中等收入陷阱’”,《经济学动态》2012 年第 12 期。
8. 林岗等:《迈过“中等收入陷阱”的中国战略》,经济科学出版社 2011 年版。
9. 内蒙古党校课题组:“乌海市打造‘小金三角’区域中心城市的战略研究”,《区情研究报告》2011 年第 2 期。
10. 袁占亭:《资源型城市转型基本问题与中外模式比较》,中国社会科学出版社 2010 年版。

(罗青,中共内蒙古乌海市委)

跨越『中等收入陷阱』的社区管理创新问题调查研究——以黑龙江省牡丹江市西安区为例

李旭鸿

一、社会建设是跨越“中等收入陷阱”的重要内容

“中等收入陷阱”包括“发展的制度陷阱”、“社会危机陷阱”和“技术陷阱”。其中,“社会危机陷阱”要靠缩小贫富差距、缩小城乡收入差距、地区收入差距和社会管理创新来避免。社会管理创新主要反映于改变传统社会结构,实行社区、农村自治,以及采取各种措施化解民间矛盾。

社区[1]是城市社会管理的基本单元,社区建设对于推进城市化、建设和谐社会、创新社会管理意义重大。党的十八大报告提出,"加强社会建设,是社会和谐稳定的重要保证。"笔者通过牡丹江市西安区等地的实地调研和相关问题的研究,发现社区管理建设在多方面还难以适应新要求,社区建设面临严峻挑战,推进社区改革、加强社区建设势在必行,如此,才能为跨越"社会危机陷阱"提供社会管理制度创新,避免陷入"中等收入陷阱"。

二、当前我国社区管理存在的问题调查

2011 年,中国城镇人口已达 6.91 亿,城镇化率达到 51.27%,首次超过 50%。[2]这是我国社会结构的一个历史性变化,表明中国已经由一个传统意义上的农业大国开始转入城市型社会为主体的新时代。同时,中国的城市化还处于快速发展阶段,每年将有 1 000 万人成为新的城市生活人口。在新的城市化时代,城市生活方式将占主导地位,城市社会建设的重要性日益显现。城市社区是国家结构最基础层面的社会单元,是城市的细胞、社会的基础。在我国城市化、工业化进程中,加强城市社区管理,搞好社区建设是深化城市管理体制改革、维护社会稳定的迫切要求,也是全面建设小康社会的重要任务。但随着我国经济社会发展、社会转型不断加快

---

[1] 学术研究的"社区"概念包括农村社区、城市社区。按照我国实践中的习惯性界定,本文中的社区专指城市中实体性的社区,是城区街道办下辖的城市基层社会组织和构成单元。感谢财政部牡丹江调研实践团各位同仁的智慧和贡献。

[2] 2012 年 2 月 22 日中国国家统计局发布的《中华人民共和国 2011 年国民经济和社会发展统计公报》中指出 2011 年中国城镇人口首次超过农村人口,比例达到了 51.3%。这个城市化率是按照全国城镇人口与总人口的比值计算得到的,如果按照城镇非农人口与总人口之比计算的话,城市化率应该要低于 51.3%。

和居民对社区服务需求不断增加，社区管理中许多新的、深层次的矛盾和挑战日益突出，造成了社区目前“小马拉大车”的困境。

（一）法律规定的自治机构与现实的行政机构

尽管《城市居民委员会组织法》规定社区居委会是“自我管理、自我教育、自我服务的基层群众性自治组织”，但随着我国社会组织功能发生了巨大的结构变化，计划经济体制下由企业单位承担的大量社会管理、服务、保障功能开始剥离出来，行政管理体系改革也将一部分社会管理和服务职能从政府中分化出来，直接落在了作为城市社会基础单元的社区中，造成了社区唯一的管理主体——社区居委会的功能多样化、功能行政化。居委会成了政府办事的“腿”，已不仅仅是行政事务“协助者”，甚至成为具体的操办者和执行者，居民自治基本被行政工作挤出。有社区工作者形象地总结说：“现在的社区工作状况是‘七多二少’：台账材料多、调查报表多、证明盖章多、会议活动多、组织牌子多、检查评比多、硬性指派任务多，但本职干得少、为居民服务得少。”

（二）无边界的职能与有限的组织资源

“社区就像是个筐，什么工作都往里装。”当前许多政府部门都在强调“工作向社区延伸”，出发点本是好的，但有的部门只是推卸责任，把棘手的行政事务推给社区处理，导致社区就像个大网兜，各种难处理的事务都装在这里，而人员、经费等却没有到位，相应的职能、权力没有明确，造成目前多数居委会处于“责任大、权力小、事务多、经费少”的尴尬境地，某些矛盾也开始在社区沉淀积累。

（三）无所不包的事务与少得可怜的人员

“上面千根线，社区抓全面。”近年来社区工作呈现快速膨胀的趋势，小到社区楼道卫生、化粪池溢出、管道堵塞、调解居民家庭纠纷，大到教育、文化建设、社会和劳动保障等，可以说生老病死、从摇篮到坟墓都需要社区参与。据统计，牡丹江市的各部门下派到社区的工作包括56个部门的201项工作。与此相反的是社区工作人员配备严重不足。以西安区先锋街道办事处为例，总人口49 098人，社区工作人员60人，平均每人的服务对象为818人，社区工作人员只能把绝大部分精力用于应付各种分摊的任务，根本没有时间和精力开展居民自治工作。

（四）高标准的工作要求与专业化水平较低的工作者

“铜头、铁嘴、蛤蟆肚子、飞毛腿”是形容对社区工作者的要求，要能顶得住压力、与社区居民做好沟通协调、能把老百姓各种利益诉求都装下、及时为老百姓服务解决困难。随着社区结构日益复杂、居民利益诉求多元化，对社区工作者的要求越来越高。多年来，我国虽然建立起了一支以专职人员为骨干、兼职人员为主体、志愿者为补充的社区服务队伍，但直接从事社区服务的人员主要还是由家庭妇女、离退休职工、下岗工人等组成，整体来看专业人员的构成比例依然很低。

（五）“体制内”的工作与“编外人”的待遇

虽然社区工作者实际负担着繁重的行政事务，但由于社区居委会在法律上是自治组织，其工作人员基本没有行政或事业编制的身份，只能领取政府发放的补贴，且补贴标准较低。目前西安区社区居委会主任的补贴为每月1 100元，副主任为1 050元，委员为1 000元，远低于国家要求的在岗平均工资标准。同时，社区工作者的薪酬没有建立起科学的增长机制，未与工作年限和业绩挂起钩来，“干多干少一个样，干了多少年一个样”，这在一定程度上影响了工作的积极性。

（六）多样性的社区建设需求与普遍薄弱的基础设施现状

随着社区居民需求的扩展，社区文化、体育、卫生、环境、劳动保障等方面的服务项目逐渐发展起来，而与此相对应的社区广场、卫生站、老年服务中心、再就业服务中心等公共设施却存在设施不足、配套项目不齐的情况，与居民日益增长的服务需求相比差距较大，制约了社区服务的发展。截止到目前，牡丹江市只有66%的社区工作和服务用房面积达到要求的300平方米以上的标准，一站式服务大厅大部分只有20—40平方米的面积，在为居民集中服务时显得十分拥挤。

（七）日益重要的社区管理任务与紧张有限的经费保障

社区管理服务的任务日益繁重，但资金保障还处于十分薄弱的状态，很多地区没有建立起稳定的社区经费来源。社区服务具有公益性和福利性的特征，这决定了政府对社区服务有资金供给的责任。但在市、区级财政十分吃紧的情况下，政府提供的资金十分有限。在社区自身"供氧"方面，由于我国区域经济发展不平衡，社区服务资金投入上存在着资源分布的差异性，经济发达地区可以依靠自身拥有的资源发展社区经济，充分"造血"；而经济欠发达地区往往财政资金投入有限，市场化的手段也不活跃，资金缺口较大。

（八）社区对社会组织的急迫需求与社会组织的总体薄弱

现代社会中，非政府、公益性和非营利性的社会组织是承接社区服务的主要载体。由于我国社区发展的历史原因，政府部门对社区事务的介入较深，形成大包大揽的格局，导致在社区层面能够提供公共服务的社区组织发展薄弱、数量较少。当前民间组织发育不足、志愿者少、缺乏与驻区单位形成良好的利益机制、社区居民参与性不高等问题严重影响了社区工作的效率。

三、社区建设困境的历史与现实原因分析

造成以上几方面矛盾有许多客观和历史原因,也有当前我国社区管理体制改革滞后等问题,主要包括以下五个方面:

(一)自治型社区建设的发展历史较短

社区发展的动力主要来自三方面:政府、市场和社会。纵观我国社区发展的历史,随着三大动力因素在不同时期的力量取向,社区建设与管理也呈现出不同的特点和要求。新中国成立初期,中央鼓励地方政府组织群众参与城市建设与管理,政府实行高度集权、计划管理的方式,居委会虽然在法律上是基层群众的自治组织,但被纳入政府体系中,独立性和自制性都受到限制,社区治理以行政主导模式为主。自 1978 年改革开放开始,我国的城市化进程加快,计划经济体制开始向社会主义市场经济体制过渡,“单位制”开始逐渐解体,单位兼有的部分职能开始向街道和居委会转移,但并不彻底,社区不可能实行完全自治,只能将政府资源与社区资源整合、行政机制与自治机制互补互动,创建社区共治模式。进入 21 世纪后,随着社会转型、企业转制和政府转变职能,越来越多的“单位人”成为“社会人”,社区工作对象、内容等都发生深刻变化。自此,我国社区建设开始进入社区自治阶段,“社区建设热”在全国普遍兴起。2010 年,中共中央办公厅、国务院办公厅印发《关于加强和改进城市社区居民委员会建设工作的意见》,就进一步加强和改进城市社区居民委员会建设做出规定和部署。但毕竟社区自治管理与发展的起步较晚,不过十几年的时间,再加上各地现实状况不同,发展程度差距较大,导致目前社区管理出现诸多矛盾,对于社区自治发展的认识和路径对策也尚未形成普遍共识。

(二) 城市化的快速发展对社区工作提出了更高要求

随着我国人均居民收入达到了中等收入阶段,原增长机制和发展模式中的矛盾爆发出来了,随着工业化、城镇化、市场化的进程加快,我国社区管理服务的对象、主体和内容正在发生深刻变化。在社区工作对象方面,2011 年我国城镇人口已达 6.9 亿,再加上近 2.3 亿的流动人口,如此庞大的城市人群,并且包含着数以千万计的低保人口、下岗失业人员、残疾人及老年人等特殊社会群体,社区管理服务对象无论在数量还是差异性上都发生了巨大变化。在社区工作内容上,随着以往由政府和单位负责的管理和服务工作转移到社区,社区服务的领域不断拓展,由传统较为单一的工作内容延伸为多样化、多层次的管理服务项目。在社区工作职能方面,随着城市居民生活方式、价值理念的深刻变化,以及各种利益冲突和社会矛盾多发易发,社区在维护社会稳定、协调各方利益关系、适应居民多样化需求方面的责任越来越重要。所有这些变化,都对社区工作提出了新要求和挑战。

(三) 社区管理工作的顶层设计尚未明晰

分析当前社区管理陷入困境的原因,体制方面是由于我国社会管理体制改革滞后,政府与社区关系没有理顺,行政管理主导、自治管理偏弱的社区管理格局没有根本改变。在计划经济时期,政府在社区建设发展方面一直承担着规划指导、政策扶持和财力支持、推动工作开展等多重任务。这在社区建设发展的初期无疑起到了积极的推动作用,但在社会结构已经发生巨大变化的情况下,这种“政社不分”的旧体制的弊端逐渐显现,其中比较突出的就是街道办事处和社区居委会的职能错位。街道办事处虽然有为整个辖区提供公共服务的责任,但在社区层面并没有对应机构,找社区居委会作为自己的“腿”也是无奈之举,只能使居委会超越法定权限成为街道办的“办事处”,也使居委会陷入了行政事务的旋涡。

(四)相关法律规定已经不符合实际和发展需要

我国现已初步形成了以《居民委员会组织法》为基础、地方实施办法为主体的城市基层民主自治法规体系,但是随着经济社会的发展,出现了一些法律规定与经济社会发展现状的矛盾:一是法律规定的居委会自治性质在现实中出现矛盾,缺乏法律条文充分体现其自治的性质,使得居委会在资源紧张的情况下,既要开展自治,又要听从政府指令,处于尴尬的境地。二是缺乏政策和资金倾斜。目前社区发展问题没有引起各级政府的足够重视,国家专门的政策支持较少,财力投入也无法与“三农”领域相提并论,社区服务管理举步维艰。三是出台的政策落实难。中央及地方在社区工作办公条件、人员待遇等方面出台的相关政策中,不少由于规定过于笼统简单,缺乏具体、可操作性强的规范和程序,导致难以落实。例如,根据中办发[2010]27号文件规定,社区办公用电、用水及取暖应享受民用价格,但由于没有相关职能部门的明确规定,许多社区用电、用热的优惠政策没有得到执行,开支负担较重。四是对社区居委会与其他社区组织的关系界定不明。例如《居委会组织法》、《物权法》和国务院《物业管理条例》等法律法规没有明确界定社区居委会与业主委员会、物业公司的关系,只进行了原则性规定,缺乏具体依据,导致社区内因物业管理导致的各类矛盾纠纷不能依法得到及时化解。

(五)社区建设发展的保障体系薄弱

社区建设发展的保障体系目前处于薄弱状态:一是社区服务设施体系薄弱。居民生活水平的提高带来了服务需求层次的提高,而与此相适应的基础设施建设落后。许多公共设施集中在单位内部,没有对外开放,社区掌握的资源有限,同时一些老旧城区、城乡结合部等弱势社区,社区基础建设先天不足,不达标情况严重,再加上一些新建小区没有按标准建设配套设备,导致社区公共服务设施供给短缺问题比较突出。二是以财政投入为核心的资金投入机制建设薄弱。社区服务资金的供给渠道主要包括三个方面:政府投入、社会捐赠和社区自身收入。目前社区还没有建立起持续、规范的资金来源体系。政府投入上,由于社区居委会不属于一级政府或组成单位,加之由于城区财政实力有限,往往难以提供持续、充足的财力支持。驻区单位、个人捐赠、社会福利募捐等社会性集资数量十分有限。同时,由于社区大多没有自己独立的土地、房产等资产,也基本不再兴办企业,自身"造血"功能薄弱,同样导致社区发展资金方面的短缺。三是社区工作者队伍体系薄弱。社区工作人员仍存在配备数量不足、整体年龄偏大、职业能力不高、来源渠道窄的情况。同时,由于没有正式编制,属于聘用性质,社区工作者待遇普遍较低,直接影响了工作者队伍的稳固,特别是新招用的大学生工作者流失严重。四是民间组织体系薄弱。民间社会组织在化解社会矛盾、帮助弱势群体、缓解社会冲突、维护社区稳定等方面都具有重要作用。但长期以来,政府习惯于包办许多社区服务事务,忽视了相关社会组织的培育和发挥的作用。五是社区居民的共建意识薄弱。广大群众的社区意识比较淡薄,对社区的认同感、归属感不足,参与度不强,"社区是我家,建设靠大家"远未形成气候,居民普遍缺乏参与意识。

四、中国创新社区管理的主体思路探索

社区管理的传统体制面临严峻挑战,同时也为新型社区治理结构的形成提供了难得的历史机遇与现实条件。就目前情况看,现在已是推行"社区改革"的有利时机。创新社区治理应当根据我国经济社会发展的实际情况、现实条件和不同阶段突显的问题,分步骤、

分阶段地有序推进。党的十八大报告指出:“加强和创新社会管理。提高社会管理科学化水平,必须加强社会管理法律、体制机制、能力、人才队伍和信息化建设。改进政府提供公共服务方式,加强基层社会管理和服务体系建设,增强城乡社区服务功能”。这是我们进行社区改革的指导思想。当前一段时期,应按照“积极稳妥、保障运行,顶层设计、制度保障,积累经验、试点先行,理顺体制、共建和谐”的指导原则进行,重点是立足一个核心、完善四项保障。

(一)一个核心:顶层设计——明确社区管理有关主体的职责定位

社区各类主体之间的关系问题,始终是研究基层社会管理的核心环节,也是加强基层社会管理必须解决的首要问题。从理论上讲,社区居委会是群众自治组织,如同农村村委会一样,政府部门不能把诸多的行政事务摊派到社区居委会。但当前特定的发展阶段,社区行政事务的存在具有一定客观现实性,创新管理体制必须从这一实际出发,保证各项行政和社会事务运转平稳。

建立规范、运转有效的社区管理体制,重在理顺各类不同主体间的关系,形成以社区党组织为核心、社区自治组织为基础、社区服务站为依托、社区社会组织为补充、驻社区单位密切配合、社区居民广泛参与的现代社区治理结构。特别是要明确社区党组织、社区居委会和社区服务站三者的功能、职责边界及相互间的工作关系:社区党组织是社区内各类组织和各项工作的领导核心，侧重于推动发展，服务群众，协调各方利益关系，组织动员各方力量共同推动社区建设，提高党组织在基层的执政能力。社区居委会作为社区居民自我管理、自我服务的基层群众性自治组织，侧重于组织居民开展民主自治，维护居民合法权益和社区共同利益，实现政府行政管理与基层群众自治有效衔接和良性互动。社区公共服务工作站与社区居委会独立，作为政府在社区层面设立的公益性综合服务机构，主要侧重于发挥专业化、职业化优势，推动促进就业、社会保障、教育文化体育服务等公共服务。

（二）制度保障：在理顺体制的基础上完善相关法律制度

在对社区党组织、社区居委会和社区服务站三者的工作职责和关系进行顶层设计的基础上，进一步完善《居民委员会组织法》等有关法律法规，将居委会承担的行政性职能予以剥离，明确承担行政职能的社区公共服务工作站的政府机构性质，从法律上对编制、人员、经费予以明确。政府要建立和落实好“社区工作准入制度”，凡是政府职能部门需要社区协助完成的公共服务事项，都必须经社区主管单位同意并统一安排，同时必须确定权责利，确定权力、责任和落实工作经费，保证社区在协助工作时“有职、有权、有钱”。

（三）经费保障：规范社区建设管理的经费保障机制

建立稳定可靠的经费筹集机制十分重要。一是加大政府财政支持。明确财政在支持社区发展中的职责定位，在社区基础设施建设、社区办公经费、人员经费、社区服务项目运作经费等方面切实落实资金投入，并对资金运作进行科学管理。二是拓宽收入渠道，形成多元、稳定的经费来源。积极调动各类资源支持和保障服务项目开展，鼓励各类民间组织、志愿组织、慈善组织参与社区服务，提高社会捐赠的积极性，加快建立多元化、多渠道的资金筹集机制。三是增强社区自身“造血”功能。可采取将城市部分公共设施场所的经营权或者管理权交由社区的办法。四是加大对社区的政策扶持力度。落实好社区办公用水、用电、用气优惠政策，鼓励支持社区发展第三产业、物业管理服务和各类代理服务，增加社区服务经费来源渠道。

（四）人才保障：加强社区管理改革的人才建设

目前，必须提高科学化、专业化水平，加强社区工作者队伍建设，提高队伍素质。一方面要注重外部引进，积极鼓励专业社区工作者进入社区居委会、各类社区服务机构及社团组织开展社区服务，提高社区工作者队伍的专业化水平。另一方面注重内部提升，建立完善培训、选拔、激励机制，有针对性地开展职业培训，并把各类社区工作者的薪酬不同程度地纳入政府财政预算，以政府财政为主，稳定其薪酬来源，把薪酬与专业素质、职业资格、工作绩效等方面的等级评定结合起来。

（五）民间组织保障：扶持培育社区民间组织建设

当前民间组织在激发社会活力、促进社会公平、倡导互助友爱、反映公众诉求、化解社会矛盾等方面具有重要作用，也是社区居民参与基层民主的有效形式，并能有效整合社区沉淀的资源。应加大对社区民间组织的扶持，改善社区民间组织的登记和备案制度，增强其行政合法性；积极为民间组织开展活动创造条件，为其提供必要的活动场地和办公条件，通过合同购买和公益资助加强政府与民间组织的合作；通过税收优惠和费用减免减轻民间组织的运营成本负担；加强社区志愿服务的规范化建设，建立社区服务者激励机制。

五、完善社区管理改革中的财政政策的具体建议

长远来看，应当按照职责将公共服务项目提供、社区服务站运营等属于行政性职能部分确定职责、人员编制和经费标准，纳入公共财政保障范围。近期来看，我国社区管理仍处于由政府行政驱动为主向自治为主发展的过渡阶段，社区发展资源仍主要由政府掌握，社区的自筹资金能力较低，而政府部门"向社区派活"的状况难以在短期内根本改变。在这种情况下，财政应加强对社区基础设施建设、社区居委会工作开展和民间组织发展的支持，以保障社区管理建设良好运行。

（一）因地制宜，加大政府财政投入

稳定和扩展各级政府对社区建设和社区服务提供方面的财政投入，保障社区工作开展的基本财力需求，重点建设居民迫切需要的服务项目。可采取以奖代补的方式，对升级改造的社区进行奖励，促进社区服务和办公用房场地等达标，并结合实际购置或调配相关必要的设备。同时，注重结合全国不同地区经济社会发展的差异，因地制宜地给予扶持帮助。东部城市在社区服务上更注重产业化和社会化的走势，应进一步引入市场机制，通过政策引导来增强社区自身"造血"能力，提高社区服务的自治自理水平；中西部地区由于经济发展水平相对较低，社区自身在服务投入方面受限，需要政府加大财政投入力度，着力实现公共服务均等化。

（二）发挥好税收和费用支持政策的杠杆作用

提供税收优惠政策鼓励企业、个人和其他组织向社区捐赠，提高各社区主体参与社区建设和共治的积极性。对社区服务产生的营业收入、剩余所得等可给予减征、免征营业税和所得税等优惠，对

社区公益资产免征财产税,对基本的社区公共服务项目按照民用价格收取水、电、煤气等费用。

(三)加大对社区举办公益事业的支持力度

提高社区公益事业专项补助资金拨付标准,加大投入,通过项目购买、项目补贴、项目奖励等方式,用于社区开展居民急需的服务。积极培育社区社会组织,给予相应的设备和活动费用。

(四)加强社区管理经费的管理和激励

适当提高社区管理经费支出标准,并实行评级定级方式拨付社区管理经费。对社区管理工作进行绩效考核,科学合理评定级别,按照评定级别状况拨付管理经费,激励社区提高管理水平。社区协助政府部门开展有关工作所需的经费,按照"费随事转"原则,由相关部门足额转移拨付。

(五)提高社区工作者补贴水平,稳定队伍

将社区工作者的工资、福利待遇等不同程度地纳入政府预算管理,稳定其薪酬的资金来源。把薪酬的提高与当地经济社会发展水平和工作者专业素质、职业资格、工作绩效等结合起来,建立类似绩效工资制的补贴制度,打破一成不变的补贴模式。

(六)价格部门落实好有关政策

价格相关部门进一步出台明确规定,细化措施要求,将国家规定的社区办公水、电享受居民价格标准等系列优惠政策的规定进一步明确,落实到位。

(七)通过转移支付向困难地区和特殊地区倾斜

充分考虑城区与郊区、城乡结合部,近郊与远郊、老城区与新城

区等在类型、规模、居民收入水平、文化素养等方面的差异,并针对特殊地区的实际需要,适当给予资金倾斜,例如东北寒冷地区冬季取暖期长,取暖费在办公经费中占相当大比例,相比其他地区具有特殊性,可采取专项补助的方式减轻办公取暖经费负担。

参考文献

1. 董章琳、张鹏:“城市农民工社会融合的影响因素分析——基于重庆市1032名农民工的调查”,《重庆理工大学学报(社会科学版)》2011年第2期。
2. 段珍珍、窦婷婷、韩莹、周庆源:“社区管理与改革研究报告”,《现代商贸工业》2010年第23期。
3. 〔美〕哈德凯瑟等著,夏建中等译校:《社区工作理论与实务》(第二版),中国人民大学出版社2008年版。
4. 侯岩主编:《中国城市社区服务体系建设研究报告》,中国经济出版社2009年版。
5. 厉以宁主编、程志强副主编:《中国道路与新城镇化》,商务印书馆2012年版。
6. 刘伟红:《社区治理——基层组织运行机制研究》,上海大学出版社2010年版。
7. 马西恒:《社区治理创新》,上海学林出版社2011年版。
8. 王颖、杨贵庆:《社会转型期的城市社区建设》,中国建筑工业出版社2009年版。
9. 吴群刚、孙志祥:《中国式社区治理:基层社会服务管理创新的探索与实践》,中国社会出版社2011年版。
10. 夏建中:《中国城市社区治理结构研究》,中国人民大学出版社2012年版。
11. 肖娟娟:“公共选择理论在社区物业管理中的应用”,《商业时代》2011年第3期。

(李旭鸿,北京大学光华管理学院)

跨越『中等收入陷阱』在新型工业化中的实践——以重庆大足区为例*

王志杰

根据厉以宁(2013)的分析,“中等收入陷阱”包括三个“陷阱”:“发展的制度陷阱”、“社会危机陷阱”和“技术陷阱”。已经或正在落入“中等收入陷阱”的发展中国家主要是从传统社会走向工业化社会的国家。顺利实现从传统工业化到新型工业化转型对克服“三个陷阱”尤其是“技术陷阱”非常关键。一方面推进新型工业化可推进产业升级,推动自主创新,促进技术创新与资本市场创新结合,壮大新兴产业,促进“中国制

* 中国博士后科学基金资助项目(2012M520087)。

造”到“中国创造”,为克服“技术陷阱”提供动力。另一方面推进新型工业化可促进就业、增加城乡居民收入、缩小城乡差距,为克服“社会危机陷阱”提供保障。同时,推进新型工业化可以促进形成公平的市场竞争环境,改革不适应发展的土地制度,促进人口合理流动,促进越过一些“发展的制度障碍”。

党的十八大指出:“坚持走中国特色新型工业化、信息化、城镇化、农业现代化道路,推动信息化和工业化深度融合、工业化和城镇化良性互动、城镇化和农业现代化相互协调,促进工业化、信息化、城镇化、农业现代化同步发展。”推进“四化四同步”是中国跨越“中等收入陷阱”、实现中国梦的关键,而加快欠发达地区新型工业化进程更是至关重要,本文以重庆大足区为例,研究欠发达地区面对经济基础差,工业起步晚,人才、技术、产业水平相对落后,经济发展环境和市场机制相对滞后的客观条件,如何创造性地开辟一条具有自身特色的新型工业化道路。

一、新型工业化是跨越“中等收入陷阱”的关键

能否成功打造“中国经济升级版”,关系着中国能否成功跨越“中等收入陷阱”。国务院总理李克强强调,用勇气和智慧打造“中国经济升级版”,核心是要在稳增长中提高质量和效益,提高科技创新对经济增长的贡献率,推动产业向中高端升级,实现进中求好。“中国经济升级版”是从外延型增长为主升级为内涵型增长为主的经济发展,是从低劳动成本、低附加值为主升级为知识型劳动和较高附加值为主的技术推动型经济发展,是从过于依靠外需拉动的速度型增长升级为内需外需协调拉动的高质量经济发展,是从过于依靠投资拉动的速度型增长升级为投资和消费共同拉动、速度和效益有机结合的内生增长型经济发展,也是升级为资源得到更有效利用、环境得到更好保护的经济发展。

打造“中国经济升级版”,必须加快工业转型升级,走中国特色新型工业化道路。工业化是一个国家现代化不可逾越的阶段,工业是经济发展的“火车头”、社会繁荣的“发动机”,已成为国家和区域经济发展的第一驱动力、财政收入的重要来源、就业增长的重要途径。工业稳则经济稳,工业强则国强民富。改革开放三十多年来,中国工业发生了翻天覆地的变化,成为世界“第一制造大国”,但“大而不强”,仍处于工业化中期、工业化加速期。中国制造业的总体水平并不高,根据《中国产业升级报告》,2011 年,中国劳动生产率约为美国的 4.38%、日本的 4.37% 和德国的 5.56%;中国制造业的增加值率仅为 26%,与美国、日本及德国相比,分别低 23、22、11 个百分点。产品附加值不高,仍处于世界制造业产业链的中下游。新制度经济学鼻祖罗纳德·科斯认为:“中国工业革命的速度、规模及成就,给人留下深刻的印象。但与英国 18 世纪及美国 19 世纪工业革命相比,中国的工业革命在技术创新上稍逊一筹,这令人有些遗憾和不安。”中国经济正进入重要转折期,表面上看是从高速增长向中速增长转变,实质上是从资源要素投入驱动转向创新驱动。工业作为实体经济的主体,是调整结构、转变经济发展方式的主战场,是转型升级的重点和难点。

新型工业化是“四化同步”的动力和引擎。工业化通过就业转换、人口集聚和财富积累效应带动城镇化发展,世界先进国家的城镇化进程都是工业化发展到一定阶段催生的,产业是城市发展的基础,城市是产业发展的载体,没有新型工业化不可能有新型城镇化,或者说,新型城镇化是不可持续的,是“空心”的城镇化。大量史料证明,工业革命前,城镇发展缓慢,直到 1800 年,世界城镇化率只有 3% 左右,城镇化进程尚未启动,但 1860 年工业革命后,则发生了较大变化,每 50 年翻一番。就农业现代化而言,也必须走“以工哺农、以工促农、以城带乡”的路子。信息化要建立在工业化的基础上,与工业化深度融合。

二、重庆大足区推进新型工业化的主要做法

大足区地处成渝经济区腹心地带，是世界石刻之乡、中国五金之乡、中国重型汽车的“摇篮”。2011年由原双桥区和大足县合并组建而成，面积1 436平方公里，人口103万。2012年，全区GDP达到246.7亿元，增长13%，工业总产值550亿元，增长10%，规模工业总产值310亿元，工业增加值120亿元，地方财政收入55.4亿元，增长8.9%，其中一般预算收入23.7亿元，增长12.8%，城乡居民收入分别达到21 742元、9 272元，增长11.9%、13.5%。大足新区设立后，虽然综合实力、区位条件、政策优势等各方面都得到质的提升，但总体还处在“欠发达地区和欠发达阶段”，在重庆38个区县中GDP排17位，工业增加值排16位。工业存在总量不大、结构不优、缺乏龙头和有带动力的企业、集群化不够、区域基础产业配套能力还需提升、创新能力不足等问题。全区上下形成了将深化工业强区战略作为首要发展任务的强大共识，专门出台关于工业强区的意见，工业总量按照在重庆占比4%—5%的目标跨越赶超，2015年力争达到1 200亿元，设立每年2亿元工业发展专项资金。

（一）坚持集群发展，发挥市场在资源配置中的基础性作用，构建特色产业集群，培育产业比较优势

在全球工业化过程中，尚未发现以行政性计划手段配置资源取得成功的先例，让市场机制发挥资源配置基础性作用是推进新型工业化的首要任务。根据各产业演进的内在规律和产业发展比较优势因素出现的新变化，大足区按照“存量重提升，增量调结构，加速发展，转型升级”的总思路，构建汽车及零部件产业、现代五金产业、装备制造及航空配套产业、循环利用、电子信息产业、旅游产品及农产品加工业、资源能源产业、农业机械及生产性服务业等“7＋1”产

业体系。从三个方面入手,梳理产业发展方向,培育特色产业集群。一是针对大足区既有比较优势产业,提档升级。比如针对大足区传统的优势五金产业,重点是延伸产业链,促进产品走向价值链高端,从生产日用五金到普通工业五金,再到高端装备五金,直至航空五金迈进,提高研发水平,培育品牌。2012年,涵盖12大门类、二百多个品种的五金制品产值超过200亿元,由5个专业市场组成的五金市场群交易额达162亿元。二是针对过去比较优势明显,现在优势下降,又急需发展的产业,转型发展。比如,汽车及零部件产业,大足是中国重型汽车工业的"摇篮",汽车配套能力比较强,尤其是重型汽车本地配套可达60%以上,但随着"上汽依维柯红岩"载重车主机厂搬迁到重庆北部新区,曾经的汽车城缺少了整车,面临转型。为此,除发展重型车外,正积极引进特种车及中微型卡车,发展汽车关键零部件,筹划发展电动汽车。三是针对过去处于比较劣势而前景好的产业,积极培育。比如高端装备制造产业,积极培育重庆市场需求量大的数控机床产业,针对大足将形成四通八达的"井"字形快速路网,成渝直线高速建成后,大足到重庆只需30分钟,到成都也仅需90分钟,大足区是重庆西部唯一有机场的区县,积极发展通用航空配套产业、现代物流业。针对重庆已成为中国最大的笔电基地,积极培育汽车电子、机械电子、笔电配套等产业。

(二)坚持激活民间活力,大力培育富有活力的市场主体,增加就业机会,拓展收入渠道

民营经济是市场经济中最基础、最广泛、最富有特色的力量,与百姓就业、增收、生活等民生福祉贴得最近。衡量区域经济活跃的程度,主要看民营经济,看市场主体数量占比。民营经济已经成为大足经济社会发展的重要支柱,2012年非公经济实现增加值占全区GDP的63%,税收占比87.5%,为进一步壮大市场主体,又专门出台《关于大力发展民营经济的实施意见》及其配套文件,多措并

举加大扶持力度。一是资金扶持,设立每年 2.5 亿元非公有制经济发展专项资金,2012 年 170 家企业获得支持。二是政策优惠,对民营经济扩大投资领域、放宽经营条件、创新金融服务、加强财政支持、降低税费负担、改善发展环境。三是基地孵化,设立小微企业创业基地,在 8 个镇专门设立了 8 个基地。从用地、规划、资金、项目等方面扶持基地发展,扶持全民创业。集中统筹土地复垦指标的 40% 用于基地建设,对入驻企业进行房租补贴,资助社会资本建设标准厂房。

(三) 坚持存量提升,推动市场主体转型升级

民营经济最初发展时是千家万户式的草根经济,大部分是个体户、小作坊、小企业,产业层次不是很高,转型升级动力不足,过度依靠低端市场、低水平制造、低成本扩张的粗放式经营,已不适应发展需要。市场主体是经济发展的细胞,推动经济转型升级,必须推动市场主体转型升级。近年来,大足区各类市场主体发展较快,截至 2012 年底,全区共登记注册市场经营主体 38 001 户,其中个体工商户 31 534 户,企业 6 029 户,农民专业合作社 438 户。但与全市和周边区县相比,全区市场主体总量不大、结构不优,“低小散弱”(产业层次低、企业规模小、区域分布散、竞争实力弱)等问题比较突出。全区每万人拥有市场主体户数为 366 户(全市每万人拥有市场主体为 444 户);个体工商户户数与企业户数的占比为 5.23 : 1(全市平均值为 3.03 : 1);限额以上商贸企业 99 户,限额以上商贸企业实现零售额 24.2 亿元,仅占社会消费品零售总额的 35%,比全市低 15 个百分点;工业企业 1 727 户,规模以上工业企业 235 户,占比仅 13.6%。全区注册资本 500 万元以上的公司制企业 381 家,其中股份有限公司 8 家,占比仅 2.1%。这些结构性指标,很多与全区经济发展实际水平明显不符。为加快市场主体转型升级步伐,大足区从 2013 年启动市场经营主体“四转一改”工作,“四转”即:无证(照)

经营规范转变为有证(照)经营、个体经营户转型升级为企业、限额以下商贸企业转型升级为限额以上商贸企业、规模以下工业企业转型升级为规模以上工业企业;"一改"即支持企业股份制改造。大力破除各类市场主体转型升级的体制机制障碍和后顾之忧,引导广大市场主体转变观念,树立现代经营管理意识,提档升级,规范管理、规模经营和诚信经营,从无序到规范、从小变大、建立现代企业制度。

(四)坚持增量调结构,创新引资模式,降低企业进入成本

推进新型工业化要认真分析引进哪些增量,增量要体现持续,围绕"大项目—产业链—产业集群—产业基地"的发展思路,重点围绕汽车及零部件制造、现代五金、装备制造、循环经济、消费品等主导产业招商,大足区与市经信委联合成立了五个产业集群联合招商团队。综合分析物流成本区域敏感度、市场辐射半径、目标消费者特征、市场潜力、进项物流、出项物流、零部件的配套半径等因素,注重模式创新吸引企业。运用重庆市笔记本电脑招商团队成功的"狼式"招商法进行招商,首先"到处嗅",大面积搜集情报,摸清企业的战略布局、投资现状并进行投资可能性分析,绘制产业链和产业地图;然后"扑上去",看准目标主动出击;第三步"死咬住",找准负责企业战略投资、策划、成本核算等的关键部门和关键人物;第四步"拖回来",主动把企业"请进来"考察;第五步"吞下去",尽全力争取企业项目落地。每一步都有成本考量、投入产出考量,使项目引进建立在科学的成本核算基础上。通过努力,大足区 2012 年引进投资额 5 000 万元以上项目 88 个,到位资金 143 亿元,增长 55%。

(五)坚持产城互动,搭建产业发展平台,建设产业新城

产业是城市发展的支撑,城市是产业发展的载体。城镇化和工业化双引擎的协调发展是顺利跨越"中等收入陷阱"的必要条件。

大足区在构建工业“1+2+8”产业发展平台时，有效整合产业与城镇资源，体现产城融合，根据产业发展的空间容量，规划建设80万城镇人口、80平方公里城市空间的“双80”城市。“1”就是一个双桥国家级经济技术开发区，“2”就是省级工业园两个园区——龙水和万古工业园区，“8”就是8个镇的小微企业创业基地，8个小基地的核心目的是要强镇、扩镇，提高城镇集聚能力。

（六）坚持绿色发展，正确处理好经济发展与环境保护的关系，坚持生态立区和环境优先

坚持环境优先，推进资源节约和资源综合利用，强化节能减排，着力构建资源节约、环境友好的工业体系，实现经济与生态协调。大足区积极发展循环经济这一战略性新兴产业，规划建设5平方公里的再生资源循环产业园，成为市级循环经济示范园，正积极创建国家城市矿产基地，利用“渝新欧”国际大通道，发展以电子产品回收拆解加工为主的再生资源循环产业。对工业园区循环化改造，关停了过去污染严重的酸洗和电镀企业，要求统一入驻专业的电镀园和酸洗园。将工业企业搬出居住区，入驻工业园，施行“创业在园区、生活在城区”的城市发展理念。目前，大足已成为国家级生态示范区，生态、绿化、森林的人均指标都高于全市平均水平。

（七）坚持融合发展，促进工业化与信息化深度融合

大足区作为重庆市两化融合试点区县，正与相关运营商合作，建设智慧城市，推进统筹城乡信息化，积极推进“两化和三网”融合。加快电子商务平台建设，搭建新型营销平台，逐步提高五金产品和特色旅游品网络销售比例。发挥信息化的渗透、倍增和创新功能，通过两化融合促进全区工业企业研发设计、经营管理、生产制造、市场开拓和产业链协同等能力的提升，提高企业管理信息系统、数控系统的应用比例，加快企业信息化步伐。支持相关企业联合用

信息技术改造提升大足传统的五金产业。与市经信委共同在大足培育生产性服务业、工业设计、软件服务等2.5产业，培育物联网和车联网相关产业。推行智能交通、智能电网、智能物流等应用。

（八）坚持改革创新，为市场机制健康运行提供保障，形成后发的制度优势

第一，以改革政府行政审批制度为突破口，转变政府职能。新型工业化要求政府转变职能，大足区正按照“整合流程、一门受理、搁置前置、并联审批、信息共享、限时办结”的原则，在企业设立登记和投资建设项目领域推行并联审批制度，推行“缺席默认、超时默许”。过去一个普通投资建设项目，如果从企业核名开始，到建设项目竣工验收办证，需经过二十多个部门、六十多个环节，申报材料近四百份，法定时限一千余天，“审批万里长城”让企业怨声很大，行政效率很低，严重影响投资环境。实行并联审批后，将大大减少审批项目，凡法律、法规规定以外部门自行设立的前置申报材料，一律取消；审批环节大大减少，时间大大缩短。对于入驻工业园区的工业企业除并联审批外，设立专门代办点，实行代办制，对于复杂项目采用并联审批会议集中审批，进一步简化手续，从领取项目用地红线图到办理房屋产权证，限时60个工作日完成。

第二，加强诚信与社会信用建设。市场经济是信用经济，大足区大力加强市场监管，为各类市场主体营造公平竞争环境，依法严厉制裁和打击经营不讲诚信、假冒伪劣、侵犯知识产权和寻租行为，防止“劣币驱逐良币”的扭曲现象伤害经济健康发展。

第三，营造鼓励企业技术创新的良好环境。大足近年来先后出台了支持激励科技进步、自主创新、高新技术产业发展、知识产权保护、人才引进等多项政策，R&D经费占GDP的比重高于全市平均水平。支持企业成为研发和技术创新的主体，强化企业品牌建设，打造五金和汽摩配件区域品牌。为推进五金产业转型升级，大足区争

取国家科技部与重庆市政府联合，共同建设了中国大足五金科技城，建成了国家级示范生产力促进中心、市级科技企业孵化器和五金科技示范园，成功获批“中国锻打刀剪中心”。成立了大足五金专家大院，邀请中国工程院院士为首的十多名专家每年到区工作一个月以上，帮助企业转型升级。

三、推进区域新型工业化要注意把握的关键问题

（一）在产业发展定位上，既强调发展速度又着眼转型升级

加速发展和结构转型是双重任务，对欠发达地区更是如此，既要保持高速发展，又要在发展中转型，才可能缩小与发达地区的差距，避免产业“低端锁定”的风险。如果只顾高速发展，不注意转变发展方式，就陷入“发展的陷阱”，出现“成长的烦恼”。产业发展阶段不可逾越，区位对一个地方的产业体系定位很关键，要综合考虑所在区域从经济地理上是受哪些大的中心城市辐射，着眼大区域长远发展进行产业定位，主动承接产业转移，发展配套产业集群。

（二）在产业选择上，坚持有所为有所不为

区域产业要有合理的结构，一枝独秀比没有秀好，但要注意培育多样性的产业，避免产业一枝独秀带来的风险。要分析区域比较优势，迈克尔·波特认为，静态的劣势可以转化为动态的优势，要想这些劣势变成优势，就要让已有的优势充分发挥，来平衡可能存在的劣势。不管是什么产业，关键是要做出水平，传统的产业可能有持久生命力，关键是在产业价值链上要有比较优势。

（三）在产业氛围上，注重模式创新形成产业配套

既要根据已有的经济总量、三次产业结构、产业基础、产业条件、产业半径、消费结构、人力结构等因素引进项目，还要善于根据

国内外产业趋势、产业转移的机遇,将本地区的比较优势转化为竞争优势,创新产业模式,以一个或多个龙头项目为依托,打造产业链和产业基地,寻求产业突破。比如,“无中生有”的重庆笔记本电脑产业集群,就是创新了“整机+零部件+研发+结算”垂直整合,“一头在外,一头在内”的加工贸易新模式,创造了“渝新欧”国际物流大通道。

(四)在产业发展主体上,抓大不嫌小

一个地方工业必须要有一定规模,这样才能产生一种激化作用,才能催生产业集群,才能带动一批中小型企业发展。要做大规模少不了大企业支撑,更离不开中小微企业的贡献。从世界发达经济体以及国内发达地区的经验看,众多优质的中小企业是区域经济的核心支撑,也是解决就业的主渠道。德国将中小企业视为“市场经济的心脏和增长与就业的发动机”,把扶持中小企业作为“最优先的任务”,99.7%的企业是中小企业,有众多隐形冠军。中国台湾地区将中小企业誉为经济发展的重要磐石和最稳固的基础,德国和中国台湾制造业受金融危机冲击较小的原因是他们有大量优质的中小企业,尤其是众多的隐形冠军做支撑。欠发达地区推进新型工业化,更要努力营造让“大企业更强”、“小企业长大”的环境,形成大中小微企业共存共荣的合理结构。

(五)在产业合作上,以开放思维站在巨人的肩膀上攀登

在培育产业时要寻找整机品牌商、龙头代工厂、配套商中的隐形冠军,要与产业优势集聚地合作。要引导和帮助本地企业做到“专、精、诚”,努力成为行业中隐形冠军,注重品牌、企业文化和客户关系建设。引导企业家认识到,竞争的优势不能只靠廉价劳动力和成本导向,而要靠为客户提供更高的价值。主动与行业中的领军者合作,和一流企业合作,才会成为一流企业,所谓“与智慧人同行,

必得智慧”。

（六）在产业融合上，坚持工业化与城镇化、信息化融合发展

要善于用新型工业化的手段发展传统工业、现代农业及旅游、服务等产业，用工业化的方式推进区域经济发展，将工业化与城镇化、信息化融合起来，实现工业从“嵌入式”到“内生式”发展。同时走“以产兴城、以城带产、产城共融、城乡统筹”的产业新城路子和“老城区 + 工业新区 + 农村新社区”以人为核心的新型城镇化路子。工业化和城镇化要充分应用信息化发展的成果，高度重视制造的网络化、智能化、柔性化、绿色化和服务化为特征的新一轮科技和产业革命带来的机遇和挑战，尤其是大数据时代、以 3D 打印为代表的数字化工业革命和信息消费给人们生活带来的全新变化。

（七）在产业效果上，体现保障和改善收入、就业等民生需求

推进新型工业化、构建现代产业体系，必须把充分就业、民富、居民收入增加等民生需求作为基本要求和优先目标，既发展技术含量高的产业，又不能忽略劳动密集型产业，注重产业对就业的合理吸纳力。既要招大引强，又要激活处于“休眠”状态的本地民间活力，盘活存量。税收是政府通过产业发展促进区域繁荣、改善民生的核心路径，要特别强调入驻园区企业整体的单位土地面积产出、税收和用工贡献，发展工业，提高地方税收总量和财政收入，惠及民生，要特别注意不能让“原住民”利益受损。

四、推进新型工业化、跨越“中等收入陷阱”的对策建议

（一）进一步完善市场机制

新型工业化需要市场“无形之手”和政府“有形之手”的两手配合，但要防止政府成为“闲不住的手”而过度干预，要处理好究竟靠

"市场"还是靠"市长"的关系。要充分发挥市场作用,通过市场机制配置资源,像李克强同志所指出的,打造中国经济升级版,要向市场放权、为企业松绑,用政府权力的"减法"换取市场活力的"加法"。通过转变政府职能,处理好政府与市场、政府与社会的关系,充分发挥市场在资源配置中的基础性作用,激发市场主体的创造活力,增强经济发展的内生动力,把政府工作重点转到创造良好发展环境、提供优质公共服务、维护社会公平正义上来,把该放的权力放开、放到位,把该管的事务管住、管好,政府管理由事前审批更多地转为事中、事后监管,实行"宽进严管"。

(二) 进一步健全支持实体经济的金融体系

受西方虚拟经济以及我国经济社会结构性矛盾和政策缺陷等诸多因素影响,我国出现实体经济"空心化"的倾向,不仅社会资金不愿投向实体经济,甚至一些实体企业的自有资金也投向利润更高的房市、股市、期货市场等炒作。要下大力气解决一些金融业务自我服务、自我循环、脱离实体经济的问题,解决实体经济获得金融机构服务成本高的问题,解决民间资金服务实体经济"渠道不阳光"的问题。要深化金融体制改革,健全促进宏观经济稳定、支持实体经济发展的现代金融体系。尤其要健全支持中小微企业的金融制度,政府可以设立"中小企业信用担保基金",为自身无法融资或融资成本过高的中小企业提供基本信用担保,建立政府、银行、企业共同分担风险的机制。要为中小微企业发展创造低融资成本、低要素成本、低土地房产成本、低物流成本、低税费成本的"五低"环境,降低企业经营成本,让投资实体变得更加有利可图,让实体经济经营者更有信心。

(三) 要健全有利于企业成为创新主体的制度

科技与经济"两张皮"问题长期困扰"中国创造",要促进工业创新驱动发展，就必须解决创新主体定位不清晰的问题，加快以企业为主体的创新体系建设，通过政策引导促进创新资源和要素向企业集聚，提高企业创新的投入保障，增强企业创新的动力，加快推动落实、完善和扩大企业研发费用加计扣除政策，完善高新技术企业认定办法，加强标准建设和知识产权保护，改革科技成果评价体系，健全既重视原始创新又鼓励集成创新的机制，完善支撑服务体系，提升科技成果转化和产业化能力。

（四）进一步深化土地制度改革

要促进节约集约用地政策的制度创新，严格控制工业项目单位土地投资强度。要进一步深化农村土地制度改革，推动农村土地确权工作，推动土地流转，探索建立集体建设用地使用权进入市场流转的机制，探索发展以土地承包权入股为主的股份合作经济，使农民的收入从以前的单一种植收入向土地分红、种植养殖收入、租房收入、打工收入等多元化结构转变，增加财产性收入，并且可以与金融资本融合产生更大的效益。要改革征地制度，完善鼓励农民自愿退出宅基地、流转承包地的土地征用补偿制度，提高农民在土地增值收益中的分配比例，切实解决好土地被征占农民的社会保障和就业问题，使农民“失地不失业、失地不失利”。

（五）建立适合优秀企业家成长的环境

企业家群体的水平和能力是国家和地方综合竞争力的重要标志。加快新型工业化步伐，需要创造适宜企业家成长的制度环境，培养造就一大批有眼光、有胆量、有组织能力、善于创造市场、扩大市场的企业家队伍。乔布斯之所以能成功，不在于他个人的天才，而在于他的成长有适宜的制度环境，有产权激励体制，于是乔布斯身边可以形成一个庞大的团队。工业转型升级，需要企业家队伍升级，要培养企业家的专注精神和精细化精神，精细化是工业文明的基因,过度的商业化、过度的急躁不利于精细化。做企业要沉心静气、持之以恒。

(六) 通过调整教育结构改善劳动力供求关系,促进形成新的人口红利

我国传统人口红利逐渐消失的过程中,新的人口红利正在产生,我国正在从普通廉价劳动力时代转向技工时代,进而转向高级技工时代。中国的劳动力不是真正少了,而是供求的结构性问题,今年毕业699万大学生,真正短缺的是一线的体力劳动者和蓝领工人,大学毕业生都想当白领,都想进机关、事业单位,实际上就业主体仍然在企业,因此,必须调整招生结构、教育结构,增加蓝领工人,依靠技术工人供给来解决劳动力短缺问题。高级技术人才的缺乏是我国制造业竞争力不强的重要原因,发达国家高级技工占技工比例为20%—40%,而中国还不到4%,造成"技工荒"和"工程师荒"的主要原因是学校教育和企业需求的脱节。在学校教育阶段,应该把学生今后职业的走向分成两类,即研究类和实践类,不同的学生采取不同的教育模式。在法国、瑞士、德国等国制造业人才培养模式中,企业扮演了很重要的角色。比如,法国制造业工程师的教育模式是和企业紧密相连,课程的内容会根据企业需要设置,除了设置理论课外,企业还向学生提供大量的实践项目;学徒制是德国和瑞士职业教育体系的主要培养模式。除改革我国高等教育培养模式外,还要从中小学教育改革入手,解决创新人才严重缺乏的问题,从源头上解决"钱学森之问"。此外,要建立有利于高端人才引进和合理流动的激励机制。

参考文献

1. 黄奇帆:"加工贸易在内陆地区发展的模式探索",《新重庆》2010年第10期。

2. 金碚:“中国工业的转型升级”,《中国工业经济》2011 年第 7 期。
3. 厉以宁主编:《中国道路与新城镇化》,商务印书馆 2012 年版。
4. 厉以宁:“论‘中等收入陷阱’”,《经济学动态》2012 年第 12 期。
5. 刘迎秋:“中国经济升级版的内涵和打造路径”,《人民日报》,2013 年 5 月 16 日。
6. 陆昊:“理清思路　明确方向　为做大北京工业经济总量而努力”,《北京工业年鉴》2004 年版。
7. 沐华平:“重庆市推进两化深度融合加速新型工业化进程”,《中国工业报》,2012 年 12 月 27 日。
8. 清华大学社会学系社会发展研究课题组:“‘中等收入陷阱’还是‘转型陷阱’?”,《开放时代》2012 年第 3 期。
9. 王保安:“在市场经济体制下走新型工业化道路”,《财贸经济》2007 年第 1 期。
10. 郑秉文:“‘中等收入陷阱’与中国发展道路——基于国际经验教训的视角”,《中国人口科学》2011 年第 1 期。

(王志杰,北京大学光华管理学院,中共重庆市大足区区委、大足区人民政府)

跨越『中等收入陷阱』在牧区基层卫生医疗工作中的实践——以内蒙古赤峰市为例

傅帅雄

“中等收入陷阱”中“陷阱”之一是“社会危机陷阱”，贫困人口收入增长缓慢、停滞或下降，贫富收入差距悬殊，甚至越来越厉害。穷人感到失望，于是社会动荡不已。因此，要跨越“社会危机陷阱”，必须致力于创新社会管理，缩小城乡收入差距。

当前，城镇和牧区社会保障二元结构的存在，使得在收入二次分配过程中，社会保障投入仍然更多地流向城镇。而在医疗卫生条件相对落后的牧区，处于低收入水平的牧民，不得不为获得必要的医疗服务承担更多的消费支出，因病致贫、因病返贫现象十分严重,从而进一步导致城乡差距的扩大。

因此,本篇文章将以内蒙古赤峰市为例,从实际出发,认真分析和研究当前牧区基层卫生以及医疗保障的实施情况,寻求牧区医疗管理创新的基本思路,缩小牧区医疗服务的城乡差距,为跨越“社会危机陷阱”提供理论支持。

一、牧区基层卫生的基本情况

赤峰市位于内蒙古自治区东南部,蒙冀辽三省区交会处,全市面积9万平方公里,总人口460万。全市辖12个旗县区,其中有阿鲁科尔沁旗、巴林左旗、巴林右旗、克什克腾旗、翁牛特旗5个纯牧业旗,属于比较典型的牧区。

赤峰市苏木乡镇卫生院共有239所,其中,中心卫生院110所,一般卫生院129所。能够开展上腹部手术、下腹部手术、剖宫产手术的分别占26%、85%、62%,能够开展急诊急救、中蒙医业务、口腔业务的分别达到90%、86%和61%。同时,在嘎查村一级也已按“一村一室”的标准和要求设置了卫生室,就目前来看,全市嘎查村的甲级卫生室覆盖率已达到70%。

截至2010年底,全市各苏木乡镇卫生院共有卫生人员5 430人,其中卫技人员4 801人(执业医师及助理2 306人);拥有乡村医生4 909人(执业医师及助理230人)。2010年,全市以集中培训的形式,分别对1 942名苏木乡镇卫生院人员、3 711名乡村医生进行了专业技术培训。其中,全年累计有339名基层医务人员参加了全科医师培训,其中已有39人获得全科医师资格证书并持证上岗。与此同时,全市4家三级医院和12所旗县医院与各乡镇卫生院建立了长期对口协作关系,共派出19个医疗队支援各乡镇卫生院开展工作,有力地提高了基层医疗卫生的服务能力。

为了进一步了解牧民对医疗卫生的满意情况,作者在喀喇沁旗和克什克腾旗的部分牧区10个嘎查村进行了问卷调查,共向120家牧民家庭发放了问卷,主要围绕牧民看病医院的选择与方便程度、就医费用以及对村卫生室和乡镇卫生院的评价等问题进行了调查。最后,收回问卷120份,全部为有效问卷。

调查项目	子项目	选项	调查人数	比例(%)
看病医院的选择以及看病的方便程度	首选看病医院	村卫生室	54	45.00
		乡镇卫生院	49	40.83
		旗县医院	17	14.17
	看病医院的方便程度	方便	68	56.67
		一般	34	28.33
		不方便	18	15.00
就医费用的情况	看病价格合理程度	合理	63	52.50
		比较合理	42	35.00
		不合理	15	12.50
	家庭医疗费占年收入的比例	10%以下	71	59.17
		10%—30%	36	30.00
		30%以上	13	10.83
对村卫生室和乡镇卫生院的评价情况	乡镇卫生院纳入新农合定点医疗机构后服务质量	服务质量提高	97	80.83
		服务质量没变	17	14.17
		服务质量下降	6	5.00
	村卫生室的服务质量	很满意	62	51.67
		满意	47	39.17
		不满意	11	9.17
	乡镇卫生院需要改进和完善的	医疗水平	89	74.17
		服务态度	8	6.67
		乡镇卫生院环境	23	19.16
	村卫生室需要改进和完善的	医疗水平	83	69.17
		服务态度	11	8.33
		村卫生室环境	26	21.67

1. 看病医院的选择以及看病的方便程度

从调查问卷的结果可以看出,牧民一般看病基本首选村卫生室和乡镇卫生院,120位调查牧民中,有54位看病首选村卫生室,

49 位看病首选乡镇卫生院,分别占到调查人数的 45% 和 40.83%,另外有 14.17% 的牧民首选去旗县医院。根据进一步的调查发现,绝大多数牧民之所以看病首选村卫生室和乡镇卫生院,主要有三方面的原因,一是自认为不是什么严重的病,在村卫生室或乡镇卫生院就能医治;二是觉得旗县医院离得比较远,在村卫生室或乡镇卫生院看病更加方便;三是一般在村卫生室或乡镇卫生院看病报销的比例要比旗县医院高。调查中首选去旗县医院看病的牧民,多数因为了解自己的病情,觉得只有在旗县医院才能得到更好的医治或者是担心村卫生室或乡镇卫生院的医疗诊断水平不高,怕出现误诊从而耽误医治。从医院看病的方便程度来说,56.67% 的牧民认为比较方便,28.33% 的牧民认为一般,剩下有 15% 的牧民觉得不方便。其中,认为比较方便和一般的牧民大多数都是选择在村卫生室和乡镇卫生院看病,而认为不方便的牧民大多数都是选择去旗县医院看病,认为离旗县医院太远,很不方便。

因此,可以看出,由于牧区地广人稀,牧民居住又较为分散,到旗县医院看病对于牧民来说距离较远不方便。村卫生室和乡镇卫生院虽然解决了牧民看病不方便的问题,但它们的医疗设施落后、诊断水平不高,只能解决牧民常见的一些疾病问题。针对这一问题,政府可以进一步加大对村卫生室和乡镇卫生院的投资建设力度,增加医师的培训机会,不断完善村卫生室和乡镇卫生院的医疗硬件设施,提高医师的医疗技术水平,从而为牧民看病提供更好的服务。

2. 就医费用的情况

为了进一步了解牧民看病花费情况,问卷分别就看病价格是否合理以及家庭医疗费占年收入的比例对当地牧民进行了调查。

调查发现,120 位调查牧民中认为看病价格合理的有 63 人,占到总调查人数的 52.5%,认为看病价格比较合理的有 42 人,占总调查人数的 35%,有 15 人认为看病价格不合理,占到总调查人数的

12.5%。由此可以看出,绝大多数牧民对当前就医的价格还是比较认可,而认可的原因主要还是因为绝大多数牧民都参加了新型农村牧区合作医疗保险,他们就医的大部分费用可以报销,这样自己个人所承担的就医花销就基本上不会对牧民构成太大的经济压力。

从家庭医疗费占年收入的比例来看,有 71 人表示其家庭医疗费占年收入的 10% 以下,占所调查总人数的 59.17%;有 36 位被调查牧民表示其家庭医疗费占到年收入的 10%—30% 之间,占所调查总人数的 30%;另外有 13 人家庭医疗费占到年收入的 30% 以上,占所调查总人数的 10.83%。由此可以看出,在新型农村牧区合作医疗开展以来,牧民家庭医疗开支基本控制在家庭收入的 10% 左右,只有少数牧民因为病情较为严重或部分医疗开支不在新农合保险报销范围之内,从而使得其医疗开销较大,超过家庭年收入的 30% 以上。这部分牧民也是最有可能因病致贫或因病返贫的重点人群,因此,如何从大病统筹的角度解决这部分人群的医疗开支问题是未来新型农村牧区合作医疗工作开展的重点。

3. 对村卫生室和乡镇卫生院的评价情况

通过调研发现,绝大多数牧民看病就诊都首选去村卫生室或乡镇卫生院,因此有必要对牧区卫生室或乡镇卫生院的情况做进一步的调查研究。

(1) 乡镇卫生院

新型农村牧区合作医疗工作实施以后,乡镇卫生院被纳入新农合定点医疗机构,那么牧民对乡镇卫生院服务质量的评价有何改变呢? 在调查的 120 名牧民当中,有 97 人认为乡镇卫生院服务质量在纳入新农合定点医疗机构后服务质量有所提升,占总调查人数的 80.83%,有 17 人认为服务质量没有什么变化,这部分人群占总调查人数的 14.17%,另外有 5% 的牧民认为乡镇卫生院服务质量比之前有所下降。总体来看,乡镇卫生院被纳入新农合定点医疗机构后其服务质量还是得到绝大多数牧民的认可。

在调研中还发现,牧民希望乡镇卫生院能在某些方面做进一步的改进和完善。有89位牧民认为乡镇卫生院应着重在医疗水平上进行改进和提高,持这种观点的占总调研人数的74.17%;有8位牧民认为乡镇卫生院应着重在服务态度上进行改进,持这种观点的占总调研人数的6.67%;有23位牧民认为乡镇卫生院应着重在就医环境上进行完善和改进,持这种观点的占总调研人数的19.16%。由此可见,牧民最为关心的还是乡镇医院的医疗水平,毕竟牧民到旗县医院看病距离太远,而村卫生室在医疗技术和医疗设备上又远不如乡镇医院,因此,乡镇医院作为患病牧民的一个重要选择,其医疗水平的高低直接影响牧民的治疗效果和身体健康。

（2）村卫生室

在对村卫生室服务质量的问卷调查中发现,有62人对村卫生室的服务质量表示很满意,有47人表示满意,另外有11人对村卫生室的服务质量不满意,分别占到总调查人数的51.67%、39.17%和9.17%。总体来看,牧民对村卫生室的服务质量还是比较满意的。

另外,牧民对村卫生室改进和完善也提出了希望。其中,有83位牧民认为村卫生室应着重在医疗水平上进行改进和提高,持这种观点的占总调研人数的69.17%;有11位牧民认为村卫生室应着重在服务态度上进行改进,持这种观点的占总调研人数的8.33%;有26位牧民认为村卫生室应着重在就医环境上进行完善和改进,持这种观点的占总调研人数的21.67%。由此可以看出,牧民最为关心的还是村卫生室的医疗水平,毕竟卫生室最主要的职责就是诊断病情,为牧民治疗疾病,而且也是离牧民最近,最方便牧民患病就诊的医疗机构。因此,适当加大对村卫生室医疗设备的投入以及医疗人员的知识技术培训,将更加有利于牧区医疗服务水平的提高。

二、牧民参与新型农村牧区合作医疗情况

为了深入了解牧民对新型农村牧区合作医疗的接受意愿以及参保情况，作者在敖汉旗（2009 年作为新农保工作试点）的牧区进行了问卷调查，共发放问卷 120 份，涉及 4 个嘎查村，其中回收问卷 119 份，共计 119 位 16 周岁以上的牧民（非在校学生）接受了此次调查。

问题	选项	人数	比例(%)
1. 是否自愿参合(119 人)	是	106	89.08
	否	2	1.68
	未参加	11	9.24
2. 是否愿意继续参合(108 人)	是	105	97.22
	否	2	1.85
	到时候再看	1	0.93
3. 最重要的参与原因是什么(108 人)	可以报销部分医疗费	57	52.78
	得了大病可以有医保补偿	35	32.41
	感觉有保障	6	5.56
	看到别人参加，自己也参加	8	7.41
	村里干部动员	2	1.85
4. 不愿参与的原因是什么(11 人)	报销太麻烦	2	18.18
	自己不会得病，每年的钱白交了	5	45.45
	已经参与其他保险	0	0.00
	经常在外务工，在外地住院又不能报销	3	27.27
	报销额度太小，没必要	1	9.09
5. 认为大病住院报销比例是否合理(108 人)	过高	0	0.00
	还可以	96	88.89
	过低	12	11.11
6. 门诊观察制度好不好(108 人)	好	99	91.67
	还可以	9	8.33
	不好	0	0.00

续表

问题	选项	人数	比例(%)
7. 可报销的药品和诊疗范围充足度(108人)	足够	58	53.70
	不够	34	31.48
	不清楚	16	14.81
8. 参合赔付率是否合适(108人)	合适	79	73.15
	限制条件太多	29	26.85

1. 是否自愿参加新型农村牧区合作医疗保险

从问卷调查的结果可以看出,在119位接受调查的牧民当中,有108位牧民参加了新型农村牧区合作医疗保险,参合比例高达90.76%。在参加新型农村牧区合作医疗保险的牧民当中,其中有106位牧民表示当时是自愿参加,而有2位牧民并非主动参加。

2. 是否愿意继续参加新型农村牧区合作医疗保险

接下来对已参加新型农村牧区合作医疗保险的108位牧民进行了问卷调查,其中有105位牧民表示愿意继续参加新型农村牧区合作医疗保险,占参保总人数的97.22%,有2位牧民表示不愿继续参加,还有1位牧民表示等等再看。

3. 参加的最重要原因是什么

根据调研发现,牧民参加新型农村牧区合作医疗保险主要的原因有以下五点:①可以报销部分医疗费;②得了大病可以有医保补偿;③感觉有保障;④看到别人参加,自己也参加;⑤村里干部动员。为了进一步了解牧民参加新型农村牧区合作医疗保险的真实感受,我们对108位已参加新型农村牧区合作医疗保险的牧民进行了问卷调查,统计并分析牧民参加新农合的最重要的原因是什么。统计发现,57位牧民认为参加新型农村牧区合作医疗保险最重要的原因是可以报销部分医疗费,占到总调查人数的52.78%;有35位牧民认为参加新型农村牧区合作医疗保险最重要的原因是得了大病可以有医保补偿,占到总调查人数的32.41%;有6位牧民认为参加新型农村牧区合作医疗保险最重要的原因是感觉有保障，占到总调查人数的5.56%；有8位牧民认为参加新型农村牧区合作医疗保险最重要的原因是看到别人参加，自己也参加，占总调查人数的7.41%；还有2位牧民表示，自己参加新型农村牧区合作医疗保险最重要的原因是村里干部的动员，占总调查人数的1.85%。由此可见，参加新型农村牧区合作医疗保险可以报销部分医疗费并且得了大病可以有医保补偿，是绝大多数牧民积极参与的主要原因，也正是这一点使得牧民和城里人一样可以享受到社会医疗保障，并在很大程度上减少了过去牧民常常因病致贫和因病返贫问题的出现。

4. 不愿参与的原因是什么

根据调研发现，牧民不愿参加新型农村牧区合作医疗保险的主要原因有以下五点：①觉得报销太麻烦；②自己不会得病，每年的钱白交了；③已经参与其他保险；④经常在外务工，在外地住院又不能报销；⑤报销额度太小，没必要。为此，我们对未参加新型农村牧区合作医疗保险的11位牧民进行了问卷调查发现，其中有2位牧民认为觉得报销太麻烦，所以没参加新型农村牧区合作医疗保险，占总调查人数的18.18%；有5位牧民认为自己不会得病，每年的钱白交了，占总调查人数的45.45%；有3位牧民没参加新型农村牧区合作医疗保险是因为经常在外务工，而在外地住院又不能报销，占总调查人数的27.27%；还有1位牧民认为参加新型农村牧区合作医疗保险所报销额度太小，没必要，占总调查人数的9.09%。在这些原因当中，随着新型农村牧区合作医疗保险工作的不断完善，以及全国医疗保险信息统一平台的建立，跨地医疗报销问题将得到进一步的解决，报销程序也将越来越简化。另外，政府将不断加大对农村牧区民生的投入，看病报销的比率也会有所提高，农牧民的医疗保障将会进一步提高。除此之外，还应加大新型农村牧区合作医疗保险的宣传力度，让更多的牧民了解和认识新型农村牧区合作医疗保险的益处，不断增强医疗保险意识。

5. 认为大病住院报销比例是否合理

问卷调查发现，有 96 位牧民认为目前大病住院报销比例还可以，占调查总人数的 88.89%，有 12 位牧民认为目前大病住院报销比例偏低，占调查总人数的 11.11%。由此可见，绝大多数牧民认为目前大病住院的报销比例还是比较合理的。

6. 门诊观察制度好不好

门诊观察是指对需要在医院进行处置、输液但不需要住院的患者，在门诊治疗发生的费用中进行报销。赤峰门诊观察制度的创新，使得不管农牧民大病还是小病都能得到报销保障，一般的头疼感冒也可以得到新农合的补偿。同时，门诊观察不设起付线，且报销手续简单，方便操作，受到了参合农牧民以及医疗机构的普遍欢迎。在问卷调查中发现，有 99 位牧民表示门诊观察制度好，占到总调查人数的 91.67%；有 9 位牧民认为门诊观察制度还可以，占到总调查人数的 8.33%。

7. 可报销的药品和诊疗范围充足度

可报销的药品和诊疗范围是牧民比较关心的问题之一，在 108 位已参加新型农村牧区合作医疗保险的牧民当中，有 58 位牧民表示当前可报销的药品和诊疗范围已经足够，占到总调查人数的 53.70%；有 34 位牧民认为当前可报销的药品和诊疗范围比较小，充足度不够，占到总调查人数的 31.48%；还有 16 位牧民表示对可报销的药品和诊疗范围不是太清楚，这部分占到总调查人数的 14.81%。由此可见，新型农村牧区合作医疗保险政策的宣传仍然有待加强，相关部门应适时开展宣传活动，加大对新型农村牧区合作医疗保险政策的宣传力度。另外，随着政府对民生投入的增加，新型农村牧区合作医疗保险可报销的药品和诊疗范围也会不断扩大，在更大范围内满足牧民的医疗需求。

8. 参合赔付率是否合适

赤峰市新型农村牧区合作医疗保险基金中,按参合人口每人10元作为新农合大额医疗补助保险基金,用于购买商业保险机构的大额医疗补助保险。通过商业保险,不仅提高了牧民的医疗费用补偿标准,减轻了重大疾病患者的医疗费用负担,同时在一定程度上还降低了参合人员个人支付医药费用的比例。在问卷调查中发现,有79位牧民认为参合赔付率合适,占总调查人数的73.15%;但也有29位牧民认为参合赔付的限制条件太多,占总调查人数的26.85%。新型农村牧区合作医疗保险对于商业保险的引入是一个新的尝试,“个人+政府(单位)+市场”的模式应该是社会医疗保险未来发展的一个趋势,随着工作的不断完善,农牧民的社会医疗保障将得到大幅提升。

三、牧区城乡医疗保险差距

在医疗保障方面,中国的基本医疗保障体系由城镇职工基本医疗保险、城镇居民基本医疗保险、新型农村合作医疗和城乡医疗救助共同组成,保障的对象分别是城镇就业人口、城镇非就业人口、农村人口和城乡困难人群。

1. 城乡医疗保险的费用缴纳比较

城镇职工的基本医疗保险费由用人单位和职工按比例共同缴纳。以赤峰市为例。城镇职工个人将缴纳工资的2%,全部纳入医疗保险个人账户,所在的工作单位缴纳工资的6%,这部分的30%纳入到医疗保险个人账户,剩下的70%纳入大病统筹账户。2010年,赤峰市城镇职工每人平均年缴纳医疗保险金1 530元,其中个人账户580元,统筹账户950元。

城镇居民基本医疗保险的对象是城镇非就业人口。参保费用由参保居民和政府共同担负,参保居民自己缴纳一部分,政府给予适当的补贴。在校学生及 18 周岁以下非在校居民,筹资标准为每人每年 140 元。其中个人缴纳 40 元,各级财政补助 100 元。享受低保待遇和重症残疾的个人缴费 30 元,各级财政补助 110 元。其他居民筹资标准为每人每年 210 元,个人缴纳 80 元,各级财政补助 130 元。

新型农村合作医疗保险主要针对农村人口。参保费用也是由个人缴纳和政府补助构成。以赤峰市为例,农牧民每年个人缴费标准为 50 元,国家、自治区、市和旗县区分别补助每人每年 156 元、42 元、21 元和 21 元,人均筹资标准达到了 290 元。

由此可以看出,城镇职工基本医疗保险、城镇居民基本医疗保险和新型农村合作医疗保险,三者在缴费上差距比较大。仍以赤峰为例,城镇职工每人平均年缴纳医疗保险金 1 530 元,而城镇非就业人口只能加入城镇居民基本医疗保险,并且人均年统筹医疗保险金仅 210 元,甚至低于农牧民参加新型农村合作医疗保险所需要缴纳的保险金。再从缴费构成来看,城镇职工基本医疗保险由个人和单位共同缴费,城镇居民基本医疗保险和新型农村合作医疗保险所缴费用则由个人和政府补助构成。城镇职工基本医疗保险,单位缴费的金额是职工个人缴费的 3 倍。城镇居民基本医疗保险,政府补助金额是居民个人缴费的 1.5 倍。新型农村合作医疗保险,政府补助金额是农牧民个人缴费的 2.8 倍。由此可以看出,虽然城镇职工个人缴费高,但个人缴得多,所能享受到的单位福利也多。而新型农村合作医疗保险,虽然政府补助是农牧民个人缴费的 2.8 倍,接近城镇职工基本医疗保险单位与个人的缴费比例,但农牧民个人缴费的标准是既定的,缴费比较少,因此获得政府的补助也不多。城镇居民基本医疗保险不仅政府补助与个人缴费比例小,而且个人缴费金额也有既定的标准,总体偏低,所以城镇居民基本医疗保险的人均年统筹医疗保险金仅 210 元。从这一点可以看到,政府对农村牧区医疗保障的投入在不断加大，并逐步向农村牧区倾斜，但与城镇职工所享受到的福利相比，差距仍旧明显。

2. 城乡医疗保险的报销差距

城镇职工基本医疗保险、城镇居民基本医疗保险和新型农村牧区合作医疗保险，在报销给付上也存在很大的差别。

仍以赤峰市为例，2011 年赤峰市城镇职工基本医疗保险封顶线为 5 万元，住院费用报销比例在 80%—90% 之间浮动；城镇居民基本医疗保险基金最高支付限额为 6 万元，住院发生费用报销比例在 60%—85%；新农合住院补偿封顶线 8 万元，住院报销比例高达 70%。其中，在乡镇定点医疗机构住院患者的医药费用补偿比例为 70%，无起付线；在县级定点医疗机构住院患者的医药费用补偿比例为 55%，起付线为 100 元。参保患者到县级以上定点医疗机构住院，住院患者医疗费用补偿比例为 40%，起付线为 300 元。

2011 年赤峰市城镇职工基本医疗保险统筹报销比例

住院和特殊门诊医疗费有效金额	统筹基金支付比例(%)
起付标准以上至 20 000 元(含 20 000 元)	80
20 001—40 000 元(含 40 000 元)	85
40 001—50 000 元(含 50 000 元)	90

2011 年赤峰市城镇居民基本医疗保险统筹报销比例

住院和特殊门诊医疗费有效金额	统筹基金支付比例(%)			
	三级医疗机构	二级医疗机构	一级医疗机构	社区卫生服务机构
起付标准以上至 30 000 元	60	65	70	75
30 001—60 000 元	65	70	75	80
60 001 元以上	70	75	80	85

2011年赤峰市农村牧区新型合作医疗保险统筹报销比例

住院和特殊门诊医疗费报销			
医疗机构	乡镇定点医疗机构	县级定点医疗机构	县级以上定点医疗机构
统筹基金支付比例(%)	70	55	40
起付线(元)	0	100	300
封顶线(元)	80 000	80 000	80 000

通过以上比较可以看出,虽然城镇职工所报销的金额封顶只有5万元,但报销的比例高,最高可以达到90%,也就是说在5万元以内,个人只需支付10%的医疗费用。城镇居民报销的金额封顶为6万元,报销比例也相对较高,即使在三级医疗机构治疗也能报销70%的住院医疗费用。而对于牧区的牧民来说,虽然报销封顶金额高达8万元,但报销比例较低,在县级定点医疗机构治疗也只能报销55%的住院医疗费用,几乎有一半的医疗费用还得由个人自己担负。例如,城镇职工、城镇居民和牧区的牧民都在一家二级医疗机构住院治疗,医疗费用都为4万元。按照相应的政策,城镇职工可以报销住院医疗费用的85%,即3.4万元,也就是说个人只需承担0.6万元;城镇居民则可以报销医疗费用的70%,即2.8万元,个人需承担1.2万元;一般县级定点医疗机构多为二级医疗机构,牧民在县级定点医疗机构可以报销医疗费用的55%,即2.2万元,个人需承担1.8万元。同时,在医疗保障的范畴以及可报销的药品方面,城镇职工也要远远多于农牧民。由此可以看出,城镇职工基本医疗保险、城镇居民基本医疗保险和新型农村牧区合作医疗保险,在报销给付上的差别仍然很大。

3. 问题的存在

城乡社会医疗保险报销的差距之所以存在,有一个较大的原因在于缴费金额的不同,城镇职工不仅个人缴费高于城镇居民和农牧民,同时,单位提供的补贴缴费也要高于国家的补助。其问题的根源在于,城镇职工和农牧民同样都付出了劳动,但城镇职工有单位为依托,可以从单位获得福利,而农牧民却只能靠政府补助,再加上农牧民人口基数庞大,政府投入分到个人的头上,单个农牧民来自政府的缴费补贴自然也就少了很多。从劳动公平的角度而言,城镇职工和农牧民都是为国家的建设和发展贡献自己的力量,但城镇职工有所依附的单位为他们提供较多的福利,而农牧民却没有相应的农业部门为其提供相应的福利。因此,政府应该更多地担负起这份责任,可以看到,近年来,政府向农村牧区医疗的投入也在逐年增大,相信农牧民的医疗保障水平也将得到不断提高。

四、总结与建议

通过上述分析可以看出,虽然目前牧区的基层卫生条件仍存在许多不足,但近年来医疗服务的不断完善使得牧民的基本医疗需求得到了解决,除了大病、难病需要到旗县或市医院求诊以外,普通的疾病都能就近得到快捷方便的治疗,这在很大程度上解决了当地牧民看病难的问题。在美国许多中西部的农业州,也存在地广人稀、农牧民居住分散的问题,许多小镇上甚至没有医疗服务机构,往往都是几个镇共享一个医疗服务机构。这样的好处是避免了医疗资源的过度分散,而医疗资源的适度集中则可以提供更优质的医疗服务。那么,在中国的牧区为什么不这么做呢?原因有以下几点:一、家庭经济条件不具备。在美国几乎每个家庭都有一至两辆汽车,家人得病,开车去就近的医院十分方便,而我国牧区的牧民家庭收入相对较低,除了少数富裕家庭有汽车以外,绝大多数牧民家庭都没有车,要是医院比较远,看病的确很困难。二、社会医疗救助体系不完善。美国有着较为完善的社会医疗救助体系,即使在偏远的小镇,一旦有突发病状,可拨打医疗救援电话,就近的医院会迅速派医务人员随车前往,在紧急情况下甚至可租用医疗直升机迅速实现救援。而在国内牧区，完善的社会医疗救助体系尚未建立，一旦有突发病状，而就近没有医疗机构可以及时送往治疗，那后果将难以想象。三、随着经济社会的不断进步，当以上两个条件在牧区都可以实现时，可以考虑朝美国医疗资源适度集中的模式发展，从而可以为牧民提供更为优质的医疗服务。

另外，随着新型农村牧区合作医疗保险的实施和推广，广大牧民开始享受到社会医疗保障的福利，不仅小病治疗可以得到报销，大病治疗在一定比例下也能得到补偿。但需要看到的是，目前城乡医疗保险的差距仍然很大，特别是新型农村牧区合作医疗保险和城镇职工医疗保险之间的差距大，主要表现在保险的费用缴纳、报销金额、报销比例以及报销的范围上，城镇职工的医疗保险都要优于新型农村牧区合作医疗保险。因此，要缩小牧区城乡医疗卫生保障差距，政府还需要继续提升公共卫生服务能力，逐步提高政府补助标准和农牧民看病报销比例，提高统筹层次，让参加新型农村牧区合作医疗的农牧民都能享受到更多的社会保障，从而减少因病致贫、因病返贫现象发生，进一步缩小城乡差距，实现对"社会危机陷阱"的跨越。

参考文献

1. 郭斌："内蒙古新型农村牧区合作医疗运行研究"，《农业经济》2012 年第 12 期。
2. 金传凤："关于完善农村牧区合作医疗制度的思考"，《经济研究导刊》2011 年第 10 期。
3. 厉以宁："牧区城镇化的新思路"，《北京大学学报》2012 年第 1 期。

（傅帅雄，北京大学光华管理学院）

新型城镇化与跨越『中等收入陷阱』

——以河南省为例*

罗来军　王永苏

一、引言

根据厉以宁(2013)的分析,“中等收入陷阱”包括三个“陷阱”,其应对的大政方针是:通过深化对传统体制的改革摆脱“发展的制度陷阱”;靠缩小城乡收入差距、地区收入差距和社会管理创新来避免“社会危机陷阱”;靠技术创新和资本市场来解决“技术陷阱”。

目前,我国推进经济建设与社会发展的

---

* 本文为罗来军入选国家“新世纪优秀人才支持计划”后,在该人才计划支持下所开展的实际问题研究的部分成果。王永苏主任参与研究,并进行指导。

一项重大举措是发展新型城镇化，李克强总理曾强调“城镇化是扩大内需最雄厚的潜力所在，也是经济结构调整的重要内容”；中央也提出，城镇化是我国未来经济发展的主要引擎。在本世纪之初，美国经济学家、诺贝尔经济学奖获得者斯蒂格利茨把中国的城市化与美国的高科技并列为影响21世纪人类发展进程的两件大事。由此可见，我国发展新型城镇化具有重大意义。

中共十八大报告指出：“坚持走中国特色新型工业化、信息化、城镇化、农业现代化道路，推动信息化和工业化深度融合、工业化和城镇化良性互动、城镇化和农业现代化相互协调，促进工业化、信息化、城镇化、农业现代化同步发展。”我国发展新型城镇化与其他三化一起协调推进、同步发展，而新型城镇化在“新四化”同步发展中起引领作用，也就是说，发展新型城镇化将引领与促进新型工业化、信息化、农业现代化的发展。鉴于新型城镇化的经济效应，我国发展新型城镇化对深化体制改革、缩小城乡收入差距、地区收入差距、社会管理创新、技术创新等方面均能够起到显著的作用，即是对跨越“中等收入陷阱”能够起到显著的作用。

该文选取河南省作为重点分析对象，是因为河南省的城镇化发展任务非常重大。河南省目前的城镇化率比较低，虽然近几年提高迅速，但仍然明显低于全国水平，城镇化率过低已成为瓶颈问题，制约工业化、信息化与农业现代化的提高，制约整体经济的发展。由于河南省的城镇化现状，河南省发展新型城镇化所带来的经济效益与社会效益将会更大，也将更有利于跨越“中等收入陷阱”。

二、河南省城镇化潜力分析

李克强总理提出“扩内需的最大潜力在城镇化”的同时还强调“差距也是潜力”。河南省城镇化水平与世界以及全国平均水平相比，均存在明显的差距，这意味着河南省在城镇化发展方面存在着巨大潜力。

钱纳里等人(Chenery etc.,1988)通过对一百多个国家的综合分析,得出常态发展状况的发展模式,我们运用我国和河南的数据与该发展模式进行比较(见图1)。钱纳里发展模式指出了人均GDP(美元)为100、200、300、400、500、800和1 000水平上的城市化水平和工业化水平,我国最接近的年份分别为:1970年(109美元)、1978年(219美元)、1986年(302.8美元)、1991年(404.8美元)、1993年(504.5美元)、1999年(800美元)、2002年(960美元);河南最接近的年份分别为:1975年(127.3美元)、1987年(203.1美元)、1993年(323.7美元)、1995年(396.4美元)、1996年(479.4美元)、2002年(783.7美元)、2004年(1 111.6美元)。图1的比较显示,我国的城镇化水平与世界常态城市化水平具有很大的差距;河南与世界常态城市化水平的差距更大,也明显低于我国整体城镇化水平。

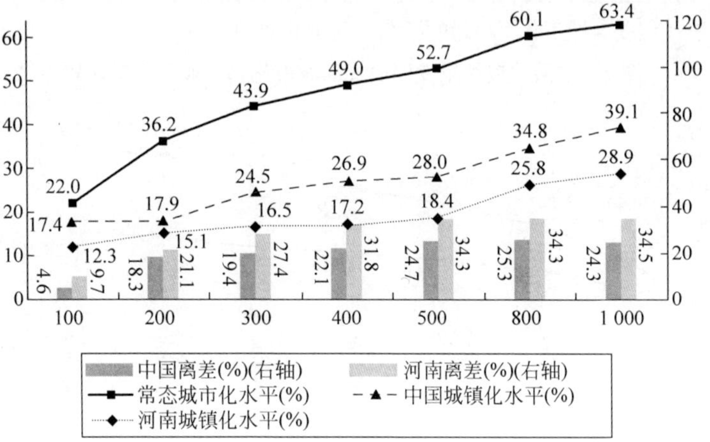

注:离差=城镇化水平-常态城市化水平。

图1 中国及河南城镇化水平与钱纳里发展模式常态城市化水平的差距(双轴图)

钱纳里发展模式分析了城市化与工业化的关系,理想的城市化模式是城市化与工业化适度同步发展,二者相互协调。我们把我国和河南的城市化与工业化关系和钱纳里发展模式城市化与工业化关系做了比较，具体见图 2 和图 3。图中显示，钱纳里偏差为正值，表示城市化水平高于工业化水平，偏差值显示出高的幅度。但是，我国和河南的偏差均是负值，表明我国的城镇化水平显著低于工业化水平；河南的偏差幅度比我国整体的偏差幅度还要大，表明河南城镇化落后于工业化的程度比我国整体还严重。

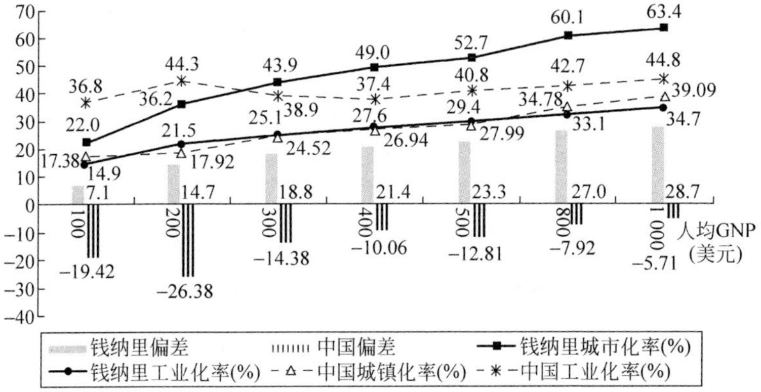

注：（偏差 = 城市化率（城镇化率）－工业化率。）

图 2　中国与钱纳里发展模式的城市化和工业化关系比较

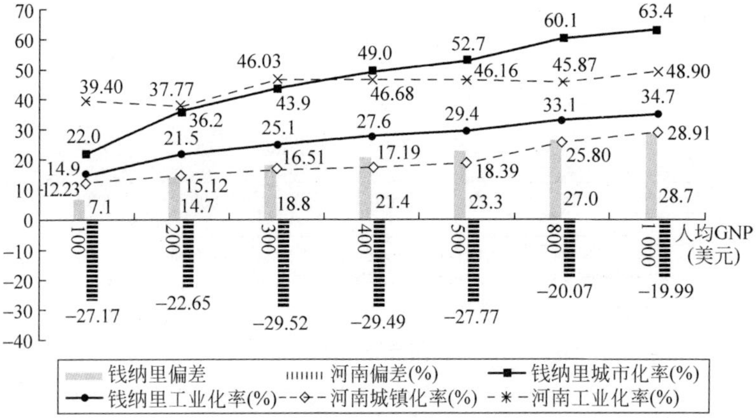

图 3　河南与钱纳里发展模式的城市化和工业化关系比较

为了分析各年度我国和河南的城镇化和工业化的关系，我们计算了 1980—2010 年的城镇化和工业化之间的偏差系数，参见图 4。

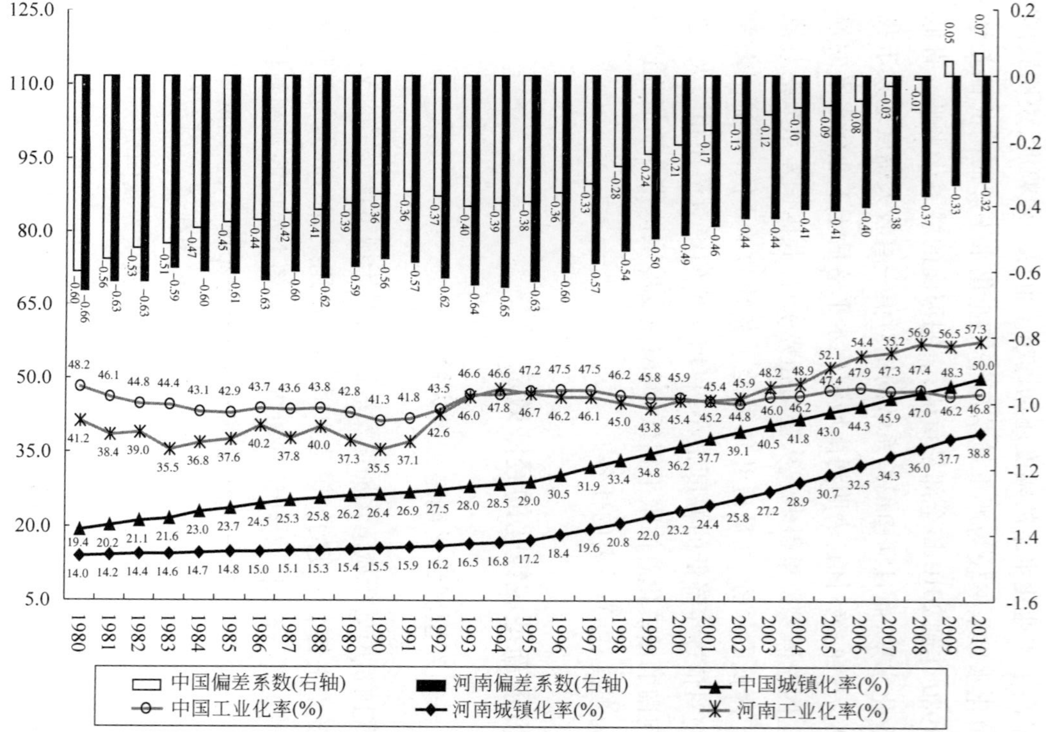

注：偏差系数＝城镇化率/工业化率－1。

图 4　中国及河南城镇化与工业化水平及偏差系数(1980—2010 年)(双轴图)

我国的偏差系数在 1980 年到 2008 年是负值,表明这段时期我国城镇化水平低于工业化水平;但是 2009 年和 2010 年的偏差系数为正值,表明这几年我国城镇化水平高于工业化水平,而这时我国城镇化水平高于工业化水平的幅度还远远小于世界一般幅度,说明我国的城镇化水平依然较为严重地落后于工业化水平。河南的偏差系数在 1980 年到 2010 年全部是负值,表明河南的城镇化水平一直低于工业化水平,而且河南偏差系数的绝对值一直较大幅度地大于我国偏差系数的绝对值,表明河南城镇化水平落后于工业化水平的程度比全国总体要严重得多。从变动趋势来看,我国偏差系数绝对值呈逐年降低的趋势,在最近几年偏差系数转为了正值;而河南偏差系数绝对值逐年降低的幅度很小,目前负值的绝对值还相当大,这表明河南的城镇化总体水平很低,河南在发展城镇化方面面临比全国更为艰巨、更为重要的任务。

三、发展新型城镇化的经济效应

(一)新型城镇化创造巨大内需

我国目前处于城镇化加速发展阶段,对于城镇化每年的发展速度以及未来各个年度的城镇化水平,我们使用既有的数据与时间序列预测法进行预测。对我国到 2020 年以前各个年度的预测数据进行整理,绘制成图 5。从预测的数据来看,到 2020 年,我国的城镇化率基本上达到 60%,在达到 60% 的进程中,城镇化率平均每年提升的幅度都是一个百分点多一些,这与目前普遍认为我国城镇化率保守地讲也要提升一个百分点的观点很一致。综合图 5 的结果和目前大家普遍的认知,我国城镇化率平均每年提升的更合理的幅度大致是一点一个百分点(1.1%)。目前我国的城镇化率为 50% 多些,而河南的城镇化率约为 40%,如果河南要达到 2020 年 60% 的全国平均目标,需要更高的城镇化速度,要达到 2% 以上。这表明河南在发展城镇化方面既面临着极大的挑战,又面临着极大的潜能和机遇。

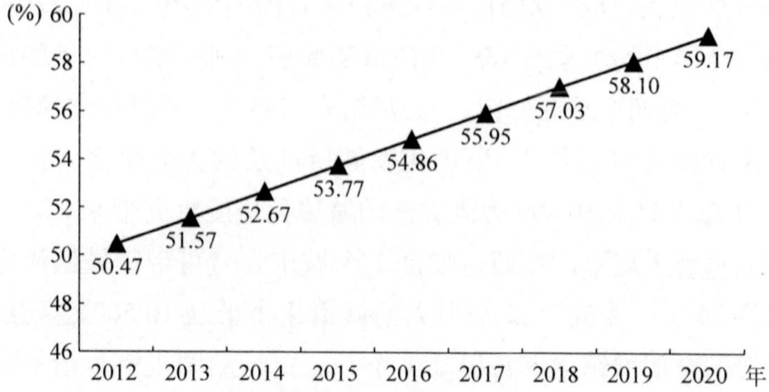

图5 预测的中国城镇化率(2012—2020年)

无论按照联合国的标准还是经济合作组织的标准,发达国家的城镇化人口比例和非农就业比例都很高,这也是区分发达国家和发展中国家的一个重要标准。目前我国城镇化水平明显低于发达国家,河南省低于的程度更大,这意味着我国城镇化的未来发展空间非常大,河南省的城镇化发展空间更大。按照城镇化发展规律,一个国家的城镇化率超过30%以后会进入加速发展期,我国目前正处于城镇化的加速发展时期,城镇化的加速发展将带来大量内需。根据有关材料,我国城镇化率每提高1个百分点,总体上可拉动52 000亿元内需,约等于国内生产总值39万亿元的13%;城镇化率每提高1个百分点还会带来1 300多万人口从农村转入城镇,由此带动的投资、消费需求,至少可维持4%—5%的经济增速;城镇规模的扩大对固定资产投资的带动力度也很大,每增加1个城市人口可带动城镇固定资产投资50万元,如果每年1 300多万人口转为城镇人口,将带动新增投资65 000亿元,所引发的投资增长还可以缓解钢铁、水泥等产能过剩行业的压力。

对于河南来讲,2020年达到60%的全国平均目标所需要的城镇化速度为2%以上。那么按照2%的城镇化速度来测算,河南省每年能够拉动的内需约为 7 294 亿元，河南省 2011 年国内生产总值为 26 931 亿元，所拉动的内需约占河南省国内生产总值的 27%，该比例比全国平均水平的 13% 高两倍还要多。河南省所拉动的内需非常巨大，有两个重要原因，一是河南省需要更高的城镇化速度，二是河南省的人口基数大，城镇化发展所涉及的人数更多。河南省 2011 年总人口为 10 489 万人，2% 的城镇化速度将会带来 210 万人口从农村转入城镇。按照每增加 1 个城市人口可带动城镇固定资产投资 50 万元来测算，210 万人的城镇化将带动 10 500 亿元的新增投资。全国城镇化率每提高 1 个百分点带动的投资与消费需求至少可维持 4%—5% 的经济增速，那么河南省每年 2% 的城镇化速度所带动的投资与消费需求至少可维持 8%—10% 的经济增速。城镇化是未来经济发展的主要引擎，不仅能够创造出巨大内需，还能够促进经济结构调整。河南省的城镇化与全国相比具有巨大的潜能，如果河南省的城镇化在未来得到良好的发展和管理，在城镇化的推动下，河南省将能够实现非常高的经济发展速度；与此同时，河南省还有望实现显著的经济结构优化与产业结构升级。

（二）新型城镇化引领“新四化”

新型城镇化制约着整体经济的发展，对“新四化”的发展起到引领作用。基于《中国城市统计年鉴》统计数据的测算，以城镇化为依托构建一个“新四化”相互关联的数据范例，具体见表 1。由于我国要把河南省建设为全国新型工业化、信息化、城镇化、农业现代化协调发展示范区，[1] 选取河南省的城市与农村数据作为参照来

---

[1] 根据国务院发布的《国务院关于支持河南省加快建设中原经济区的指导意见》，河南省走一条不以牺牲农业和粮食、生态和环境为代价的工业化、城镇化、农业现代化协调发展道路，建设全国工业化、城镇化、农业现代化“三化”协调发展示范区。十八大提出了“新四化”：新型工业化、信息化、城镇化与农业现代化。

表1 1 000个千人村庄形成百万人口城镇带来的重大变化

<table>
<tr><td colspan="2" rowspan="2"></td><td rowspan="2">1 000个
千人村庄</td><td rowspan="2">1个百万
人口城镇</td><td colspan="2">1 000个千人村庄形成
百万人口城镇带来的变化</td></tr>
<tr><td>比较事项</td><td>比较结果</td></tr>
<tr><td colspan="2">总人口</td><td>100万人</td><td>100万人</td><td>乡村转移出人口</td><td>100万人</td></tr>
<tr><td colspan="2">耕地</td><td>140万亩</td><td></td><td>空出耕地</td><td>140万亩</td></tr>
<tr><td colspan="2">乡村宅基地或城镇住房用地</td><td>16.5万亩</td><td>1.5万亩</td><td>节约居住用地</td><td>15万亩</td></tr>
<tr><td colspan="2">城镇建成区面积</td><td></td><td>11.25万亩</td><td></td><td></td></tr>
<tr><td colspan="2">城镇建设用地(不含住房用地)</td><td></td><td>9.75万亩</td><td>增加城镇建设用地</td><td>9.75万亩</td></tr>
<tr><td colspan="2"></td><td></td><td></td><td>城镇化后节约土地[a]</td><td>5.25万亩</td></tr>
<tr><td colspan="2">地区生产总值</td><td>9 883百万元</td><td>19 283百万元</td><td>城镇生产方式比乡村增加地区生产总值[b]</td><td>9 400百万元</td></tr>
<tr><td colspan="2"></td><td></td><td></td><td>城镇地区生产总值是乡村的倍数</td><td>1.95倍</td></tr>
<tr><td colspan="2">三次产业产值:
第一产业
第二产业
第三产业</td><td></td><td>673百万元
10 899百万元
7 711百万元</td><td>不考虑节约土地使用问题,与城镇化前相比:
第一产业产值增加额
第二产业产值增加额
第三产业产值增加额</td><td>673百万元
10 899百万元
7 711百万元</td></tr>
<tr><td colspan="2">城镇从业人员数</td><td></td><td>22.02万人</td><td></td><td></td></tr>
<tr><td rowspan="3">城镇从业人员数和比重</td><td>第一产业</td><td></td><td>0.03万人
0.12%</td><td></td><td></td></tr>
<tr><td>第二产业</td><td></td><td>11.76万人
53.40%</td><td>增加第二产业人员</td><td>11.76万人</td></tr>
<tr><td>第三产业</td><td></td><td>10.23万人
46.48%</td><td>增加第三产业人员</td><td>10.23万人</td></tr>
<tr><td></td><td></td><td></td><td></td><td>若节约土地用于工业化,将带来更多的地区生产总值[c]</td><td></td></tr>
</table>

注:a. 保持耕地面积不变,完成城镇建设之后,还剩余的土地;b. 这里是城镇与乡村两种生产方式的生产效率进行比较,100万人口在乡村(为乡村生产方式),地区生产总值为9 883百万元,而100万人口在城镇(为城镇生产方式),地区生产总值为19 283百万元,二者的差别反映出两种方式在效率上的差别;c. 用于工业化,比如建工业园、产业园、经济开发区。

核算范例中百万人口城镇与千人村庄的各项指标。首先通过表1来反映1 000个千人村庄形成百万人口城镇所带来的重大变化，而后具体论证和分析这些变化中深层次的经济机制。

1 000个千人村庄，共有100万人口，进行城镇化，形成一个百万人口城镇。1 000个千人村庄形成百万人口城镇带来的重大变化为：1. 空出耕地140万亩，便于推动乡村规模化经营；2. 在保持耕地面积不减少的前提下，节约居住用地15万亩；城镇化后节约土地5.25万亩，可以满足工业化用地需求，用于建设工业园、产业园、经济开发区等，带来更高的生产效率和更多的生产总值；3. 增加一个城镇的城镇生产方式，具有更高效率，生产总值是城镇化前乡村的1.95倍，而且实现100万农村人口转移到城镇，享受城镇生活和服务。

数据范例能够很好地论证"新四化"中两两之间以及整体之间的关系，下面对城镇化与其他三化之间的关系做进一步分析：

1. 城镇化与农业现代化的同步发展

城镇化与农业现代化需要同步发展，表现在以下几个方面：(1)城镇化需要从乡村地区转移出来的人员。表1表明，1 000个千人村庄城镇化，可以转移出100万人口。(2)在"保障耕地红线"的情况下，乡村劳动力转移占用城镇的居住用地，但腾出乡村的宅基地，由于城乡的人口密度差异，总的居住用地减少，带来居住用地的节约。根据表1，节约住房用地15万亩，9.75万亩可以用为城镇建设用地。此外，还带来总体节约土地5.25万亩，这些节约土地根据需要可以用于工业用地、城市建设用地或者耕地。如果用于耕地，就会增加耕地面积；这样一来，耕地不减少，还有可能增加。(3)由于城镇化接纳了乡村转移出去的劳动力，能够促进乡村土地的规模化经营。表1数据显示，空出140万亩耕地，可以用来规模化经营。(4)城镇化能更好地发展教育、科技，也能扩大消费规模和提高消费水平，这些能够为农业现代化提供科学技术、管理技能、生产设备和销售市场。表1表明,100万人城镇化后,11.76万人从事第二产业,10.23万人从事第三产业,当然也增加了100万城镇人口的消费。

2. 城镇化与工业化的同步发展

城镇化与工业化需要同步发展,表现在以下几个方面:(1)城镇化不能全部解决城镇增加人员的就业问题,城镇化带来的第三产业可以解决一部分就业,剩下人员的就业需要工业化,没有工业化,城镇人员的就业就会出现严重问题。正如数据论证的那样,1 000个千人村庄城镇化之后,有11.76万人的就业需要工业化来解决,如果要获得更高的生产效率,需要更高的工业化水平和提供更多的工业型岗位。(2)城镇建设和市民生活,需要工业化提供工业产品。9.75万亩的城镇建设用地上的城镇建设和100万城镇人口的生活,是工业产品的巨大市场。(3)城镇化中的教育、科技和消费,能够为工业化提供科学技术、管理技能和销售市场。(4)工业化的集聚效应依赖城镇化才能更好实现。从表1中的数据可以推出城镇化后在人口、产业工人、教育、科技等方面均能够带来集聚效应,这进一步促进工业化的集聚效应。

3. 城镇化与信息化的同步发展

信息化是一种新的生产力,培养和发展智能化工具,计算机技术、网络技术和通信技术能够使城镇化中的生产与生活更加高效、便捷、低廉,为此,城镇化发展应很好地运用信息化成果。同时,信息化发展离不开城镇化所提供的人员、资本、技术、物质等要素条件,以及消费信息化产品的大市场。如果没有信息化,城镇化就难以更加高效、便捷、低廉地发展;同样,如果没有城镇化,信息化发展的必要要素与条件就会欠缺,大规模运用信息化的前景和市场也不复存在,信息化也就难以获得良好的发展。

4. “新四化”的同步发展

只有“新四化”同步发展,才能使“新四化”整体以及每一化都能很好地发展：农业现代化获得工业化、信息化和城镇化支持，利于促进规模化经营，利于获得技术、管理、资金等，更好地实现农业现代化，同时保障耕地不减少，甚至还有可能增加；城镇化从农业化中获得建设用地、人员和农副产品的支撑，从工业化与信息化中获得技术、设施、就业、收入等支撑，能够更好地实现城镇化；工业化从信息化、城镇化和农业现代化获得劳动力、原材料、聚集效应、技术、管理、市场等支持，更好地实现工业化；信息化从工业化、城镇化与农业现代化获得人员、资本、技术、物质等要素条件，以及消费信息化产品的大市场，更好地发展信息化。

在"新四化"的同步发展中，四化起着不同的作用，其中城镇化对"新四化"同步发展起引领作用，城镇化产生较高的规模效益和集聚效应，这种效应对新型工业化、信息化、农业现代化的发展至关重要；一些省份的发展受到土地制约，城镇的集聚效应更为可贵，应以更加集约的城镇化来引领新型工业化、信息化和农业现代化。

四、新型城镇化对跨越"中等收入陷阱"的作用分析

发展新型城镇化能够创造出巨大内需，大量的人口从农村转入城镇，带动巨大的投资与消费需求，进而带动较高的经济增速。新型城镇化带动经济快速增长，自然也就带动收入水平的快速或者大幅度的提高。这种强势的经济增长与收入提高能够促使与保障我国在较短的时间内脱离"中等收入陷阱"的收入范围，进入较高层级的收入水平。基于新型城镇化的内需创造、经济增长与收入提升，能够对我国跨越"中等收入陷阱"起到直接的作用，而且能够在短期内发挥出来。河南省的城镇化率目前低于全国平均水平，如果2020年要达到60%的全国平均目标，需要更高的城镇化速度，这将为河南的发展提供更大的潜能和机遇，即能够通过新型城镇化比其他省份创造出更大的内需，实现更高的经济增长与收入增长。这将

是河南省能够更快地跨越“中等收入陷阱”的一个重大有利因素。

今年年初,李克强总理强调:推进城镇化,核心是人的城镇化,关键是提高城镇化质量,目的是造福百姓和富裕农民;要走集约、节能、生态的新路子。如何发展李总理所强调的新型城镇化,深化对传统体制的改革非常重要。虽然我国城镇发展比较快,但是出现了比较严重的大城市病,即出现人口膨胀、交通拥挤、住房紧张、环境污染、资源紧缺、社会管理混乱等突出问题。这些问题的出现是由于传统体制的局限导致城镇管理落后、城镇规划不合理、发展措施不科学。我国发展新型城镇化,需要深化对传统体制的改革。这种改革有助于摆脱“发展的制度陷阱”,造就经济持续增长的制度保障。

新型城镇化对新型工业化与信息化起到引领作用,新型城镇化更有利于发展高端教育与科技,为工业化与信息化发展提供科技与智力支持;新型城镇化建设将形成工业化与信息化产品的巨大市场;工业化与信息化产业的集聚效应依赖城镇化才能更好实现。很显然,新型城镇化对新型工业化与信息化的有利作用,既能够促进传统意义上的工业科技的发展与技术创新,又能够促进新技术、新的智能化工具(计算机技术、网络技术和通信技术等)的发展与技术创新;工业科技、信息技术的发展与技术创新,对克服“中等收入陷阱”中的“技术陷阱”能够起到显著的作用。

新型城镇化对农业现代化的作用也十分明显,城镇化接纳乡村转移出去的劳动力,能够促进乡村土地的规模化经营;城镇化更好地发展教育与科技,能够为农业现代化提供科学技术与管理技能;城镇建设与城镇生活也为农产品提供巨大的消费市场;城镇化还能够“平面居住变立体居住,导致用地节约”,维护耕地面积不减少,甚至会增加耕地。新型城镇化促进农业现代化的发展,而农业现代化的发展能够显著地提高乡村地区的农民收入。在贫困地区发展新型城镇化与农业现代化,有利于较好地发展贫困地区的经济以及提高贫困地区的收入水平。在发展新型城镇化与农业现代化的过程中，会不断地推动社会管理创新，比如股份合作社、专业合作社、龙头企业、家庭农场、专业大户等新型生产经营主体的发展、农村新社区的建设。由此可见，新型城镇化促进农业现代化发展，能够有效地缩小城乡收入差距、地区收入差距，以及推动社会管理创新，这些因素有助于我国跨越"中等收入陷阱"中的"社会危机陷阱"。

新型城镇化创造巨大内需与引领"新四化"，对克服"发展的制度陷阱"、"社会危机陷阱"、"技术陷阱"均能够起到显著的作用，是促进我国跨越"中等收入陷阱"的重要因素。河南省在城镇化发展方面具备更大的潜能和机遇，发展新型城镇化有助于河南省更快地跨越"中等收入陷阱"。

五、发展新型城镇化、跨越"中等收入陷阱"的政策建议

依据前文的分析，从跨越"中等收入陷阱"的角度对发展新型城镇化提出如下政策建议：

1. 为了切实发展新型城镇化，需要深化对传统体制的改革，推进体制转型，革除城乡二元体制等制度障碍

国有企业体制和城乡二元体制是计划经济体制的两个重要支柱，改革开放三十多年来，国有企业体制改革已经取得重大进展，但城乡二元体制实质上未被触动。（厉以宁，2008）许经勇（2009）也指出，改革开放以来城乡差距总体上不仅没有缩小，而且还呈扩大趋势；究其深层原因，就在于城乡二元结构体制还没有从根本上改变，城乡差别的制度与体制基础依然存在。城镇化要体现出"新型"的特征与内涵，就需要革除城乡二元体制，以及其他的制度障碍，实现体制上的转型。

2. 发挥新型城镇化对"新四化"的引领作用，并与新型工业化、信息化、农业现代化同步发展

新型工业化和信息化是提高劳动生产率的重要手段,工业化是以机器大生产代替手工小生产的过程,而新型工业化是发展更高端的机械生产技术;信息化则是培养和发展智能化工具为代表的新生产力。我国的经济效率与发达国家相比还比较低,需要发挥新型工业化和信息化的重要作用。农业现代化对我国繁荣农村经济和解决“三农”问题至关重要。我国如何发展好“新四化”,是一项重大挑战。陆昊(2011)指出,在涉及国计民生的一些重大问题中要注意把握系统性设计。在“新四化”的发展上,我国就特别需要系统性设计,设计出实际有效的政策与措施,以科学地实现“新四化”的各自发展,以及作为一个整体的良性互动与同步发展。

3. 在发展“新四化”的进程中,注重技术创新与技术发展,并促使技术创新与资本市场的完善结合起来

新型工业化和信息化本身就伴随着技术创新与技术发展,既是推动与实现技术创新的载体,又是运用新技术的领域。新型城镇化与农业现代化也是运用新技术的重要领域,同时也会促进技术创新,关键是我国要把技术创新与资本市场结合起来。发达国家的经验表明,几乎每一次大规模的技术创新都是依托资本市场发展起来的,从19世纪初钢铁与化工行业的兴起,到20世纪末计算机、生物工程成为经济龙头,其中的每一阶段都与资本市场密切相关。为此,我国要想成功跨越“中等收入陷阱”中的“技术陷阱”,就需要重视技术创新与资本市场完善之间的结合。

4. 加快发展现代农业,以此为契机推动城乡统筹发展与城乡一体化建设,缩小城乡收入差距

在过去较长的一段时间内,我国在经济和社会发展上重城市、重工业,轻农村、轻农业,导致了较为严重的城乡发展失衡与城乡收入差距。我国是农业大国,农业的良好发展对经济全局具有重要意义。发展现代农业是推动农业现代化的重要举措,是繁荣农村经济、解决“三农”问题的有效方式,也是我国城乡关系建

设中的重要一环。2013 年 4 月 3 日，国务院总理李克强主持召开国务院常务会议，指出发展现代农业是一项重大战略任务。通过发展现代农业，提高农业综合生产能力，提高农民收入，能够有效推动城乡统筹发展与城乡一体化建设，并显著缩小城乡收入差距。鉴于目前的多种因素，我国如何发展好现代农业，需要深入研究与科学决策。

5. 大力发展民营经济与调动民间积极性

发展民营经济、调动民间积极性，是增强经济活力的不可替代的重要方式。厉以宁(2013)指出："中国民间蕴藏着极大的积极性。加快改革正是为了让民间积极性迸发出来。"我国民营经济的重要部分是中、小、微型企业的发展。近期，我国尤其关注小微企业的发展问题。常言说，一个国家的经济是否有活力，很大程度上要看小微企业的发展状况如何。对小微企业的合理扶植，能够更灵活地调动民间积极性。目前，虽然我国中、小、微型企业发展比较快，但是面临着成本高、技术低、融资难、转型升级慢等问题，这些问题需要政府高度重视。

6. 注重保护环境与发展低碳经济

我国以往的城镇建设对环境破坏比较严重，付出了沉重的生态环境代价，主要包括三个方面：(1) 城镇建设与商务地产开发，直接占用、破坏或者妨碍了原有的生态环境；(2) 城镇本身环境恶劣，尘土飞扬，污水横流，垃圾清理不力，出现多种污染，以及城镇工业对空气、水、土壤等带来严重污染；(3) 城镇建设所需木材、石材等材料，缺乏科学采伐，导致一些茂密的天然林变成了稀疏的灌木丛、荒地、沙石漠地，一些植被良好的山地变成了秃山、废石场，这些生态破坏进一步引发了泥石流、水源干涸、疾病爆发等灾害。生态环境的破坏与污染引发了人们的严重不满与多种社会矛盾。在当前的情况下，注重保护环境与发展低碳经济，对化解"社会危机陷阱"以及避免潜在的社会动荡，具有特殊的重要意义。

参考文献

1. 李克强:“部署现代农业综合配套改革试验工作”,中广网,2013 年 4 月 4 日。
2. 李克强:“同步推进新型四化　统筹城乡协调发展”,新华网,2013 年 3 月 5 日。
3. 厉以宁:“经济发展的动力在民间”,《理论学习》2013 年第 1 期。
4. 厉以宁:“我们完全可以绕开‘中等收入陷阱’”,工作论文,2013 年。
5. 厉以宁:“推进土地确权改革　赋予农民三权三证”,《农村工作通讯》2013 第 2 期。
6. 厉以宁:“走向城乡一体化:建国 60 年城乡体制的变革”,《北京大学学报(哲学社会科学版)》2009 年第 6 期。
7. 厉以宁、程志强:《中国道路与新城镇化》,商务印书馆 2012 年版。
8. 隆国强:“中国和平发展与建设中国特色世界城市”,《城市管理与科技》2011 年第 3 期。
9. 隆国强、张立捷:“我国城市化思路的反省与发展——论我国城市发展方针”,《未来与发展》1989 年第 4 期。
10. 陆昊:“‘十二五’时期经济社会发展的几点思考”,《经济研究》2011 年第 10 期。
11. 陆昊:“自主创新要突出技术战略与品牌战略的结合”,《中国流通经济》2007 年第 7 期。
12. 罗来军:“发展现代农业的关键问题与综合配套改革——基于系统性设计的研究”,工作论文,2013 年。
13. 罗来军:“河南省城镇体系规模结构的论证分析与政策建议”,课题报告,2012 年。
14. 王永苏:“浅议工业化城镇化农业现代化协调发展”,工作报告,2012 年。
15. 朱善利:“城乡一体化与农村体制改革”,《中国市场》2011 年第 3 期。
16. 朱善利:“产业升级的关键在于改善环境”,《今日中国论坛》2010 年第 7 期。

(罗来军,北京大学光华管理学院;王永苏,河南省人民政府发展研究中心)

农业现代化与跨越“中等收入陷阱”

——以日本为例

温信祥

在跨越“中等收入陷阱”、迈向现代化过程中农业、农民和农村是需要给予特别关注的“短板”。在产业结构中农业比重不断下降,大量的农村人口如果不能顺利提高收入水平,一国将难以进入高收入国家。日本农业现代化和城镇化的经验,对于中国促进与推动农业现代化、跨越“中等收入陷阱”具有重要意义。

日本是从低收入国家发展为中等收入国家、而后顺利进入高收入国家行列的典型经济体。二次大战后日本国民财富损毁45%,国内经济几近瘫痪。在美国的支持下,日本经济很快得到恢复,同时抓住全球发展时机及时实现产业结构转型,连续实现了二十多年的经济快速增长,其间经历了神武景气(1954—1957 年)、岩户景气(1958—1961 年)、奥运景气(1962—1964 年)以及伊奘诺景气(1965—1970 年)的一系列高增长阶段,成为西方第二大经济大国。其间 1945—1951 年的经济增长率为年均 9.9%,1951—1955 年为年均 8.7%,1955—1972 年年均达 9.7%,1970—1980 年年均 4.5%。人均国民收入由 1947 年的 89 美元增至 1980 年的 10 440 美元,成功跨越中等收入阶段,进入高收入国家行列。2012 年日本人均 GDP 超过 4.5 万美元,接近美国,高居世界前列。

日本经济在 1947 年至 1980 年高速发展的原因主要有:实现产业结构转型,使经济增长由粗放型转化为集约型;需求结构由依赖投资转为依赖消费;社会结构中中产阶级人群占社会人口与城市人口绝对比重等。但在上述原因中,产业结构转型起到了最为关键的作用。而产业结构转型主要为由农业向工业化转型。日本工业实现了飞速发展,其间可根据主导产业群分为几个阶段,从 1945 年到 1955 年,日本大力发展劳动密集型产业,主要依靠棉纺产业,60 年代主要发展钢铁、铁路运输产业,70 年代主要发展电力、汽车、化工、钢铁产业,80 年代主要发展汽车、石油化工和钢铁产业。

日本农业在国民产值结构中的比重持续下降,大量的农村人口跟随农业现代化转移到城镇,转移到第二、第三产业,继续从事农业的人员通过技术、制度和投资提高效率与收入。同时日本通过传统农业向第二、第三产业延伸,追求农产品的高附加值,进而增加农民收入。日本 1955—1990 年名义 GDP 增长了 51 倍,但农业占 GDP 比重由 19.9% 下降至 2.38%,在 35 年中下降了 87%。同时日本农业人口总数与总人口占比也在此期间呈双下降趋势。

一、日本现代农业高端化

日本始终将农业置于国家战略安全高度,走适合本国农业特点的道路,通俗地说就是以发展高端农业为突破口,使农业由传统方式向现代农业、精品农业发展。

日本农业的自然禀赋并不好。日本国土面积狭小,人均耕地水平较低。日本国土面积377 835 平方公里,其中土地面积374 744 平方公里,水域面积3 091 平方公里。根据日本农林水产省的统计,截至2011 年7 月,日本耕地面积共有465 万公顷(约合4.65 万平方公里),仅占总国土面积的12%,人均耕地面积仅有0.53 亩,仅为世界人均耕地面积2.88 亩的19%,也低于世界粮农组织规定的人均0.8 亩的警戒线。日本的自然灾害多,台风、夏季低温冻灾、暴雪、暴雨、地震等灾害对农业的影响很大。高龄化、少子化加剧农业人口下降。日本农业人口中有近一半为70 岁以上人员。日本的农地多为小幅零散分布状态,也无法实现美、加等国家的集约型大规模农场所产生的成本摊薄优势。为保护国内农业,日本实行了农业保护政策,除对本国农产品进行补贴外,对于进口农产品的主要政策就是关税壁垒。2008 年日本对于稻米的关税税率高达778%。

但是日本通过独特的农业现代化道路,成功实现了工业化和信息化,从而一举解决了农村、农民和农业问题,迈入了高收入国家行列。日本工业产品以制造精细、严密的特点在全球享有盛誉,而日本农产品也以高质量以及高价格闻名于世,比如在日本家喻户晓被称为"白雪米"的名品——越光米、青森县的"陆奥"苹果、夕张哈密瓜、富有柿、神户牛肉等等在日本国内外均有很高的声誉,这些产品不仅以口感好著称,同时还因绿色、环保享有很高的声誉。为保证农产品质量,日本农户高度重视农产品品种的培育,从源头上打造精致农业。以质取胜,做到品质高端。农产品是按照标准化生产的，具有高科技含量的优质、生态、绿色、安全食品。更为关键的是，日本实施极为严格的农产品质量安全管理，在生产中保证精致农业。价格不菲，占据市场高端。树立品牌，实现形象高端。日本的农产品很讲究品牌，名牌与非名牌的价格差别很大。而品牌源于质量与口碑。比起进口产品，日本更重视通过精心策划的宣传来创造农产品的品牌效应，逐渐在日本人心目中和国际上形成了日本国农产品货真价实、品质高端的形象。日本的农业生产并不片面追求高产，而是不惜成本地提高产品的营养含量和改善口感。这样即使本国农产品价格偏高，也不愁没有销路。[1]

二、日本农业现代化：机械化、信息化和产业化

日本农业面临的资源环境约束问题与我国相似，但日本农业的科技含量和综合发展水平远高于我国。日本农业已基本告别了“靠天吃饭”的粗放型发展模式，而是以高科技为代表的一个现代产业。高端农业是日本科技发展的一个综合外在体现。

（一）农业机械化

日本农业早已走向机械化，小农机械非常发达，从插秧、施肥、收割、脱壳到包装、装车上市，基本达到全部机械化。农民的大部分体力劳动均被机械所替代，因此日本高龄化程度较高的农民才能支撑起日本农业。日本的农业机械化可以分为5个阶段，第一阶段可以定位为起步阶段，大致从1949年到1952年。这一阶段日本为了

[1] 松阪牛可以算是品牌效应的代表之一。松阪牛的饲养程序极为严格，饲料是大麦、豆饼为主的混合饲料。牛长肥后，为了增进牛的食欲，每天要给牛喝啤酒，为牛按摩，甚至让牛听音乐、晒日光浴。尽管一头优质松阪牛的价格达四五千万日元，却仍然深受日本人的欢迎，拥有美国牛肉所无法取代的地位，从中可见品牌效应对日本人的影响之深。

克服战败后出现的各种困难，扩大了粮食生产，让一些军工企业转产农业生产所需的半机械化农具和农业机械，农业机械的主要产品为拖拉机、插秧机和联合收割机。第二阶段为快速发展阶段，从1953年到1960年左右，由于工业飞速发展，农村青壮年劳力大量入城，农村劳力短缺，加速了农机化发展，1955年日本的手扶拖拉机保有量达6.3万台，平均每100家农户有1台；到1960年平均每100家农户有8.5台拖拉机。第三阶段是全面普及阶段，从1960年到1980年的20年左右，联合收割机、脱粒机、干燥机、割捆机和牧业机械逐渐大量投入使用，从耕地、除草、喷药、运输到农产品加工基本实现了机械化。第四阶段是从1980年起至今，可以定义为自动化阶段，主要提高通用化和自动化程度，研究开发激光测量、电脑程控和电视传感等机械设备，使用全球定位系统、卫星信息系统和计算机地理信息系统等。20世纪90年代初，日本每100家农户拥有拖拉机112台，机动插秧机53台，水稻联合收割机30台，农用汽车52辆。以水稻为例，1997年日本的水稻联合收割机收获面积已达到了总机收面积的85%，水稻的育秧、插秧、收割、脱粒、烘干全部实现了机械化，并向自动化发展。日本中央农业综合研究所开发的无人操作插秧机于2002年推向市场。这种插秧机使用GPS全球定位系统，使用时确定田块四角位置之后插秧机便可自动工作。京都大学开发的联合收割机机群管理系统，1人可操作多台收割机，收割机在无线电系统指挥下自动保持距离，各自按确定的收割机行走路线有序收割作业。日本北海道大学研制成功的无人驾驶拖拉机，从机库到田间耕作地点全部可以无人操作。

（二）农业信息化

日本是信息大国，也是信息科技强国，因此日本的农业规模虽然不大，但农业信息化水平却处于世界前列。所谓农业信息化，通俗地说就是对农业相关信息进行收集、处理、加工和分析，再准确、便利地传送到农民手中，实现农业的生产、管理、农产品销售信息化。

日本的农业信息化表现在以下四方面：一是建立地域农业信息系统。农林水产省专门拨款用于发展地域农业信息系统，包括以有线电视、计算机通信、多功能传真等多种形式的地域农业信息系统来传播各类信息，包括市场信息、当地气象预报、病虫害预测预报、生产资料订货信息、栽培信息等。二是发展农产品电子商务，其形式多种多样。既有大企业创办的包含农产品交易的综合网上交易市场，如日本的“乐天市场”；也有从事农产品销售的综合性网上超市或专门的农产品网上商店，如“邻近的八百屋”；此外还有农产品电子交易所，如“wise - system”，其销售方是生产者、农协、经济联合会、批发商等，购买方是中间批发商、零售店、量贩店、加工业者等。这些系统上各种信息公开，如生产者、农产品质量、交易成本等，交易价格按照供求关系自动撮合形成，公开、公正、透明。交易双方通过互联网，采取拍卖方式，足不出户即可实现 1 对 N 或 N 对 N 的实时交易。农产品信息透明。三是实现农产品信息可跟踪和查询。比如根据 2004 年 12 月实施的《有关牛的个体识别信息管理和特别措施法》(牛肉可追踪法)，所有国产肉牛出生后即在耳朵上打上 10 位数字的识别码，从出生到屠宰、加工、上架等一系列过程的信息均可通过这个识别码获得，消费者只需到独立行政法人家畜改良中心的网站上录入识别码，就可以获得出生日期、性别、饲养地、饲养开始和结止日期、屠宰日期等各方面详细信息。

(三) 农业的产业化

“六次产业化”是 20 世纪 90 年代东京大学名誉教授、农协综合研究所所长今村奈良臣针对日本农业发展的窘境，首先提出的一个概念，意思是将农业、水产业等第一产业扩展至食品加工(第二产业)、流通销售(第三产业)等方面，即通过传统农业向第二、第三产业延伸，追求农产品的高附加值，进而增加农民收入。因为将一、二、三相加或相乘都是六，所以有了“六次产业”的说法。农业产业化发展使得农民不仅可以从事农林水产等第一产业，还可以入主食品加工等第二产业以及流通、销售等第三产业，从而获得加工收入和流通利润等高附加值。

有统计数据表明，日本2005年食品产业的市场规模为73.5兆日元，但农林渔业生产者所得份额仅占其中的13%，其余的分别为食品加工业、餐饮业和流通业所获得。这一数据充分说明了农业对于地区的带动力和促进作用，狭义来看，日本的农业产值并不大，但却带动了相关第二、第三产业的发展，对于地区经济的推动作用相当明显。

六次产业化的核心在于“一体化”和“融合”，即如何分清主次，取长补短，突出重点，产生合力，从而使农业由“独轮行驶”变成“四轮驱动”，不仅速度快，而且稳定安全。农业六次产业化的基本思路是：

1. 推动“一村一品”，寻找地区特色产品，发挥地区优势

农业之所以能与第二、第三产业集合，核心在于以特色产品为纽带，这其中，“一村一品”政策起到了相当大的作用，这一政策是大分县前知事平松守彦先生于1979年倡导的，也是日本农业产业化的成功模式。所谓“一村一品”，就是一个村子的居民，充分利用本地资源优势，因地制宜，自力更生，建设家乡，发展农村经济的活动。大分县是日本“一村一品”与农业产业化的发源地。开展“一村一品”运动三十多年来，大分县培育出有特色的产品336种，比1980年增加2.3倍。其中产值达到100万美元以上的有126项，产值达1 000万美元以上的有15项。人均收入在1994年就达到27 000美元。

日本通过推进“一村一品”运动，在很大程度上解决了小生产与大市场、低水平的传统农业与现代市场消费、单一农业与第二、第三产业之间的矛盾，发展农产品深加工以及产前、产中和产后系列

服务,促进农村富余劳动力转移和农业向更高水平迈进。日本的“一村一品”运动,类似我国的农业产业化经营。通过积极推进农业产业化经营,将农业产前、产中、产后与生产、供应、销售密切结合,第一产业、第二产业与第三产业融为一体,从而引导和帮助农户走向专业化、规模化、商品化与企业化经营的道路,最大限度地促进农民增收与农村经济增长。笔者认为这是强化农户自身发展能力、建设现代农业的必由之路,也有助于将一家一户的小农经营引向分工协作的社会化规模经营。其中,闻名全国的有大分县种类繁多的酱菜、黄酱等特产,北海道的十胜葡萄酒,秋田县的田园火腿,山形县的月山葡萄酒,长野县的信州黄酱等等。

打通中间环节,实现消费者与农业的直接联系。山梨县毗邻东京都,位于富士山脚下,公认为是日本六次产业化的样本,它的做法很有借鉴意义。该县的农业不仅仅是农作物种植,还包括了第二产业的食品加工业以及第三产业的农产品流通、销售、信息服务等。但最重要的在于使农民拥有了形式多样的农产品销售渠道,能够直接销售自家生产的特色农产品,实现产销无缝对接。比如山梨县支持农民自建农产品直销渠道,对农民在城镇设立的销售点以及广告宣传销售活动等给予补贴。如建立了许多名为“道之驿”的农产品直销店,这些直销店费用低,无中转环节,价格因此要低于超市,并且产品新鲜度高,非常具有吸引力。

2. 加强产业合作、开展多种经营

日本农业的六次产业化非常注重多样化经营,不仅仅是种植、销售农产品,还将餐饮、旅游、文化、服务、休闲等产业纳入在内,产品中有更多的服务内涵与文化内涵,提高了产品的附加价值,因此价格较零售渠道高,利润回报也相对较高。即发展六次产业化的重点在于使农业服务化、多元化。

比如山梨县经营餐饮业的沙拉碗公司被称为日本六次产业的样本,该企业使用的蔬菜原料均为自家种植的新鲜的有机蔬菜与水果,以及自制的食品等。山梨县的观光农业也很发达,水果种类丰富,种植了世界各国品种的葡萄,游客可以选择喜欢的品种采摘。葡萄还可以在庄园内酿制为葡萄酒,用于园内消费。此外,有的庄园还建造了大型欧式建筑,提供餐饮服务及举办婚庆活动,接待市民休闲娱乐。再如日本的农产品加工业经过近五十年的快速发展,已经成为一个完全成熟的产业,出现了一大批大型知名企业,如日本火腿、日清食品等。

三、金融在日本农业现代化和提高农民收入中的作用

(一)农村制度金融是日本农业现代化的助推器

日本农业从1976年进入国际化、现代化发展时期。这个时期,日本政府支持农业的政策取向有两大定位:对内增强从事农业者的生产经营机能,对外增强农业的国际竞争力。为体现和实施这一政策定位,日本的农业政策性金融机构,如农林渔业公库,实施了比较典型的需求追随型信贷策略:顺应农产品加工转化的资金需求,增加了水产品加工贷款、特定农产品加工贷款等;为增强国内农产品的市场竞争力,稳定农业发展,相应增加了强化农业经营基础资金等贷款;为推进农业结构调整,进一步强化了农业结构调整贷款,扩大了该项贷款支持范围,贷款支持范围涉及稻米作物、旱地作物、露天蔬菜、茶、果树、奶牛、猪、蘑菇等几十项;为推进特色农业发展,强化了园艺贷款等。

(二)农机补贴、农机融资以及农机租赁是日本农业走向机械化的助推器

农业机械化是衡量一国农业发展水平的重要标志,也是实现农业现代化的必经之路,从20世纪70年代起,日本农业的现代化进程开始进入生产全盘机械化和栽培科学化阶段,农业机械日益趋向

大型化、高性能，而农业机械的一次性投入较大，而其中政府补贴和农机融资与农机租赁的快速发展也促进了日本农业的现代化、机械化进程。日本政府从1961年开始专设农业机械购置贷款项目即农业机械化基金，年息6.5%、借款期7年，对农户最大贷款额为600万日元，对农协最大贷款额为5 000万日元，1981年总贷款额达4 500亿日元。此外还有一种“农业改革基金”的无息贷款，用于农民引进新技术或解决农户创业时必须购置的农业机械和设备费用，借款期3—5年，1981年贷款总额为350亿日元。日本还针对农户小而全的农业经营形式建立了农业机械银行，有效地解决了农机化资金不足的问题。1978年在东京开始推广，目前在日本全国已有一千多个这样的农业机械银行组织。在1979年10月1日颁布的《促进扩大农业机械作业范围实施纲要》的执行细则中，专门就农业机械银行进行了明确规定。

（三）官民合作成立农业投资基金

日本为农业成立的基金较多，出资方也较广泛，包括政府与民间。其中一部分基金成立的目的包括促进绿色环保农业发展、引进技术革新以及新的商业模式等，旨在促进农业的现代化和高端化。

在经济产业省为促进农业产业化的指导方针中，为提高农业相关经营企业的资金筹资能力，加大对农业的投资，农林水产省以及农业相关金融机构将力求建立以从事农林渔业以及相关产业（如食品加工行业）等中小企业为对象的投资基金。

（四）上市企业在农业升级中的支持作用

日本的东证一部、二部以及JASDAQ中并没有专门的农业板块，涉农的上市企业分布于各板块中，比如食品板块的伊藤园与日本配合饲料、机械板块的井关农机与久保田、化工板块的库米埃（Kumiai）化学工业株式会社等。其中较有代表性的是伊藤园，该企业是一家制茶公司，日本国内茶的消费量逐步增加，但由于农业人口逐步下降，并且高龄化严重，日本国内的茶园面积以及茶农数持续下降，该公司原料不能得到保证，因此 2001 年 7 月，该公司与宫崎县的都城市农协间签订了合作协议，在宫崎县和小林市利用休耕地共同种植茶园，到 2006 年共种植了 100 公顷，此外还与大分县、长崎县、鹿儿岛县商谈休耕地合作，预计 2014 年以九州为中心在日本全国种植 1 000 公顷的茶园。以都城市为例，种植的茶园原为种植蔬菜和饲料的土地，后来因农户没有继承种植者而几乎沦为放弃耕种的休耕地，双方合作的方式是农协子公司负责建造茶园、种植管理以及原茶加工，伊藤园负责选定茶种，并提供种植与加工的技术支持。

四、农协在日本农村现代化和提高农民收入中的作用

农协在日本农业现代化和提高农民收入过程中起到了不可替代的作用。主要有二：一是代表分散的小农的利益与政府和大工业进行谈判，使农民的利益得到保障；二是有效地解决小农户与大市场之间的矛盾，充分满足小农户在生产要素供给和农产品销售等方面的需求。日本农协对农民提供的全方位支持是日本农业在面临多种不利因素的情况下，能顽强生存下来，并实现现代化、科技化、高附加值化的一项重要的制度性保证。比如农协提供的服务门类众多，包括：农业经营指导，协助产品销售，统购服务，金融服务，保险和保健事业。

从日本农协发展历史来看，政府主导贯穿始终，法律制度建设贯穿始终。日本的农协是从原有的农村组织通过政府立法规范发展而来，在日本农村发展乃至全国政治中发挥重要影响。日本农协包括二次大战前建立的农协和战后新建的农协，从协作的理念来看两者的原则差异巨大。目前日本农协已经从股东直接控制（第一阶

段)、股东分化(第二阶段)发展到股东非直接控制(第三阶段)。在第三阶段,股东分散且多样化,留存收益大幅超过资本,资深员工作为合格的专业董事接受任命成为董事。在这个阶段,除了普通的经营业务决策权以外,业务政策和管理的权力也不可避免地从股东向内部管理体系转移。2002 年农协法修正案继续加强董事会权力和管理委员会权力。规定从事信贷业务的基层农协至少三名全职董事,其中至少一名主管信贷业务。日本农协的企业化倾向也更加明显了。

五、科技在提高农民素质与收入中起着推动和支撑作用

日本地域狭小、资源匮乏,但其注重科技与研发,在明治维新时期就“求知于全世界”,科学技术水平发达,农业也不例外。农业教育、科研和推广是日本农业发展的三大支柱,也是日本农业综合开发得以发展的重要条件。日本 19 世纪末就建立了农业试验场、学校,注重培养农业技术人员和农业专家。特别是二次大战后日本政府付出了很大努力,采取各种措施,通过多种途径,推进农业教育、科研和推广水平的发展。在日本从事科学技术研究的部门有大学、研究机构和民间企业。大学以基础理论研究为主,研究机构主要从事应用基础和应用研究,民间机构则主要进行具体生产技术研究。2000 年前后,日本政府和地方政府的农业科研经费占农业国内生产总值的 2.2% 左右。此外,日本非常注重农民素质的培育,在日本每一个村、町和工厂都有一个高标准培训室、消费者体验室,像神户 KIRIN 啤酒厂等还专门派宣传人员给消费者讲解生产流程和厂房布局,免费品尝啤酒。对儿童的培养尽心尽力,从小让他们体验种田、畜牧业和简单的农产品加工。

日本在县一级建立农业改良普及所和普及员制度,在基层农业合作组织设置农业指导课和农业指导员,在市町村政府设农业

技术员,这三股技术力量形成一支强大的技术指导和推广大军。大力发展各种层次的农业教育:日本一般国立综合大学中都有农学部,全国有农业大学66所,中等农业技术学校677所,20世纪60年代政府提倡高中教育多样化和大兴职业教育,普通高中也设有农业教育课程,还有各种各样的农业技术人员和农民进修培训机构。

六、启示

日本明治维新比我国的洋务运动起步要晚,当时中日两国农村差异不大。现在日本已经基本实现城市化,进入高度发达的现代化国家行列。经过改革开放三十多年,中国国内生产总值已经超过日本,成为第二大经济体。虽然我国许多城市在硬件方面接近日本一些城市水平,但是农村地区的差距比较显著,中国的农民收入水平、农村地区发展水平、城市化率和日本的差距有所扩大了。在改革开放过程中,我国从日本引资和引入经验主要集中在工业化和信息化领域,实际上日本农村现代化和城镇化的经验也是值得借鉴的。由于历史原因,日本农业现代化的模式被韩国和我国台湾地区借鉴,并在这些地区取得成功。吸收和借鉴日本农业发展的成功经验,对促进与推动中国农业走向现代化、跨越"中等收入陷阱"具有重要意义。

(一)积极发展农村合作组织,为农村和农业发展、提高农民收入提供服务与支持

日本通过成立农协,有效抵御了工业资本对农业的剥削,提高了农业竞争力,也大大降低了农业经营成本。在我国,由于在改革开放后实施了家庭联产承包制,个体农户成为农业基本的生产经营单位。但随着农村商品经济的发展,单家独户分散经营与大市场集

约化之间的矛盾无法解决,形成统一的大需求与个体的供给之间的不匹配与不调和,无法形成有效对接。因此可以考虑按照“自愿平等、民办民管”的原则,建立以农民自身主导的农业经济合作组织,促进农业现代化,积极培育和完善农产品,加强农产品物流的基础设施建设,搭建农产品物流信息平台,来更好地解决农民在市场竞争中的弱势地位。

(二)完善农村金融结构,推动农业现代化和城镇化

日本的农村金融结构中,合作金融是主体,政策性金融是辅助,商业金融则是补充作用。合作金融不发达是中国农村金融薄弱的重要原因,从长远看中国的农村金融还是需要发展合作金融的。一旦合作金融成为草根金融主流,将可能成为保护农村发展的“水土”的“草根和灌木”。发展合作金融可从目前的民间金融改造和农信社改革出发。目前中国的非正规金融也是基于村庄原则和人情关系的,如果国家采取宽容和规范并重的态度,制定相应的法律和法规,支持和引导这些民间金融向合作金融发展,可能发展成为农村金融的主要力量。此外,目前国家主导推进的农村信用社股份制改革,发展农村资金互助社、村镇银行、小额贷款公司也可以弥补农村合作金融发展之不足。对比日本1992年以来对农协的改革可以看出,日本的农协也是逐步具备合作制和股份制的特点,属于混合治理模式。因此当前我国对农信社的企业化改革和日本对农协的改革有相似之处,这样改革方向是值得赞许的。为了防止农信社企业化改革之后脱离社区,专家建议效仿美国社区银行法,按照金融支农的要求,采取措施推动商业银行参与村镇银行设立,鼓励农村金融机构服务重心下沉下乡,支持“三农”发展。实现农业现代化,机械化是必需的。在我国因计划生育、进城务工等原因导致农

村劳动力减少的情况下，提高农业机械化水平就显得尤为迫切。[1]

（三）加强农业技术教育、科研和推广，提高农业科技应用水平

日本的经验表明，建设现代农业，公民素质要达到相应的水平。与引进新品种和先进设备等物的引进相比，引进先进技术和先进的管理理念更重要。我国要继续加大农业科研方面的力量，保持国际农业技术交流和引进。加大技术支农，为农民和农业提供科技指导和培训。加大新品种研发和推广，提高农产品的品质。

参考文献

1. 厉以宁：《厉以宁改革论集》，经济科学出版社 2008 年版。
2. 厉以宁：《中国经济改革发展之路》，外语教学与研究出版社 2010 年版。
3. 厉以宁：《厉以宁论文选》，中国大百科全书出版社 2011 年版。
4. 潘功胜、杨帆、姚一旻："我国大型商业银行农村金融传统业务——一个基于国内外理论的研究综述"，《教学与研究》2010 年第 11 期。
5. 日本农林水产省：《农业金融的现状》2005 年版。
6. 谢平："中国农村信用合作社体制改革的争论"，《金融研究》2001 年第 1 期。
7. 周小川："关于农村金融改革的几点思路"，《经济学动态》2004 年第 8 期。
8. 周小川："民间融资规范化和阳光化途径"，《农村金融研究》2012 年第 5 期。
9. 朱善利："城乡一体化与农村体制改革"，《中国市场》2011 年第 3 期。

（温信祥，北京大学光华管理学院）

---

[1] 根据财经网对时任广西壮族自治区副主席陈章良的采访，"从技术层面来说，（甘蔗）单产提高主要是指培育新品种和增强水利灌溉。降低劳动力成本，主要是指减少收割甘蔗所需的劳动力，目前实现农机收割的机械化成为迫切需要。全世界的甘蔗地，包括苏丹、非洲等国，都采用机器自动收割，可我们（广西）的农机至今不尽如人意。妇女成为强劳力，每人一天扛一吨。劳动力严重短缺，只能提高工钱，加大成本"。

图书在版编目(CIP)数据

中国道路与跨越中等收入陷阱/厉以宁主编. —北京:商务印书馆,2013(2019.12 重印)
(中国道路丛书)
ISBN 978-7-100-10362-6

Ⅰ.①中… Ⅱ.①厉… ②程… Ⅲ.①中国经济—经济增长—研究 Ⅳ.①F124

中国版本图书馆 CIP 数据核字(2013)第 249757 号

中国道路与跨越中等收入陷阱

厉以宁 主编

程志强 副主编

商 务 印 书 馆 出 版
(北京王府井大街 36 号 邮政编码 100710)
商 务 印 书 馆 发 行
北京艺辉伊航图文有限公司印刷
ISBN 978-7-100-10362-6

2013 年 11 月第 1 版　　开本 787×960 1/16
2019 年 12 月北京第 2 次印刷　　印张 19¼

定价:43.80 元